Pflege zu Hause

Was Angehörige wissen müssen

CARINA FREY

verbraucherzentrale

Inhalt

6 Über dieses Buch

8 Die wichtigsten Fragen und Antworten

17 Pflegen – was heißt das eigentlich?

17 Informationen einholen: Wie viel Hilfe ist notwendig?

19 Der ehrliche Blick: Lässt sich die Pflege ins eigene Leben integrieren?

20 Miteinander planen

22 Pflege zu Hause – geht das überhaupt?

27 Hilfe von Profis: Hier gibt es Rat und Unterstützung

28 Die Pflegeberatung der Pflegekassen: Ein Recht auf Hilfe

31 Die Pflegestützpunkte: Ansprechpartner für alle Hilfen vor Ort

34 Regelmäßiger Hausbesuch: Die Pflichtberatung

35 Weitere Beratungsangebote

38 Praktische Hilfe: Pflegekurse für pflegende Angehörige

41 Pflege finanzieren: Hier gibt es Unterstützung

41 Wann die Pflegeversicherung zahlt

54 Die Leistungen der Pflegeversicherung

60 Soziale Absicherung für Pflegende

64 Die Leistungen der Krankenversicherung

73 Hilfe vom Staat

81 Arbeiten und Pflegen

81 Zehn Tage frei für die Pflege

84 Pflegezeit: Ein halbes Jahr im Job kürzer treten

157
Pflege, ganz praktisch

Arbeiten und Pflegen
81

85 Familienpflegezeit: Zwei Jahre Teilzeit arbeiten
88 Teilzeitarbeit: Dauerhaft die Arbeit reduzieren

91 Unterstützung bei der Pflege
94 Welche Pflege kann sich Ihr Angehöriger leisten?
95 Ambulante Pflegedienste: Pflege von Profis
109 Betreuung und Unterstützung im Alltag
112 Die Kurzzeitpflege: Zeit überbrücken
113 Die Ersatz oder Verhinderungspflege: Vertretung zu Hause
115 Die Tages- und Nachtpflege: Freiräume schaffen
116 Erfahrungen teilen: Gesprächskreise für pflegende Angehörige
117 Hilfe im Haushalt
120 Ausländische Pflege- und Betreuungskräfte

129 Hilfsmittel für die Pflege
130 Eine kleine Auswahl sinnvoller Hilfsmittel
133 So kommt das Hilfsmittel nach Hause
137 Die Kosten
139 Hausnotruf: Sicherheit in den eigenen vier Wänden

143 Pflege rechtlich gesehen
144 Die Ablage organisieren
145 Vollmachten ausstellen: Wer soll Entscheidungen treffen?
150 Angehörige als Bevollmächtigte: Das ist wichtig zu wissen
154 Die rechtliche Betreuung

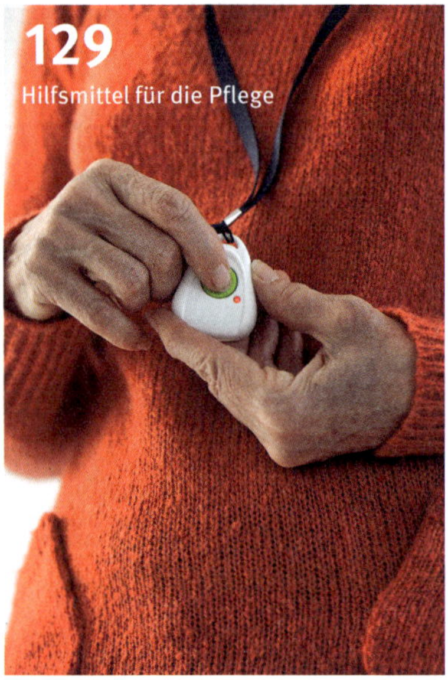

129 Hilfsmittel für die Pflege

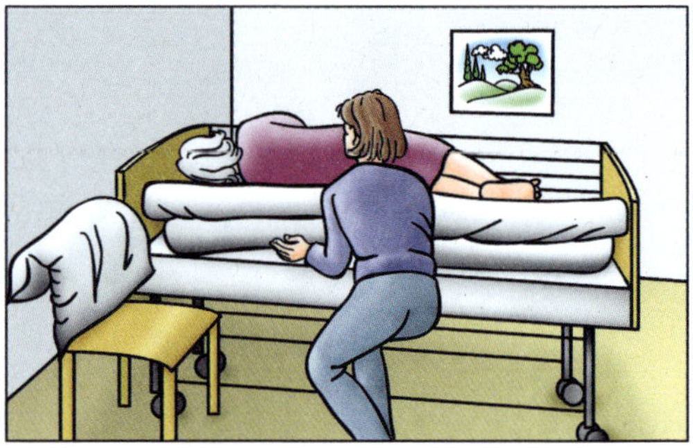

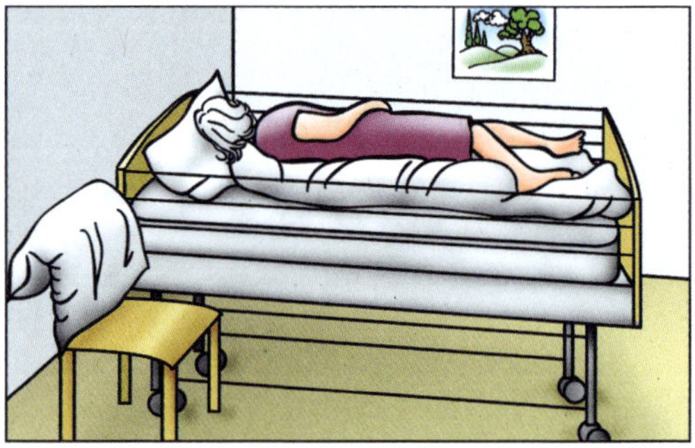

Inhalt

157 Pflege, ganz praktisch

158 Abläufe planen

161 Das Pflegezimmer gestalten

162 Auf sich selbst achten: Gesundheitsschutz für Pflegende

165 Tipps für die praktische Pflege: Das macht Pflegen einfacher

171 Gesunde Ernährung

176 Rechtzeitig gegensteuern: Folgeerkrankungen vermeiden

189 Wenn die Pflege zu Hause an Grenzen stößt

191 Was zu Konflikten führt

195 Alternativen zur häuslichen Pflege

199 Antrags-ABC: So erhalten Sie die gewünschten Leistungen

200 Anträge, die der Pflegebedürftige selbst stellt

200 1. Antrag auf Pflegeleistungen bei der Pflegekasse

201 2. Formular zur Beantragung bestimmter Pflegeleistungen

202 3. Antrag auf Höherstufung

203 4. Antrag auf Kurzzeitpflege

204 5. Antrag auf Ersatz- und Verhinderungspflege

205 6. Antrag auf Tages- und Nachtpflege

206 7. Antrag auf Hilfsmittel

207 8. Antrag auf Pflegehilfsmittel

208 9. Antrag auf Verbesserung des Wohnumfelds

209 10. Antrag auf Überleitungspflege

210 11. Antrag auf geriatrische Rehabilitationsmaßnahmen

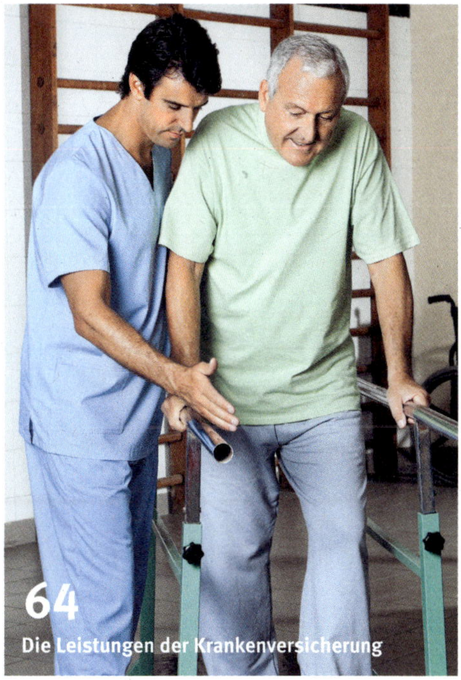

211 12. Antrag auf einen Schwerbehinderten-ausweis
212 Anträge, die pflegende Angehörige stellen
212 13. Rentenbeiträge für pflegende Angehörige
213 14. Antrag auf Freistellung vom Beruf
216 15. Antrag auf Vorsorge- oder Rehabilitationsmaßnahmen für pflegende Angehörige
217 Widerspruch einlegen
217 16. Widerspruch
218 Adressen
222 Stichwortverzeichnis
224 Impressum

Immer aktuell
Wir informieren Sie über wichtige Aktualisierungen zu diesem Ratgeber. Wenn sich zum Beispiel die Rechtslage ändert, neue Gesetze oder Verordnungen in Kraft treten, erfahren Sie das unter:
www.ratgeber-verbraucherzentrale.de/aktualisierungsservice

Über dieses Buch

Mehr als zwei Drittel aller pflegebedürftigen Menschen in Deutschland werden zu Hause versorgt – das sind rund 2,6 Millionen Männer und Frauen. Manche Pflegebedürftige brauchen zwar Unterstützung bei bestimmten Tätigkeiten wie dem Kochen oder Einkaufen, können aber gut ihre eigenen Angelegenheiten regeln. Häufig müssen jedoch Angehörige einspringen. Sie organisieren die Pflege, kümmern sich um finanzielle Fragen, engagieren Pflegedienste und Hilfsmittel. Aber sie tun noch viel mehr: Sie hören zu und reden, sind geduldig, trösten, ermutigen und bringen ihre Angehörigen zum Lachen. Sie lassen sich immer wieder Neues einfallen, um den Alltag leichter, fröhlicher, abwechslungsreicher zu gestalten. Sie sind da, sie kümmern sich und das ist eine wertvolle Stütze.

Dieses Buch richtet sich bewusst an diese Menschen, weil sie vor einer Fülle an Aufgaben stehen. Es soll dabei helfen, einige grundlegende Fragen zu klären und sich im Dschungel der verschiedenen Leistungen und Ansprüche besser zurechtzufinden:

- → Wie lässt sich der Pflegealltag strukturieren?
- → Welche Leistungen stehen Pflegebedürftigen zu?
- → Worum muss man sich rechtlich kümmern?

- Wer steht mit Rat zur Seite?
- Wo gibt es Unterstützung im Pflegealltag?
- Was ist bei der praktischen Pflege zu beachten?

Dieses Buch gibt auf all diese und viele weitere Fragen praktische Antworten. Da jede Pflegesituation anders ist, können wir nur die Basisinformationen geben und sagen, wer bei Detailfragen weiterhilft.

Wir haben pflegende Angehörige gebeten, aus Ihrem Pflegealltag zu erzählen, um zu zeigen: Pflege ist vielschichtig, Pflege ist individuell, oft gibt es kein „Richtig" oder „Falsch", sondern ein „Funktioniert" oder „Funktioniert nicht". Auch diese Menschen mussten ausprobieren, sich arrangieren und haben Lösungen gefunden, die für ihre Situation im Moment passen. Aus diesen Erfahrungen können sie wertvolle Tipps geben.

An einigen Stellen haben wir Experten zum Interview gebeten. Sie erzählen unter anderem über die Reha für pflegende Angehörige oder ihre Arbeit bei einem Pflegestützpunkt.

Wie Sie das Buch nutzen, bleibt Ihnen überlassen. Sie können es am Stück lesen oder sich einzelne Kapitel auswählen – je nachdem, was für Sie gerade richtig ist. Vielleicht werden Sie sich mit Ihren Fragen und Problemen oft alleine fühlen. Das sind Sie nicht. Es gibt viele Menschen, die ähnlich fühlen. Und viele Menschen, die Ihnen helfen. Nutzen Sie diese Angebote. Als pflegender Angehöriger übernehmen Sie eine große Aufgabe. Sie haben ein Recht auf bestmögliche Unterstützung.

Aus unserer Beratungspraxis

Die wichtigsten Fragen und Antworten

→ Jährlich beantworten wir in unseren bundesweit rund 200 Beratungsstellen Hunderttausende von Fragen und helfen bei der Lösung von Problemen, die Verbraucherinnen und Verbraucher an uns herantragen. Aus dieser täglichen Praxis wissen wir am besten, wo der Schuh drückt und wie konkrete Unterstützung aussehen muss. Diese Erfahrungen sind Grundlage unserer Ratgeber: mit präzisen, verbraucherorientierten Informationen, zahlreichen Tipps und Hintergrundinformationen zum besseren Verständnis. Sollte für eine individuelle Frage weiterer Besprechungsbedarf bestehen, hilft unsere Beratung weiter. Eine Übersicht über unser umfassendes Angebot finden Sie unter:

www.verbraucherzentrale.de

Profitieren Sie von unserer Beratungskompetenz!

Alle gehen davon aus, dass ich die Pflege übernehme. Aber schaffe ich das überhaupt?

Um einer Antwort näher zu kommen, brauchen Sie Informationen. Fragen Sie die behandelnden Ärzte, Therapeuten und Pflegekräfte, wie sie die Situation einschätzen? Wird sich Ihr Angehöriger wieder so weit erholen, dass er weitgehend selbstständig leben kann? Oder benötigt er eher noch mehr Unterstützung? Wie genau muss diese Unterstützung aussehen? Überlegen Sie dann, wie viel Hilfe Sie leisten können: Haben Sie einen Job oder müssen Sie sich noch um eigene Kinder kümmern? Wer könnte außerdem helfen? Und lässt sich eine solche Unterstützung finanzieren? Versuchen Sie eine möglichst ehrliche Bestandsaufnahme. Sie erleichtert Ihnen die Entscheidung. → Seite 17 ff.

Wenn ich Anträge ausfülle, weiß ich bei der Hälfte der Fragen nicht, was ich eintragen muss. Wer hilft mir weiter?

Das ist eigentlich Aufgabe der Leistungsträger, also der Pflegekasse, der Krankenkasse oder des Sozialamtes. Sie müssen Ihnen beim Ausfüllen von Anträgen helfen. Gute Ansprechpartner sind außerdem die Pflegestützpunkte. Die Mitarbeiter wissen genau, was in welcher Spalte eingetragen werden muss. → Seite 27 ff.

Meine Mutter hat sich bei einem Sturz verletzt und kann sich nicht alleine versorgen. Hat sie Anspruch auf Geld von der Pflegeversicherung?

Wahrscheinlich erstmal nicht. Die Pflegeversicherung zahlt nur, wenn ein Mensch dauerhaft auf Pflege angewiesen ist. Dauerhaft heißt, dass der Unterstützungsbedarf für mindestens sechs Monate besteht. Das ist hier noch unklar. Außerdem muss eine Pflegebedürftigkeit vorliegen, was im Rahmen einer Begutachtung geprüft wird. Trotzdem geht Ihre Mutter nicht leer aus. Das Krankenhaus ist verpflichtet, im Zuge des sogenannten Entlassungsmanagements alle Maßnahmen zu veranlassen, die für Ihre Mutter notwendig sind. Der Arzt verordnet zum Beispiel eine häusliche Krankenpflege. Reicht sie nicht aus, um die Versorgung sicherzustellen, ist auch die vorübergehende Unterbringung in einem Pflegeheim (Kurzzeitpflege) möglich (→ Seite 65 ff.).

→ Seite 41 ff.

Ich pflege meinen Vater – steh nur noch unter Spannung, was kann ich tun?

Dann ist es dringend Zeit für eine Kur. Ansprechpartner ist der Arzt. Er kann eine Vorsorge- oder Rehabilitationsmaßnahme für pflegende Angehörige verordnen. Ziel der dreiwöchigen Kur ist, Beschwerden zu lindern und über Wege nachzudenken, wie die Pflege künftig weniger belastend gestaltet werden kann. Auf dem Programm stehen Therapieangebote, Entspannungsübungen und Gespräche. Der Pflegebedürftige kommt entweder mit zur Kur oder wird über eine Kurzzeitpflege oder die Verhinderungspflege versorgt (→ Seite 112 ff.).

→ Seite 70 f.

Mein Angehöriger braucht mich mehr, aber ich kann nicht ständig Urlaub nehmen. Habe ich Anspruch auf unbezahlten Urlaub?

Nein. Aber Sie haben die Möglichkeit, in Pflegezeit zu gehen und für ein halbes Jahr ganz oder teilweise aus dem Job auszusteigen. In dieser Zeit können Sie die weitere Versorgung organisieren und überlegen, wie Sie Beruf und Pflege künftig besser unter einen Hut bekommen. Mitarbeiter größerer Unternehmen können auch Familienpflegezeit nehmen und die Arbeitszeit für zwei Jahre auf bis zu 15 Stunden pro Woche reduzieren (→ Seite 85 ff.).

→ Seite 81 ff.

Mir tut abends immer der Rücken weh, wenn ich meinem Partner geholfen habe. Woran liegt das?

Einen anderen Menschen zu versorgen, ihm beim Aufstehen, Gehen oder Anziehen zu helfen, ist anstrengend, vor allem, wenn man nicht die richtigen Handgriffe kennt. Lassen Sie sich von einer Pflegefachkraft die richtigen Techniken zeigen. Noch besser ist ein Pflegekurs, bei dem Sie die wichtigsten Handgriffe Schritt für Schritt lernen und im Beisein von Profis üben. Bei ständigen Rückenschmerzen sollten Sie außerdem zu Ihrem Hausarzt gehen. Rückenschmerzen sind häufig ein Zeichen von Überlastung.

→ Seite 37 ff.

Mein Vater hat Demenz und kann nicht alleine bleiben. Ich schaffe es nicht, ihn zu betreuen. Kann ich jemanden einstellen, der bei ihm wohnt und ihn versorgt?

Eine 24-Stunden-Pflege wird zwar immer wieder versprochen, ist aber nicht legal. Denn jeder Arbeitnehmer in Deutschland muss die Arbeitsschutzregeln einhalten. Und die verbieten ihm eine Pflege rund um die Uhr. Manche Pflegekräfte bieten Ihre Dienste als Selbstständige an. Sobald sie aber nur einen einzigen Pflegebedürftigen betreuen und sogar bei ihm wohnen, handelt es sich um eine Scheinselbstständigkeit, die der Zoll strafrechtlich verfolgt. Wer eine ausländische Haushalts- und Betreuungskraft einstellt, muss also immer noch zusätzliche Unterstützung organisieren oder sich selbst in die Pflege einbringen. → Seite 120 f.

Der Pflegedienst hat einfach gekündigt und kommt nur noch eine Woche lang. Darf er das?

Leider ja. Wenn nichts anderes im Vertrag steht, kann der Pflegedienst von heute auf morgen kündigen. Das ist vor allem in ländlichen Regionen ein Problem, weil es dort schwer ist, innerhalb kurzer Zeit einen neuen Pflegedienst zu engagieren. Beim Abschluss eines neuen Vertrages sollte Sie deshalb darauf achten, dass der Pflegedienst eine möglichst lange Kündigungsfrist einhalten muss. Und: Pflegebedürftige dürfen immer fristlos kündigen.
→ Seite 102 f.

Meiner Mutter ist der Papierkram mit der Krankenkasse zu viel. Kann ich für sie Anträge stellen?

Solange Ihre Mutter unterschreibt, interessiert es niemanden, wer den Antrag ausfüllt. Kann oder möchte sie auch das nicht mehr tun, benötigen Sie eine Vollmacht, um in ihrem Namen handeln zu können. Ihre Mutter kann für jeden Leistungsträger eine Einzelvollmacht ausstellen. Sollen Sie sich umfassend um ihre Angelegenheiten kümmern, bietet sich eine Vorsorgevollmacht an.

→ Seite 145 ff.

Uns würde es reichen, wenn jemand ab und zu meinem Vater nachmittags Gesellschaft leistet. Wer macht so etwas?

Solche Besuchsdienste übernehmen üblicherweise ehrenamtliche Mitarbeiter von Wohlfahrtsverbänden, Freiwilligenagenturen oder Nachbarschaftsvereinen. Sie kommen stundenweise zu Pflegebedürftigen nach Hause, unterhalten sich mit ihnen oder gehen spazieren. Die Kosten halten sich in Grenzen und können in der Regel über den Entlastungsbetrag abgedeckt werden. Auch Pflegedienste bieten zunehmend Betreuungsangebote an. Ein Marktcheck der Verbraucherzentralen ergab allerdings, dass sie sich diese Dienstleistung mitunter teuer bezahlen lassen.

→ Seite 109. ff.

So vielfältig ist Pflege

„Pflege heißt für mich, dass ich meinen Vater intensiv begleite. Er leidet unter Demenz und ist stark auf mich fixiert. Ich bin fast jeden Tag für drei bis vier Stunden bei ihm, beruhige ihn, wenn er weglaufen will, gehe mit ihm spazieren, erinnere ihn daran, wer die Frau an seiner Seite ist.
Mein Vater kann seinen Alltag nicht mehr alleine bewältigen, und oft fällt es mir schwer, ihm in seine Welt zu folgen. Aber wenn er meine Hand nimmt, dann weiß ich, dass er mir vertraut."

Heike S.

„Am Anfang habe ich meine Mutter alleine gepflegt und alles gemacht. Darüber bin ich krank geworden. Jetzt haben wir einen Pflegedienst, und an drei Nachmittagen kommen Mitarbeiter von einer Demenzgruppe und von den Maltesern, die ihr Gesellschaft leisten, während ich arbeite.
Pflegen heißt für mich, dass ich für sie da bin, gucke, dass sie gut versorgt ist, mich um den Papierkram kümmere. Es heißt aber auch, dass ich nach der Arbeit erstmal zu ihr gehe, mit ihr einen Kakao trinke und frage, wie ihr Tag war. Da freut sie sich immer riesig."

Cäcilia K.

„Meine Mutter ist 98 Jahre alt, bis vor drei Jahren lebte sie noch allein. Damals habe ich mich um alles Finanzielle gekümmert, den ganzen Schreibkram. Dann musste sie operiert werden und hat sich von den Narkosen nicht gut erholt. Ihr Wesen hat sich völlig verändert, sie ist manchmal richtig bösartig. Ich möchte, dass es meiner Mutter gut geht und sie begleiten.
In den letzten zwei Jahren habe ich mich um alles gekümmert, einen Pflegedienst engagiert und es mit einer Polin probiert. Aber meine Mutter war so aggressiv, das ging einfach nicht. Ich musste die Notbremse ziehen. Sie lebt jetzt in einem Pflegeheim, und ich besuche sie oft und gucke, dass sie dort gut versorgt wird."

Uta S.

„Pflegen heißt für mich, meinen Mann so zu unterstützen, dass er sich gut betreut fühlt und Lebensqualität hat. Ich pflege ihn seit ungefähr zwölf Jahren. Er leidet unter Parkinson, da verschlechtert sich der Gesundheitszustand schleichend. Inzwischen muss ich ihn morgens waschen und ihm beim Anziehen helfen. Die Beweglichkeit nimmt immer weiter ab. Er sieht schlecht, ist aber klar im Denken und Handeln, äußerst friedfertig und umgänglich.
Ich mache beruflich Musik mit Kindern. Wenn ich das nicht hätte, wäre die Pflege für mich schwieriger. Es ist wichtig, noch etwas anderes zu machen. Klar habe ich durch die Pflege Einschnitte. Und die Krankheit müsste echt nicht sein. Wir können uns aber nicht beklagen, es geht uns gut."

Gudrun F.

„Ich pflege meine Frau seit neun Jahren. Sie hatte einen Schlaganfall und ist halbseitig gelähmt. Anfangs kam ein Pflegedienst, aber der hat sich nicht so um meine Frau gekümmert, wie ich das wollte. Also habe ich mich entschieden, das alleine zu machen. Vor einigen Jahren wurde bei mir Parkinson festgestellt, dadurch bin ich selbst gehandicapt.
Inzwischen kommt eine Frau aus Makedonien zu uns, die sich tagsüber um meine Frau kümmert. Ich habe nachts immer die Tür auf, damit ich meine Frau hören und ihr helfen kann, wenn sie zum Beispiel auf Toilette muss. Meine größte Angst ist, dass mir selbst etwas passiert und ich dann nicht mehr für meine Frau sorgen kann."

Peter S.

Pflegen – was heißt das eigentlich?

Überall wird von „der Pflege" gesprochen, aber nirgends erklärt, worum es dabei genau geht. Pflege hat viele Gesichter. Mal meint „pflegen" eine umfassende körperliche Versorgung, mal Unterstützung, Begleitung, Ansprache. Wer vor einer Pflegesituation steht, sollte sich daher immer überlegen: Was heißt das eigentlich für mich und den Pflegebedürftigen?

Informationen einholen: Wie viel Hilfe ist notwendig

Wer vor der Entscheidung steht, einen Angehörigen zu pflegen, benötigt Informationen. Erster Ansprechpartner ist der Arzt. Bitten Sie Ihren Angehörigen, ihn von der Schweigepflicht zu entbinden, damit er Ihnen Auskunft geben darf. Fragen Sie den Arzt nach der genauen Diagnose und nach der Bedeutung für den Alltag. Braucht Ihr Angehöriger ständig eine Betreuungsperson oder bei alltäglichen Handlungen wie dem Anziehen Hilfe? Reicht es aus, wenn Sie ihm ab und zu zur Hand gehen oder müssen Sie täglich zu Verfügung stehen? Ist sein Zustand so stabil, dass Sie ihn für einige Stunden am Tag oder sogar für mehrere Tage alleine lassen können? Oder müssen Sie mit plötzlichen Notfällen rechnen? Das ist wichtig zu wissen, damit Sie einschätzen können, ob Sie die Pflege zeitlich leisten können.

Fragen Sie den Arzt, welche Aufgaben auf Sie zukommen werden. Müssen Sie spezielle pflegerische Kenntnisse erwerben? Ist es notwendig, regelmäßig den Blutzucker zu messen oder Nahrung über eine Magensonde zu verabreichen? Diese Informationen helfen Ihnen zu beurteilen, ob Sie sich die Pflege zutrauen.

„Ich weiß oft nicht, wie ich meinem Vater in seine Welt folgen soll. Wie verhalte ich mich einem demenzkranken Menschen gegenüber richtig? Ich hatte am Anfang dazu zwei tolle Gespräche mit der Alzheimer-Gesellschaft."

Heike S.

Schließlich sollten Sie den Arzt nach der Perspektive fragen. Wird sich der Gesundheitszustand Ihres Angehörigen wieder verbessern oder mit hoher Wahrscheinlichkeit stetig verschlechtern? Ist mit plötzlichen Veränderungen zu rechnen oder vollziehen sich diese allmählich? Welche typischen Auswirkungen hat die Krankheit? Baut Ihr Angehöriger voraussichtlich (nur) körperlich ab oder auch geistig? Müssen Sie mit Wesensänderungen rechnen? Angehörige von Demenzkranken beispielsweise finden es häufig sehr belastend mitzuerleben, wie der geliebte Mensch nach und nach immer mehr zum Fremden wird.

Die durchschnittliche Pflegezeit in Deutschland beträgt acht Jahre.

Fragen Sie den Arzt auch, wie lange Ihr Angehöriger voraussichtlich noch leben wird. Das ist eine schwierige Frage, die kein Arzt präzise beantworten kann. Schließlich ist jeder Kranke und jeder Krankheitsverlauf anders. Doch es gibt Erfahrungswerte, die Ihnen helfen können, die Situation einzuschätzen. Wird Ihr Angehöriger voraussichtlich nur noch einige Monate leben, ist es in der Regel einfacher, eine Rund-um-die-Uhr-Betreuung zu organisieren. Berufstätige haben die Möglichkeit, sich für bis zu drei Monate ganz oder teilweise von der Arbeit freistellen zu lassen (→ Seite 85.) Zieht sich die Krankheit aber über viele Jahre hin, müssen Sie langfristige Lösungen finden.

Könnte ich mir vorstellen, meinen Angehörigen so lange zu versorgen? Wo gibt es Menschen, die mir dabei helfen können? Was würde der „Pflegejob" für meine Familie bedeuten? Kann ich im Job kürzer treten?

Leidet Ihr Angehöriger an einer bestimmten Krankheit, lohnt es sich, mit Selbsthilfegruppen Kontakt aufzunehmen (→ Seite 35 f.). Sie bieten detaillierte Informationen zum Krankheitsbild. Andere Betroffene und Angehörige können von ihren Erfahrungen im Umgang mit der Krankheit erzählen. Außerdem haben sie oft wertvolle Tipps zur Gestaltung der Pflege.

> „Ich bin voll berufstätig. Pflege und Job unter einen Hut zu bekommen ist schwierig, mein gesamter Urlaub ist dafür draufgegangen. Andererseits hilft mir der Beruf auch, weil ich mich dort mit anderen Themen beschäftige."
>
> **Uta S.**

Falls Ihr Angehöriger in therapeutischer Behandlung ist, sollten Sie auch mit diesen Experten sprechen. Therapeuten wissen, mit welchen körperlichen Veränderungen zu rechnen ist. Außerdem können sie Ihnen sagen, bei welchen Verrichtungen Ihr Angehöriger voraussichtlich Hilfe brauchen wird.

Der ehrliche Blick: Lässt sich die Pflege ins eigene Leben integrieren?

Häufig rutschen Menschen in die Rolle des Pflegenden hinein, ohne sich vorher viele Gedanken zu machen. Manche pflegen, weil sie den Wunsch haben, etwas zurückzugeben und für ihren Angehörigen da zu sein. Andere übernehmen die Aufgabe, weil sie Schuldgefühle haben oder sich verpflichtet fühlen. Das kann dazu führen, dass sie weit über ihre eigene Leistungsfähigkeit hinausgehen und selbst krank werden. Damit ist niemandem geholfen. Es ist wichtig, sich in Ruhe Gedanken darüber zu machen, welche Motivation hinter der Pflege eines Angehörigen steht. Entscheiden Sie sich selbst dafür? Oder drängen andere Familienmitglieder Sie dazu? Wie ist das Verhältnis zum Pflegebedürftigen? Stehen alte Konflikte im Raum, die während der Pflege aufbrechen können?

> **Die Pflege eines Angehörigen ist eine große Aufgabe. Sie sind nicht dazu verpflichtet, diese zu übernehmen.**

Schließlich stellen sich viele praktische Fragen. Können Sie sich auf die Pflege konzentrieren oder müssen Sie nebenher arbeiten und Kinder versorgen? Das stellt eine zusätzliche Belastung dar. Ist es finanziell möglich, vorübergehend aus dem Job auszusteigen? Können Sie Haushalt, Familie und anderen Pflichten auch dann noch nachkommen, wenn Ihr Angehöriger mehr Hilfe benötigt? Trägt Ihr Partner die Entscheidung mit? Ohne

HINTERGRUND

Pflege kostet mehr Zeit als ein Vollzeitjob

Menschen, die einen Angehörigen pflegen, bringen dafür im Schnitt knapp 55 Stunden pro Woche auf. Die meiste Zeit entfällt auf Betreuung (16,5 Stunden) und Hilfe im Haushalt (13 Stunden) Körperliche Pflege folgt auf Platz 3 mit 7,7 Stunden. Doch das sind lediglich Mittelwerte. Bei Pflegebedürftigen ohne Pflegegrad oder mit Pflegegrad 1 fallen nur 31 Stunden. wöchentlich an. Wer hingegen einen Schwerstpflegebedürftigen versorgt, pflegt durchschnittlich 76 Stunden pro Woche.

(Quelle: Hans-Böckler-Stiftung: Pflege in den eigenen vier Wänden: Zeitaufwand und Kosten, 2017)

seine Unterstützung werden Sie die Pflege kaum leisten können.

Für kurze Zeit können Menschen Mehrfachbelastungen gut wegstecken. Über Jahre hinweg machen sie krank. Überlegen Sie, wie lange Sie Ihren Angehörigen unter den gegebenen Umständen pflegen können.

Miteinander planen

Pflege ist nie Sache von einer Person allein. Denn es geht immer um Interaktion, um ein Miteinander. Und darüber muss man sprechen, vor allem mit dem Pflegebedürftigen selbst. Schließlich betrifft es meist sein komplettes Leben.

Die eigene Unabhängigkeit zu verlieren, auf Hilfe angewiesen zu sein, das ist für die meisten Menschen ein Schock. Ihr Leben stellt sich auf den Kopf. Was früher selbstverständlich war – den Haushalt erledigen, zum Arzt gehen, Ausflüge machen, Freunde treffen – wird beschwerlich oder alleine unmöglich. Pflegebedürftige sind abhängig, müssen fragen, bitten, abwarten, sich arrangieren. Das ist für viele ungewohnt und schwierig. Umso wichtiger ist es, sie – soweit möglich – in Überlegungen und Entscheidungen einzubinden. Auf Pflege angewiesen zu sein heißt nicht automatisch, keine Meinung, keine Wünsche, keine Ideen mehr zu haben. Im Gegenteil.

Fragen Sie Ihren Angehörigen, wie er sich die weitere Versorgung vorstellt? Haken Sie nach, wenn Sätze wie „Das geht dann schon irgendwie" kommen. Überlegen Sie gemeinsam, wie sich der Alltag meistern lässt. Auch wenn sich nicht alle Wünsche umsetzen lassen, ist es doch gut, sie wenigstens zu kennen. Genauso wichtig ist es, dass Sie schon in diesem Gespräch Ihre Grenzen aufzeigen.

Versuchen Sie möglichst klar zu sagen, wenn Sie bestimmte Aufgaben nicht leisten können. Das ist schwer und kostet Überwindung. Pflegen heißt aber nicht, sich selbst aufzugeben. Letztlich geht es darum, Kompromisse zu finden, Wege, mit denen beide – Pflegebedürftiger und Pflegender – leben können.

Pflege bedeutet große Nähe. Als Pflegender dringen Sie automatisch in intime Bereiche ein. Das kann für beide Seiten schwierig sein. Und vielleicht möchte Ihr Angehöriger gar nicht, dass Sie bestimmte Tätigkeiten übernehmen. Gibt es Alternativen? Könnte sich Ihre Angehörige vorstellen, dass eine fremde Person zum Beispiel die Körperpflege übernimmt? Oder möchte sie gerade Sie an ihrer Seite haben? Und wäre das ok für Sie?

Mit der Pflege kommt es häufig zu einer Rollenverschiebung. Hat der Mann bisher in der Beziehung die Richtung vorgegeben, wird es ihm wahrscheinlich schwerfallen, von seiner Frau abhängig zu sein. Und ihr macht es möglicherweise Probleme, Entscheidungen zu treffen und gelegentlich Grenzen zu setzen. Das müssen Pflegende aber tun, um die eigene Gesundheit zu schonen. Noch schwieriger ist die Rollenverschiebung, wenn Kinder ihre Eltern pflegen. Plötzlich sind sie es, die Verantwortung für Mutter oder Vater übernehmen müssen. Das ist für alle eine neue Situation. Sprechen Sie mit Ihrem Angehörigen darüber, ob er wirklich an Sie abgeben kann.

Was passiert, wenn es zu Hause nicht mehr geht? Im Idealfall fragen Sie Ihren Angehörigen schon sehr frühzeitig, welche Betreuungsformen er sich vorstellen könnte. Vielleicht ist ein betreutes Wohnen eine sinnvolle Alternative zum großen Haus. Und neben klassischen Pflegeheimen werden zum Beispiel zunehmend Pflege-Wohngemeinschaften angeboten (→ Seite 196).

Wie viel Hilfe kommt aus der Familie?

Pflegende brauchen Auszeiten, damit sie Kraft tanken können. Wer sich keine Pausen gönnt, stößt irgendwann an seine Belastungsgrenze und wird krank. Spätestens dann endet die häusliche Pflege. Auszeiten müssen geplant werden, sonst gehen sie im Alltag unter.

Überlegen Sie, welche Aufgaben in der Familie verteilt werden können. Denn neben der reinen Pflege gibt es noch jede Menge anderes zu tun. Denkbar ist zum Beispiel, dass Sie die Pflege übernehmen und eines Ihrer Geschwister sich um die Finanzen und um Anträge bei Leistungsträgern kümmert. Oder, dass Ihre erwachsenen Kinder an zwei Nachmittagen in der Woche die Pflege des Vaters übernehmen, damit Sie frei haben.

Wohnen andere Familienmitglieder weiter weg, kann man vereinbaren, dass sie ein- oder zweimal im Jahr für ein oder zwei Wochen als Ersatzpfleger einspringen, damit die Hauptpflegeperson eine Auszeit nehmen kann. Oder sie finanzieren der Hauptpflegeperson eine Haushaltshilfe, die sich ums Waschen und Putzen kümmern muss. Im besten Fall setzen sich alle Familienmitglieder freiwillig zusammen und überlegen gemeinsam, wer sich wie einbringen kann.

Wichtig: Treffen Sie möglichst verbindliche Absprachen.

→ TIPP Aufgaben verteilen

Wichtige Fragen zur Vorbereitung einer Pflege hat die Unfallkasse Nordrhein-Westfalen in einer Broschüre zusammengestellt. Unter anderem enthält sie eine Liste mit Tätigkeiten, die sich auf andere Schultern verteilen lassen. In einem Wochenplan können Sie festhalten, wann welche Aufgaben anfallen, wer Sie dabei entlastet und was Sie stattdessen tun wollen. Das hilft, eigene Aktivitäten zu planen. Die Broschüre „Handlungshilfen zur häuslichen Pflege“ kann kostenlos im Internet heruntergeladen werden: www.beim-pflegen-gesund-bleiben.de, Stichwort „Organisation der häuslichen Pflege“ – „Wie plane ich meinen Pflegealltag“.

Pflege zu Hause – geht das überhaupt?

Die meisten Menschen möchten in Ihrem gewohnten Umfeld wohnen bleiben. Ob das möglich ist, hängt vom Hilfebedarf und der Wohnsituation Ihres Angehörigen ab. Ist er regelmäßig auf Unterstützung angewiesen? Dann müssen Personen in der Nähe sein, die diese Hilfe leisten können.

Welche körperlichen Einschränkungen hat Ihr Angehöriger? Braucht er beispielsweise bei der Körperpflege nur wenig Unterstützung, reichen in aller Regel schon kleine Veränderungen im Bad aus: Eine Sitzgelegenheit vor dem Waschbecken und Haltegriffe in der Dusche genügen. Ist er hingegen auch bei kleinen Strecken auf einen Rollator angewiesen, werden Stufen und Türschwellen zum Hindernis. Lassen sich diese Hindernisse einfach beseitigen? Sind die Räume groß genug, um sich mit dem Rollator darin zu bewegen? Möglicherweise muss das Bad umgebaut werden. Manchmal genügt es, die Sanitäranlagen neu anzuordnen. In anderen Fällen müssen Räume zusammengelegt werden, um mehr Platz zu gewinnen. Ein solcher Umbau ist aufwendig und kostspielig. Die Pflegekasse beteiligt sich unter bestimmten Voraussetzungen an den Kosten (→ Seite 58). In einer Mietwohnung benötigen Sie die Zustimmung des Vermieters.

DIE ZAHL

Ein gesunder Mensch braucht bei Türen rund
60 cm
Durchgangsbreite.

Mit Rollator werden
80 cm
benötigt.

Mit Rollstuhl sind
90 cm
das Mindestmaß.

→ **TIPP Barrieren erkennen**
Um einzuschätzen, wo es in der Wohnung mit einem Rollator schwierig wird, hilft ein einfacher Trick: Nehmen Sie sich einen Bürostuhl mit Rollen und schieben Sie ihn vor sich her. So merken sie schnell, wann es eng wird oder Schwellen stören.

Selbst wenn die Wohnung im Erdgeschoss liegt, sind häufig Stufen am Eingang zu überwinden. Gibt es einen alternativen Eingang in die Wohnung, etwa über die Terrasse? Ist jemand vor Ort, der bei den Stufen helfen kann? Welche Umbauten wären notwendig, damit Ihr Angehöriger das Haus ohne Hilfe verlassen kann?

In vielen Reihenhäusern liegen Küche, Wohnzimmer und Gäste-WC im Erdgeschoss, Bad und Schlafzimmer im ersten Stock. Die oberen Räume sind für stark gehbehinderte Menschen kaum erreichbar. Gibt es die Möglichkeit, umzubauen? Unter Umständen lässt sich ein Teil des Wohnzimmers als Schlafzimmer abtrennen. Manche Paare richten das Wohnzimmer als Pflegezimmer ein und stellen das Bett dort auf. Können Sie sich als Paar vorstellen, über längere Zeit so zu leben?

Falls Sie unsicher sind, ob eine Pflege in der bisherigen Wohnung möglich ist, sollten Sie sich Rat bei einer Wohnberatungsstelle holen (→ Seite 36). Die Mitarbeiter besichtigen Ihre Wohnung und schätzen ein, welche Veränderungen möglich und sinnvoll sind. Die Wohnberatung ist häufig kostenlos. Fragen Sie aber sicherheitshalber nach.

→ **TIPP Tipps zum Umbau**
Im Ratgeber „Clever umbauen" der Verbraucherzentrale finden Sie viele Informationen und Tipps, wie sich Wohnraum umbauen und umgestalten lässt – für mehr Wohnkomfort und Barrierefreiheit. Das E-Book können Sie hier bestellen: www.ratgeber-verbraucherzentrale.de.

Häufig reichen am Anfang kleine Anpassungen aus: Die Möbel werden neu platziert, Stolperfallen beseitigt und Haltegriffe montiert. Bei Bedarf folgen größere Umbauten, etwa der Austausch der Badewanne gegen eine flache Dusche. Dieses schrittweise Vorgehen hat den Vorteil, dass sich Ihr Angehöriger langsam an die Veränderungen gewöhnen kann.

Eine Umgestaltung der Wohnung fällt vielen Menschen schwer, denn es bedeutet, Gewohntes zu verändern. Passiert das unfreiwillig, weil es „sonst nicht mehr anders geht", sind Widerstände normal. Haben Sie also Verständnis, wenn Ihr Angehöriger nicht von jeder Umbauidee begeistert ist. Vielleicht lassen sich erst mal kleinere Anpassungen vornehmen, die zumindest vorübergehend das Wohnen erleichtern.

Das ist aus rechtlicher Sicht wichtig

Sind größere Umbauten notwendig, sollten Sie frühzeitig klären, ob Sie Genehmigungen Dritter brauchen. Eigentümer können ihre Wohnung zwar grundsätzlich nach eigenen Vorstellungen umbauen. Es kann aber Probleme geben, wenn in einem Mehrfamilienhaus Gemeinschaftseigentum betroffen ist. Ein typischer Fall wäre der Einbau eines Treppenlifts. Dafür benötigen Sie die Zustimmung der Eigentümergemeinschaft. Mieter müssen vor Umbauten den Vermieter um Erlaubnis bitten. Ist der Umbau für eine behindertengerechte Nutzung notwendig, muss der Wohnungseigentümer zustimmen. Er darf die Erlaubnis nur dann verweigern, wenn „sein Interesse an der unveränderten Erhaltung der Mietsache" überwiegt. Das kann

GUT ZU WISSEN

Kein Sonderkündigungsrecht

Wer aus gesundheitlichen Gründen seine Wohnung verlassen muss, hat kein Sonderkündigungsrecht. Die Kündigungsfrist beträgt wie bei allen anderen Mietern mit unbefristeten Verträgen drei Monate. Es lohnt sich aber, mit dem Vermieter zu sprechen. Oft ist er damit einverstanden, dass Sie einen Nachmieter stellen. Ihr Angehöriger kommt so früher aus dem Mietvertrag heraus.

zum Beispiel der Fall sein, wenn der Mieter eine Rampe an einem engen Eingang errichten lassen will.

Stimmt der Wohnungseigentümer zu, darf der Mieter umbauen. Alle anfallenden Kosten muss er selbst bezahlen. Außerdem ist er verpflichtet, die Wohnung beim Auszug wieder in den ursprünglichen Zustand zurückzuversetzen. Das heißt: Griffe, Rampen oder Lifter müssen abgebaut werden. Dafür fallen erneut Kosten an. Damit der Vermieter im Streitfall nicht auf diesen Kosten sitzen bleibt, kann er eine zusätzliche Sicherheit für den Rückbau verlangen. Der Mieter muss die fiktiven Rückbaukosten wie eine Kaution hinterlegen. In der Praxis kann es also schwierig und vor allem teuer werden, eine Mietwohnung behindertengerecht umzubauen.

Die Finanzierung von Umbauten

Die **Pflegeversicherung** beteiligt sich unter bestimmten Voraussetzungen an den Kosten für Umbauten (→ Seite 58).

Die **gesetzliche Unfallversicherung** zahlt Umbau- und Umzugskosten, wenn die Pflegebedürftigkeit Folge eines Arbeitsunfalls, einer Berufskrankheit oder eines Unfalls auf dem Weg zur Arbeit war. Die Leistungen werden unabhängig vom Einkommen gewährt und nicht mit den Leistungen anderer Träger verrechnet.

Die **KfW-Förderbank** stellt Zuschüsse und Kredite für den barrierefreien Umbau bereit. Wichtig: Erst wenn der Antrag genehmigt ist, darf mit dem Umbau begonnen werden. In dem Programm „Altersgerecht umbauen" fördert die KfW unter anderem einen Badumbau, Treppenlifte und Rampen oder auch die Nachrüstung von automatischen Tür- oder Fensterantrieben. Beim Einbau müssen bestimmte Mindestanforderungen erfüllt werden. Zur Wahl stehen ein zinsgünstiger Kredit oder ein Investitionszuschuss von bis zu 6.250 Euro pro Maßnahme. Nähere Informationen gibt es im Internet: www.kfw.de, Stichwort „Privatpersonen" – „Bestandsimmobilie" – „Barrierereduzierung". Wer mehr wissen möchte, kann sich auch an eine Wohnberatungsstelle wenden. Die Mitarbeiter können bei der Antragstellung helfen.

> GUT ZU WISSEN
>
> **Länder fördern Umbau**
> Auch die Bundesländer haben eigene Förderprogramme zur Wohnraumanpassung aufgelegt. Sie unterscheiden sich zum Teil erheblich. Der Bundesverband der Verbraucherzentralen hat im Internet eine Übersicht der Landes-Förderprogramme zusammengestellt: www.baufoerderer.de.

Hilfe von Profis: Hier gibt es Rat und Unterstützung

Niemand weiß alles, und keiner muss alles alleine schaffen. Es gibt eine Vielzahl von Beratungsstellen, an die Sie sich mit Fragen rund um die Pflege wenden können. Die Pflegekassen sind sogar dazu verpflichtet, bei der Organisation der Pflege und der Beantragung von Leistungen zu helfen.

Leider sind die genannten Angebote viel zu wenig bekannt. Nur jeder vierte Bundesbürger gibt an, in seiner Nähe eine Beratungsstelle zu kennen, die sich mit Themen rund um die Pflege beschäftigt. Dabei wurde seit 2008 damit begonnen, bundesweit Pflegestützpunkte einzurichten, die genau diese Aufgabe haben (→ Seite 31). 6 von 10 Einwohnern wissen nicht, dass sie einen Rechtsanspruch auf eine unabhängige und kostenlose Beratung durch die Pflegekasse haben. Die Pflegekassen müssen Pflegebedürftigen, die einen Antrag auf Pflegeleistungen stellen, von sich aus einen Termin anbieten.

Gute Beratung kann eine große Hilfe sein. Nur wer seine Rechte kennt, kann sie in Anspruch nehmen. Nur wer weiß, welche Leistungen ihm zustehen, kann sie beantragen. Die Beratungslandschaft in Deutschland ist daher sehr unübersichtlich. Auf den folgenden Seiten geben wir einen Überblick, welche Aufgabe die verschiedenen Beratungsstellen haben. Das erleichtert die Orientierung.

Sie haben einen Anspruch auf mehrere Beratungstermine. Sie können die Beratungsstelle auch wechseln. Nutzen Sie die Möglichkeit, um sich gut beraten zu lassen.

Die Pflegeberatung der Pflegekassen: Ein Recht auf Hilfe

Die Pflegekassen sind verpflichtet, ihre Versicherten umfassend über die Leistungen der Pflegeversicherung zu informieren. Diese Beratungspflicht wurde mit der jüngsten Pflegereform noch einmal bekräftigt. Trotzdem fühlen sich viele Pflegebedürftige und ihre Angehörigen nicht gut informiert. Offensichtlich läuft hier einiges schief, vielleicht auch, weil viele Betroffene nicht wissen, dass sie ein Recht auf umfangreiche Unterstützung haben. Die Beratungspflicht reicht nämlich weit über die reine Informationsvermittlung hinaus.

Bei allgemeinen Fragen zur Pflegeversicherung können Sie sich immer direkt an die Geschäftsstelle der Pflegekasse wenden. Die Mitarbeiter informieren zum Beispiel über die verschiedenen Leistungen der Pflegeversicherung oder schicken Antragsformulare zu. Auch pflegende Angehörige haben ein eigenständiges Recht auf Beratung und können sich zum Beispiel bei der Pflegekasse über Entlastungsangebote informieren. Voraussetzung ist allerdings das Einverständnis der pflegebedürftigen Person. Die Pflegekasse hält außerdem Übersichten der zugelassenen ambulanten Pflegedienste, Betreuungs- und Entlastungsangebote sowie der Tages-, Nacht- und Kurzzeitpflegeein-

DIE ZAHL

44 Prozent

aller pflegenden Angehörigen geben an, dass sie sich nicht wirklich gut über ihre Ansprüche als Pflegende informiert fühlen.

Lediglich
42 Prozent
haben schon einmal eine Pflegeberatung genutzt.

(Quelle: Zentrum für Qualität in der Pflege, 2018)

richtungen in der Region vor. So können Sie Preise und Leistungen vergleichen.

Stellt Ihr Angehöriger erstmals einen Antrag auf Leistungen der Pflegeversicherung, muss die Pflegekasse innerhalb von zwei Wochen einen Termin zur Pflegeberatung anbieten und einen festen Ansprechpartner für die Erst- und die Folgeberatung nennen. Ist sie dazu nicht in der Lage, muss sie dem Versicherten einen Gutschein für eine kostenlose Beratung in einer anderen unabhängigen Beratungsstelle aushändigen. Auch hier muss er innerhalb von zwei Wochen einen Beratungstermin bekommen. Die frühe Beratung soll helfen, schnell eine gute Versorgung zu organisieren.

Die Pflegeberatung kann in der Geschäftsstelle der Pflegekasse erfolgen. In vielen Bundesländern wird sie auch in unabhängigen Pflegestützpunkten und Pflegeberatungsstellen angeboten. Sie haben aber auch die Möglichkeit, mit dem Pflegeberater einen Hausbesuch zu vereinbaren. Das ist sinnvoll, wenn Ihr Angehöriger nur noch schlecht die Wohnung verlassen kann. Oder wenn Sie spezielle Fragen zur räumlichen Situation haben. Die Beratung kann einen Termin umfassen oder sich über mehrere Monate erstrecken. Das hängt von Ihren Fragen und dem Hilfebedarf Ihres Angehörigen ab.

Der Pflegeberater soll nicht nur Informationen weitergeben, sondern konkrete Hilfe leisten und bei der Organisation der häuslichen Pflege helfen. Das kann bedeuten, dass die Leistungen unterschiedlicher Träger – Krankenkasse, Pflegekasse, Sozialamt – gebündelt werden und der Pflegeberater bei der Antragstellung hilft. Benötigt Ihr Angehöriger vorübergehend einen Kurzzeitpflegeplatz, damit Sie die Wohnung barrierefrei umbauen können, muss der Pflegeberater Ihnen auf Wunsch bei der Suche nach einer Kurzzeitpflegeeinrichtung helfen. Nicht immer passiert das automatisch. Scheuen Sie sich nicht, den Pflegeberater konkret um solche Unterstützung zu bitten. Sie haben einen Anspruch darauf.

Die Pflegeberatung kann mehrfach in Anspruch genommen werden. Stellen Sie beispielsweise nach ein paar Monaten fest, dass Ihr Angehöriger mehr Unterstützung benö-

GUT ZU WISSEN

Kriterien für gute Beratung

Flexibel, individuell, umfassend und lösungsorientiert – das sollte die Pflegeberatung sein. Das Zentrum für Qualität in der Pflege (ZQP) hat zehn Kriterien für eine gute Pflegeberatung zusammengestellt. Die Borschüre „Gute Beratung zur Pflege“ kann kostenlos im Internet heruntergeladen werden: www.zqp.de – „Wissensangebot“ – „Ratgeber & Hilfe“ – „Gute Beratung zur Pflege“.

„Um eine Pflegeberatung muss man sich kümmern."

FELIZITAS BELLENDORF vom KompetenzNetz Angehörigenunterstützung und Pflegeberatung NRW bei der Verbraucherzentrale

Frau Bellendorf, was soll Pflegeberatung leisten?

Die Pflegeberatung soll dabei helfen, den individuellen Hilfebedarf zu ermitteln und einen Versorgungsplan zu erstellen. Wenn ein Angehöriger anruft und sagt: „Meiner Mutter geht es immer schlechter, die kommt nicht mehr zurecht", müsste der Pflegeberater erheben: „Wie ist die Situation? Was genau schafft sie nicht mehr? Braucht sie dauerhaft Unterstützung? Bei welchen Tätigkeiten benötigt sie Hilfe? Welche Unterstützung gibt es schon?" Dann sollte er gemeinsam mit den Angehörigen überlegen: „Wie kann die Hilfe organisiert werden? Welche Leistungen kommen infrage?" Er kann dabei helfen, Anträge zu stellen oder einen Kurzzeitpflegeplatz oder einen Pflegedienst zu finden, Und es ist seine Aufgabe, nach einiger Zeit nachzufragen, ob die Versorgung funktioniert. Das alles macht er aber nur, wenn der Pflegebedürftige und seine Angehörigen damit einverstanden sind.

Warum nutzen so wenig pflegende Angehörige diese Möglichkeit?

Bei einer Pflegebedürftigkeit sind die Angehörigen oft sehr belastet. Kommt dann ein Schreiben der Pflegekasse mit dem Hinweis: „Ihnen steht eine Pflegeberatung zu", habe ich Zweifel, ob das die Menschen erreicht. Außerdem müssen sie sich darum kümmern. Es ist ja nicht so, dass ein Pflegeberater bei der Familie anruft und fragt: „Wie läuft es? Kann ich Ihnen helfen?" Damit würde man wahrscheinlich mehr Angehörige erreichen.

Ist die Pflegeberatung also nur falsch konzipiert?

Nein, nicht nur. Manchmal haben Angehörige auch unterschiedliche Vorstellungen von der Versorgung. Dann muss sich die Familie erstmal klar werden, was sie will, bevor sie einen Dritten einschaltet. Eine Umfrage zeigte außerdem, dass viele pflegende Angehörige die Pflegeberatung nicht nutzen, weil die Situation zu Hause stabil ist. Das kann sich aber ganz schnell ändern, und dann hat man oft keine Zeit, sich um eine Beratung zu kümmern. Deshalb sollte man das Angebot möglichst frühzeitig nutzen, um zu wissen, welche Leistungen es gibt.

Sicherlich gibt es auch unter Pflegeberatern bessere und schlechtere. Kann man den Pflegeberater wechseln, wenn man unzufrieden ist?

Ja, in jedem Fall. Das sollte man sofort bei der Pflegekasse ansprechen und um einen anderen Pflegeberater bitten. Wenn es menschlich nicht passt, kann man keine gute Beratung anbieten.

„Von der Pflegekasse bekam ich kaum Informationen. Ich habe Stunde um Stunde im Internet gesucht und mich über Hilfeleistungen und Ansprüche zu informieren. Wenn ich die Pflegekasse auf eine Leistung angesprochen habe, hat sie erstmal geblockt, bis ich sagte: „Ich habe ein Recht darauf." Erst dann hieß es: „Wir gucken mal."

Heike S.

tigt, können Sie sich erneut an die Pflegeberatung wenden. Die Beratung ist kostenlos.

> **GUT ZU WISSEN**
>
> **Pflegeberatung für Privatversicherte**
>
> Für privat Krankenversicherte ist die Firma Compass Private Pflegeberatung zuständig. Die Mitarbeiter informieren am Telefon unter der Rufnummer 0 800/101 88 00 oder vereinbaren einen Beratungstermin. Der Ablauf der Pflegeberatung ist vergleichbar mit der Beratung bei gesetzlich Versicherten.

Die Pflegestützpunkte: Ansprechpartner für alle Hilfen vor Ort

Pflegestützpunkte bündeln Informationen zur Pflege. Sie wurden eingerichtet, damit Pflegebedürftige und ihre Angehörigen nicht mehr von einer Beratungsstelle zu nächsten laufen müssen, sondern einen zentralen Ansprechpartner haben. Welche Leistungen zahlt die Pflegekasse? Was ist zu tun, damit der benötigte Rollstuhl zu Hause bereitsteht? Gibt es einen Pflegedienst in der Nähe, der sich auf die Versorgung von Demenzkranken spezialisiert hat? Wer bietet eine stundenweise Betreuung an? All diese Fragen können die Mitarbeiter in Pflegestützpunkten beantworten.

Inzwischen gibt es in allen Bundesländern außer Sachsen und Sachsen-Anhalt solche Pflegestützpunkte. Ihre Anzahl und Ausgestaltung unterscheidet sich jedoch deutlich. Manche Regionen sind gut ausgestattet, in anderen müssen Ratsuchende weite Wege in Kauf nehmen. In einigen Bundesländern bieten die Mitarbeiter der Pflegekassen in den Pflegestützpunkten Pflegeberatung an, in anderen nicht. Manchmal sind die Pflegestützpunkte direkt bei einzelnen Pflegekassen angesiedelt, manchmal werden kommunale Beratungsstellen genutzt. Es gilt jedoch immer: Jeder gesetzlich Krankenversicherte kann sich dort (auch mehrfach) kostenlos beraten lassen.

Wo der nächste Pflegestützpunkt liegt, erfahren Sie bei der Stadtverwaltung oder der Pflegekasse. Sie sind nicht verpflichtet, sich an einen bestimmten Pflegestützpunkt zu

„Bei uns kann man auch mal das Herz ausschütten."

UWE SEEMANN vom Pflegestützpunkt Altona in Hamburg

Herr Seemann, was machen Sie, wenn eine Frau in den Pflegestützpunkt kommt und sagt: „Meine Mutter ist gestürzt, ich weiß nicht, wie es jetzt weitergeht?"

Wir fragen erstmal, wo die Mutter im Moment versorgt wird. Wahrscheinlich ist sie im Krankenhaus und anschließend in der Reha. Dann erklären wir, welche Möglichkeiten es zu Hause gibt, was die Pflegekasse und die Krankenkasse zahlt und welche Anträge dafür gestellt werden müssen. Da wir im Stadtteil gut vernetzt sind, kennen wir die Hilfsangebote. Wir haben Kontakte zu Pflegediensten und ehrenamtlichen Helfern und können hier Ansprechpartner vermitteln.

Rufen Sie dort an und organisieren die weitere Pflege?

Das sollen die Angehörigen übernehmen. Aber wenn es niemanden gibt, der anrufen kann, oder wir merken, dass eine Person damit im Moment überfordert ist, helfen wir. Unsere Aufgabe ist zu unterstützen, nicht, die Arbeit abzunehmen.

Viele Leistungen müssen beantragt werden. Die Formulare sind für Laien manchmal schwierig zu verstehen. Helfen Sie beim Ausfüllen?

Das ist einer unserer Schwerpunkte. Wir kennen die meisten Formulare und wissen, wo man was ankreuzen muss, damit man eine Leistung bekommt.

Müssen Pflegebedürftige dafür zu Ihnen in den Pflegestützpunkt kommen?

Nein, wir machen Hausbesuche, manchmal auch abends, wenn Angehörige dabei sein können. Vielen Pflegebedürftigen fällt es zu Hause leichter, über die eigene Situation zu sprechen. Wenn jemand bei uns das Herz ausschüttet, nehmen wir uns auch dafür Zeit.

Wobei helfen Sie noch?

Wenn gewünscht, nehmen wir als neutrale Beobachter an der Begutachtung teil. Wir bieten Pflegebedürftigen und Angehörigen an, den Termin vorzubereiten. Wir gehen zum Beispiel den Fragebogen der MDK-Gutachter durch und erklären, was mit bestimmten Fragen gemeint ist. Wenn der Gutachter wissen möchte: „Können Sie Treppen gehen?", wundern sich Pflegebedürftige manchmal, weil sie im Erdgeschoss wohnen. Der Gutachter will mit der Frage aber herausfinden, wie selbstständig der Pflegebedürftige ist.

In das Gespräch mit dem MDK können wir nicht aktiv eingreifen. Aber wir können auf Wunsch schon mal einen Hinweis geben, dass zum Beispiel das Bad umgebaut werden muss.

Schauen Sie sich das Gutachten anschließend auch an?

Wenn das gewünscht ist, ja. Bevor die Leute einen seitenlangen Widerspruch formulieren, bieten wir an, das Gutachten mit ihnen durchzusprechen. Wir können zeigen, wo der Gutachter die Situation vielleicht zu gut bewertet hat, was aber nicht automatisch heißt, dass am Ende ein höherer Pflegegrad herauskommt. Eine Rechtsberatung dürfen wir nicht anbieten.

Wie lange dauert es, bis man einen Termin im Pflegestützpunkt bekommt?

Oft nur ein, zwei Tage. Länger als eine Woche muss niemand warten.

wenden, sondern können frei wählen. Falls Sie sich über regionale Dienstleistungen informieren möchten, ist es aber sinnvoll, den Pflegestützpunkt aufzusuchen, der am nächsten zum Wohnort Ihres Angehörigen liegt. Die Mitarbeiter kennen die Hilfs- und Beratungsangebote am Ort. Sie stehen mit den dortigen Mitarbeitern in Kontakt, können Ansprechpartner nennen und selbst bei der Organisation der Pflege helfen. Auch hier haben Sie das Recht, sich zu Hause beraten zu lassen. Das ist zum Beispiel sinnvoll, wenn der Pflegebedürftige nicht mehr mobil ist oder wenn es um die Anschaffung von Hilfsmitteln geht.

Die Pflegestützpunkte beraten auch zu Leistungsfragen. Sie können zum Beispiel erklären, wann die Pflegekasse und wann die Krankenkasse für Kosten aufkommt und unter welchen Voraussetzungen das Sozialamt einspringt. Bei Bedarf helfen die Mitarbeiter, Anträge auszufüllen, oder sie rufen direkt bei den Kostenträgern an und holen Informationen ein. Die Beratung kann einen oder mehrere Termine umfassen.

Regelmäßiger Hausbesuch: Die Pflichtberatung

Bezieht ein Pflegebedürftiger ausschließlich Pflegegeld (→ Seite 54), hat er Anspruch auf sogenannte Pflegeberatungseinsätze. Fast alle Pflegedienste bieten diese Hausbesuche an. Die Kosten trägt die Pflegekasse. Die professionellen Pflegekräfte sollen Tipps zur häuslichen Pflege geben und sicherstellen, dass der Pflegebedürftige gut versorgt wird. Bei Pflegebedürftigen mit Pflegegrad 2 und 3 muss die Beratung alle sechs Monate erfolgen, bei Pflegebedürftigen mit Pflegegrad 4 und 5 alle drei Monate. Menschen mit Pflegegrad 1 und Pflegebedürftige, die Pflegesachleistungen beziehen, können den Beratungsbesuch freiwillig einmal im Halbjahr in Anspruch nehmen.

Die Beratungsbesuche sind eine gute Möglichkeit, Fragen zu stellen. Außerdem können Sie mit dem Berater über weitere Hilfsmittel und Unterstützungsmöglichkeiten sprechen. Sie dürfen den Berater selbst auswählen. Nutzen Sie diese Möglichkeit und suchen Sie sich eine Person, zu der Sie Vertrauen haben. Infrage kommen Pflegeberater der Pflegekasse, Pflegefachkräfte von zugelassenen Pflegeeinrichtungen und anerkannten Beratungsstellen. Es ist sinnvoll, wenn immer derselbe Berater vorbeikommt. Er lernt Ihre Situation mit der Zeit kennen und kann besser auf Fragen eingehen. Sie müssen der Pflegekasse nachweisen, dass Sie

die Beratungsbesuche wahrgenommen haben. Fehlt der Nachweis, kann die Pflegekasse das Pflegegeld kürzen oder ganz streichen.

Weitere Beratungsangebote

In Deutschland gibt ein dichtes Netz an Beratungsstellen, die zu unterschiedlichen Themen weiterhelfen. Die Kunst ist, herauszufinden, wer bei welcher Frage der richtige Ansprechpartner ist. Scheuen Sie sich nicht, bei Beratungsstellen anzurufen und nachzufragen. Selbst wenn die Mitarbeiter nicht weiterhelfen können, wissen sie oft, welche andere Stelle zuständig ist.

Kommunale Beratungsstellen

Städtische Beratungsstellen tragen häufig Namen wie Seniorenberatung, Seniorenbüro oder Seniorenservice. Manche dieser Einrichtungen wurden zu Pflegestützpunkten umgebaut. Einige beraten weiterhin zu Pflegethemen, andere konzentrieren sich auf allgemeine Angebote für Senioren. In der Regel haben die Mitarbeiter einen guten Überblick über regionale Dienstleistungen für Senioren. Sie können Ihnen zum Beispiel Seniorentreffs, Fahrdienste und Anbieter von Essen auf Rädern nennen. Häufig haben sie auch Kontakt zu Freiwilligeninitiativen, die sich ehrenamtlich um alte und kranke Menschen kümmern.

Sozialamt

Das Sozialamt ist Ansprechpartner für alle Fragen zur Sozialhilfe. Hier können Sie auch einen Schwerbehindertenausweis beantragen.

Verbraucherzentrale

In Hessen, Nordrhein-Westfalen, Rheinland-Pfalz beraten die Verbraucherzentralen zum Pflegerecht. Wenn Sie zum Beispiel Fragen zum Vertrag mit dem Pflegedienst haben oder Widerspruch gegen Ihren Pflegegrad einlegen wollen, können Sie sich dort an eine Beratungsstelle wenden.

Sozialverbände

Informationen zu Rente, Pflegeleistungen, Behinderung, Patientenrechten oder Rehabilitation bieten die Sozialverbände, vor allem der Sozialverband Deutschland (SoVD) und der Sozialverband VdK Deutschland. Die Berater in den Regionalverbänden helfen bei Anträgen auf Sozialleistungen und Widerspruchsverfahren. Bei Bedarf beraten sie zu rechtlichen Fragen und stellen eine rechtliche Vertretung vor dem Sozialgericht. Diese Leistungen stehen allerdings nur Mitgliedern zu. Die Jahresbeiträge liegen zwischen 50 und 80 Euro. Eine rechtliche Vertretung muss extra bezahlt werden.

Selbsthilfeverbände

Leidet Ihr Angehöriger an einer bestimmten Krankheit oder Behinderung, sind Selbsthilfeverbände gute Ansprechpartner. Sie stellen Informationen zum Krankheitsbild, typischen Verläufen und Behandlungsmöglichkeiten zur Verfügung. Oft haben sie Broschüren im Programm, in denen auf häufig vorkommende Pflegesituationen oder typische Beschwerden eingegangen wird. Sie informieren zu besonderen Leistungsansprüchen und rechtlichen Fragen rund um die Krankheit oder Behinderung. Die Landesverbände und regionalen Gruppen kennen Fachärzte, Therapeuten und spezialisierte Pflegedienste. Und sie bieten Beratung an. Der Vorteil ist, dass Sie dort auf Menschen treffen, die in einer ähnlichen Situation sind wie Sie und Ihr Angehöriger. Sie können Ihnen daher wertvolle Tipps geben. Bekannte Selbsthilfeorganisationen sind unter anderem die Deutsche Alzheimer Gesellschaft, die Deutsche Rheuma-Liga oder der Deutsche Diabetiker Bund. In der Bundesarbeitsgemeinschaft Selbsthilfe von Menschen mit Behinderung und chronischer Erkrankung und ihren Angehörigen haben sich viele deutschlandweit tätige Selbsthilfeorganisationen zusammengeschlossen. Unter www.bag-selbsthilfe.de – Stichwort „Die BAG Selbsthilfe" – „Mitgliedsorganisationen" finden Sie eine Liste mit Kontaktdaten.

Wohnberatungsstellen

Muss die Wohnung umgestaltet oder sogar umgebaut werden, sind die Wohnberatungsstellen gute Ansprechpartner. Die Mitarbeiter erklären, wie das Leben zu Hause sicherer und komfortabler gestaltet werden kann. Auf Wunsch besichtigen sie die Wohnung und geben konkrete Empfehlungen ab. Außerdem kennen sie sich gut mit Hilfsmitteln (wie Rampen, Haltegriffen und Liftsystemen und technischen Assistenzsystemen wie dem Hausnotruf, Herdsicherungen oder Funkklingeln) aus und können Fördermöglichkeiten nennen. Und sie beraten zu alternativen Wohnformen. Die Bundesarbeitsgemeinschaft Wohnungsanpassung stellt eine Übersicht der Wohnberatungsstellen bereit: www.bag-wohnungsanpassung.de, Stichwort „Beratungsangebote" – „Wohnberatungsstellen".

Betreuungsstellen und Betreuungsvereine

Beide Einrichtungen helfen bei Fragen rund die Vorsorgevollmachten, die Patientenverfügung oder eine Betreuungsverfügung weiter. Bevollmächtigte und Betreuer können sich hier über ihre Aufgaben informieren und bekommen praktische Unterstützung. Betreuungsstellen sind in der Regel bei den Städten und Gemeinden angesiedelt. Betreuungsvereine stehen im Telefonbuch oder im Internet.

Hospiz- und Palliativdienste

Sie begleiten schwerstkranke und sterbende Menschen auf dem letzten Lebensweg, stehen aber auch Angehörigen und anderen nahestehenden Personen in ihrer Trauer bei. Die Mitarbeiter informieren über Möglichkeiten zur Sterbebegleitung und Palliativmedizin. Und sie beraten zur Vorsorgevollmacht und Patientenverfügung. Es gibt ambulante und stationäre Hospizdienste. Der Deutsche Hospiz- und PalliativVerband stellt im Internet eine Übersicht ambulanter und stationärer Hospizdienste bereit: www.dhpv.de, Stichwort „Service“ – „Hospizadressen“.

Gerontopsychiatrische Beratungsstellen/ Sozialpsychiatrischer Dienst

Depressionen, Demenz, Angst- und Schlafstörungen – wer Fragen zu solchen und anderen psychischen Krankheiten hat, kann sich an eine Gerontopsychiatrische Beratungsstelle an einer Klinik oder an den Sozialpsychiatrischen Dienst in der nächstgelegenen größeren Stadt wenden.

Pflegetelefon

Das Pflegetelefon wird vom Bundesfamilienministerium betrieben. Es versteht sich als erster Ansprechpartner bei Fragen rund um die Pflege und vermittelt zu Angeboten vor Ort. Das Pflegetelefon ist von Montag bis Donnerstag zwischen 9 und 18 Uhr besetzt: Tel.: 030-201 79 131 und kostenlos. Internet: www.wege-zur-pflege.de.

Online-Angebote

Neben klassischen Beratungsstellen gibt es inzwischen immer mehr Online-Angebote. Die Internetseite www.pflegen-und-leben.de richtet sich an pflegende Angehörige. Sie erhalten persönliche Unterstützung und psychologische Begleitung, wenn die Pflegesituation belastet. Das Angebot ist kostenfrei und anonym.

Das Portal www.pflege-gewalt.de nennt auf der Startseite die Nummer eines aktuell erreichbaren Krisentelefons. Die Mitarbeiter am Telefon helfen in schwierigen Situationen und bei Gewalt in der Pflege.

Auf www.online-wohn-beratung.de gibt es viele praktische Tipps zum barrierefreien Umbau und zu Hilfsmitteln. Interessierte können sich online zu Umbaumöglichkeiten beraten lassen.

Praktische Hilfe: Pflegekurse für Angehörige

Pflegekurse vermitteln praktisches Wissen rund um die Pflege. Sie sind eine gute Möglichkeit, sich gründlicher auf die häusliche Pflege vorzubereiten. Es werden allgemeine Kurse angeboten, die einen Überblick zu Pflegetechniken, zum Gesundheitsschutz und zur bestimmten Krankheiten geben. Typische Themen sind: Wie lässt sich der Pflegebedürftige in die Versorgung einbinden? Worauf ist bei der Körperpflege zu achten? Wie führt und stützt man einen gehbehinderten Menschen richtig? In einem solchen Kurs haben Sie die Möglichkeit, die Handgriffe in Ruhe und unter Anleitung zu üben. Sie bekommen aber auch Tipps, wie Sie den Pflegealltag gestalten und Entlastung organisieren können: Welche Hilfsmittel sind besonders sinnvoll? Was müssen Sie bei der Antragstellung beachten? Neben den Informationen bleibt Raum, sich mit anderen Teilnehmern auszutauschen. Pflegekurse lohnen sich auch für Menschen, die bereits länger pflegen und ihr Wissen auffrischen möchten. Außerdem kann es gut tun, sich mit Menschen in einer ähnlichen Situation auszutauschen.

Neben den allgemeinen Pflegekursen gibt es Spezialkurse, etwa zur Pflege von Demenzkranken, von Schlaganfallpatienten oder von Menschen mit Parkinson. Angeboten werden Abend- und Wochenendkurse. Kompaktkurse dauern manchmal nur einen Tag. Die Pflegekurse werden üblicherweise von Krankenhäusern, Wohlfahrtsverbänden, Altenpflegeschulen, Pflegediensten und Vereinen organisiert. Die Teilnahme ist kostenlos, anfallende Gebühren trägt die Pflegekasse. Sie ist verpflichtet, solche Pflegekurse zu organisieren, und kann Ihnen mitteilen, wo der nächste Kurs stattfindet.

Schulungen zu Hause

Neben den Gruppenangeboten bezahlt die Pflegeversicherung auch Schulungen beim Pflegebedürftigen zuhause. Sie sind vor allem dann sinnvoll, wenn Sie Ihren Angehörigen nicht alleine lassen können, er spezielle Hilfen benötigt oder Sie den Umgang mit Hilfsmitteln üben möchten. Die professionellen Pflegekräfte können außerdem Hinweise zur Gestaltung des Pflegezimmers, für weitere Hilfsmittel oder Umbauten geben. Sie helfen Ihnen dabei, einen Pflegeplan zu erstellen, und geben Tipps zur Organisation der häuslichen Pflege. Im Beisein der Profis können Sie die wichtigsten Pflegegriffe üben. Pflegeschulungen werden häufig von Pflegediensten angeboten. Fragen Sie bei der Pflegekasse nach. Üblicherweise dauern die Schulungen rund zwei Stunden. Sie können bei Bedarf wiederholt werden.

GUT ZU WISSEN

Pflegetechniken lernen

Falls Ihr Angehöriger von einem ambulanten Pflegedienst versorgt wird, können Sie sich von den Mitarbeitern wichtige Handgriffe zeigen lassen. Während eines normalen Pflegeeinsatzes ist dafür aber kaum Zeit. Bitten Sie die Pflegeleitung um einen Extra-Termin. Pflegedienste können solche Einsätze bei der Pflegekasse abrechnen.

Pflege finanzieren: Hier gibt es Unterstützung

Auch wenn man viel selbst übernimmt, kostet die Versorgung eines pflegebedürftigen Menschen Geld. Die Pflegeversicherung übernimmt einen Teil der Kosten, und auch die Krankenversicherung sowie das Sozialamt zahlen unter bestimmten Voraussetzungen. Der Haken: Man muss sich darum kümmern.

Tritt ein Pflegefall ein, zahlt die Pflegeversicherung nicht automatisch. Die Leistungen müssen beantragt werden. Es ist daher wichtig, dass Pflegebedürftige möglichst schnell bei ihrer Pflegekasse einen Antrag auf Pflegeleistungen stellen. Es macht erstmal Arbeit, sich über die verschiedenen Leistungen zu informieren, Anträge zu stellen und – falls die Kasse ablehnt – Widerspruch einzulegen. Auf lange Sicht lohnt sich der Aufwand aber. Wer seine Ansprüche kennt und die Leistungen clever kombiniert, kommt auf beachtliche Beträge und kann mehr Unterstützung in Anspruch nehmen – für eine langfristige Pflege unverzichtbar. Im folgenden Kapitel erklären wir daher genau, unter welchen Voraussetzungen die Pflege- und die Krankenversicherung zahlen und welche Leistungen Pflegebedürftigen und ihren Angehörigen zustehen. Im Antrags-ABC ab Seite 199 beschreiben wir, was bei welchem Antrag zu beachten ist. Hilfe bei der Antragstellung geben die Pflegeberater der Pflegekassen und die Pflegestützpunkte (→ Seite 28 ff.)

Wann die Pflegeversicherung zahlt

Die Pflegeversicherung ist eine Teilkasko-Versicherung. Sie deckt nicht die tatsächlich anfallenden Kosten für eine Pflege ab, sondern beteiligt sich nur anteilig mit einer festgelegten Summe. Wie hoch dieser Betrag ist, hängt vom Pflegegrad ab, den ein Pflegebedürftiger zugesprochen bekommt. Je höher der Pflegegrad, desto mehr Geld zahlt die Pflegekasse. Ohne Pflegegrad liegt nach der Logik der Pflegeversicherung keine Pflegebedürftigkeit vor – und es gibt kein Geld.

HINTERGRUND

Pflege- und Krankenkasse gehören zusammen

Die Pflegekasse ist immer bei der gesetzlichen Krankenkasse angegliedert. Wer bei der AOK krankenversichert ist, muss sich also an AOK-Pflegekasse wenden. TK-Versicherte sind bei der TK-Pflegekasse richtig. Obwohl Pflege- und Krankenkasse unter einem Dach sind, haben sie unterschiedliche Töpfe, sind für unterschiedliche Leistungen zuständig und haben unterschiedliche Antragsverfahren. Für Laien ist das manchmal nur schwer zu durchschauen.

Der Antrag bei der Pflegekasse

Wenn klar ist, dass ein Mensch dauerhaft auf Unterstützung und Pflege angewiesen ist, sollte er möglichst schnell den Antrag auf Pflegeleistungen stellen. Als Erstantrag genügt ein Anruf. Notieren Sie sich den Namen Ihres Ansprechpartners und das Datum des Anrufs. So können Sie später überprüfen, ob die Pflegekasse ab diesem Tag zahlt. Um sicherzugehen, sollten Sie in jedem Fall noch einen schriftlichen formlosen Antrag stellen. Die Pflegekasse schickt Ihrem Angehörigen dann ein Antragsformular zu. Bei vielen Pflegekassen kann es im Internet heruntergeladen werden.

GUT ZU WISSEN

Der Pflegebedürftige beantragt

Ansprechpartner für die Pflegekasse ist der Versicherte selbst. Er muss den Antrag auf Pflegeleistungen stellen. Das heißt: Angehörige dürfen den Antrag zwar ausfüllen. Der Pflegebedürftige muss ihn aber selbst unterschreiben. Will oder kann er sich nicht um die Korrespondenz mit der Pflegekasse kümmern, hat er die Möglichkeit, eine Vertrauensperson zu bevollmächtigen. In der Vollmacht muss er den Namen des Bevollmächtigten nennen und erklären, in welchen Angelegenheiten dieser ihn vertreten soll. Einige Krankenkassen bieten dazu Vordrucke an. Kann sich ein Versicherter nicht mehr selbst um seine Angelegenheiten kümmern und liegt eine Vorsorgevollmacht vor, ist der darin genannte Bevollmächtigte Ansprechpartner für die Pflegekasse. Gibt es keine Vorsorgevollmacht, wird ein gesetzlicher Betreuer eingesetzt (→ Seite 154 f.).

Auf dem Formular werden Basisdaten wie Name, Adresse und die Krankenversicherungsnummer abgefragt (→ Seite 201). Diese Informationen sind wichtig, um zu prüfen, ob Ihr Angehöriger Anspruch auf Leistungen der Pflegeversicherung hat. Das ist der Fall, wenn er in den vergangenen zehn Jahren mindestens zwei Jahre lang in die soziale Pflegeversicherung eingezahlt hat. Da alle Versicherungszeiten angerechnet werden, gibt es mit dieser Voraussetzung in der Regel keine Probleme. Die Pflegeversicherung fragt außerdem nach der Ursache der Pflegebedürftigkeit. Sie benötigt diese Information, um den zuständigen Leistungsträger zu ermitteln. Ist Ihr Angehöriger zum Beispiel aufgrund eines Unfalls oder einer Berufskrankheit auf Pflege angewiesen, muss die Unfallkasse zahlen.

Schließlich erkundigt sich die Pflegekasse nach den **Pflegepersonen**. Sie fragt zum Beispiel, in welchem Familienverhältnis der Pflegende zum Versicherten steht. Bei Angehörigen wird grundsätzlich davon ausgegangen, dass sie ehrenamtlich pflegen. Sie haben damit Anspruch auf Rentenzahlungen, Arbeitslosen- und Unfallversicherungsschutz (→ Seite 60 ff.). Aus diesem Grund fragt die Pflegekasse auch die Rentenversicherungsnummer ab. Falls Sie berufstätig sind und eine (Familien-)Pflegezeit in Anspruch nehmen möchten, sollten Sie das eintragen. Dadurch beschleunigt sich das Antragsverfahren, und die Pflegekasse bezahlt bei Bedarf den Beitrag zur freiwilligen Krankenversicherung. Dafür müssen Sie dann einen Extra-Antrag stellen.

Die Pflegeversicherung möchte außerdem wissen, ob Ihr Angehöriger **Pflegegeld, Pflegesachleistungen** oder eine **Kombination** aus beidem beziehen möchte. Anspruch auf Pflegegeld besteht dann, wenn er ausschließlich von ehrenamtlichen Pflegepersonen versorgt wird. Pflegesachleistungen werden gezahlt, wenn ein ambulanter Pflegedienst Pflegetätigkeiten übernimmt. Beide Leistungen lassen sich kombinieren (→ Seite 55). Häufig ist bei Antragstellung noch nicht klar, wie die weitere Pflege organisiert wird. In diesem Fall sollte Ihr Angehöriger das Formular so ausfüllen, wie es der momentanen Planung entspricht. Er kann die Leistungsart später jederzeit wechseln, ein formloser Antrag bei der Pflegekasse reicht. Gleiches gilt, wenn er weitere Leistungen der Pflegeversicherung wie die Tages- und Nachtpflege in Anspruch nehmen möchte.

Geht ein Antrag auf Pflegeleistungen ein, muss die Pflegekasse Ihrem Angehörigen innerhalb von zwei Wochen ein umfassendes **Beratungsgespräch** bei einem vorher benannten Ansprechpartner anbieten oder einen Beratungsgutschein für eine unabhängige Beratungsstelle ausstellen (→ Seite 28 ff.). Auf Wunsch findet das Treffen beim Pflegebedürftigen zu Hause statt.

Außerdem gibt die Pflegekasse ein **Pflegegutachten** in Auftrag. Der Gutachter soll prüfen, ob zumindest eine geringe Einschränkung der Selbstständigkeit und damit eine Pflegebedürftigkeit vorliegen. Daran bemisst sich, ob die Pflegeversicherung zahlt. Außerdem soll der Gutachter eine Rehabilitationsempfehlung abgeben und Hilfsmittel vorschlagen. Gutachter dürfen nur im Ausnahmefall nach den Akten entscheiden. In der Regel kommen sie zu einem Hausbesuch vorbei. Zwischen Antragstellung und Begutachtung sollen höchstens 20 Arbeitstage liegen. Kann die Pflegekasse diese Frist nicht einhalten, muss sie dem Antragsteller mindestens drei Alternativgutachter nennen, mit denen er direkt einen Termin vereinbaren kann.

GUT ZU WISSEN

Begutachtung von Privatversicherten

Bei Privatversicherten erfolgt die Begutachtung durch Ärzte oder Pflegefachkräfte des Unternehmens Medicproof. Das Verfahren ist ansonsten vergleichbar.

Der Gutachter schickt sein Pflegegutachten an die Pflegekasse, die letztlich über die Leistungen entscheidet. Zwischen Erstantrag und Bescheid der Pflegekasse sollen höchstens

GUT ZU WISSEN

Die Fristen – So viel Zeit hat die Pflegekasse für ihre Entscheidung

- **Fünf Wochen** dürfen höchstens zwischen Erstantrag und Bescheid der Pflegekasse liegen
- Innerhalb von **zwei Wochen** sollen Pflegebedürftige begutachtet werden, wenn Angehörige eine (Familien)-Pflegezeit planen.
- Innerhalb von **einer Woche** muss das Gutachten vorliegen, wenn ein Pflegebedürftiger im Krankenhaus, in einem Hospiz oder in einer Reha-Einrichtung versorgt wird.

fünf Wochen liegen. Vergehen mehr als 25 Arbeitstage, muss die Pflegekasse für jede weitere angefangene Woche, die verstreicht, 70 Euro an den Antragsteller zahlen.

Planen Sie eine **Pflegezeit** oder eine **Familienpflegezeit** (→ Seite 84 ff..) und haben Sie das der Pflegekasse mitgeteilt, muss Ihr Angehöriger innerhalb von zwei Wochen begutachtet werden. Der Gutachter ist verpflichtet, Ihren Angehörigen umgehend über seine Empfehlung an die Pflegekasse zu informieren, damit Sie wissen, ob eine Pflegebedürftigkeit vorliegt. Das ist die Voraussetzung dafür, (Familien-)Pflegezeit zu nehmen. Der Bescheid der Pflegekasse sollte wenige

BEISPIEL

Frau Mayer hat sich am 15. Mai den Oberschenkelhals gebrochen und muss operiert werden. Sie glaubt, wieder vollständig zu genesen. Im Laufe der Wochen zeigt sich aber, dass sie dauerhaft auf Pflege angewiesen sein wird. Deshalb stellt sie am 28. Juni einen Antrag auf Pflegeleistungen. Sie bekommt einen Pflegegrad anerkannt und rückwirkend zum 1. Juni Leistungen bezahlt. Hätte sie den Antrag bis zum 14. Juni gestellt, stünden ihr diese Leistungen schon ab 15. Mai zu.

Tage später eingehen.
Befindet sich Ihr Angehöriger im Krankenhaus, in einem Hospiz oder in einer Rehabilitationseinrichtung, muss das Gutachten innerhalb einer Woche vorliegen, wenn nur so die weitere Versorgung sichergestellt werden kann. Auch in diesem Fall sollte der Bescheid der Pflegekasse wenige Tage später bei Ihrem Angehörigen eintreffen.

Erkennt die Pflegekasse die Pflegebedürftigkeit an, hat Ihr Angehöriger Anspruch auf Pflegeleistungen. Die Pflegekasse muss einen Monat rückwirkend zahlen, wenn der Antrag nicht später als einen Monat nach Eintritt der Pflegebedürftigkeit gestellt wurde.

Diese Voraussetzungen müssen erfüllt sein

Wer pflegebedürftig ist, hat Anspruch auf Leistungen der Pflegeversicherung. Nur: Ab wann ist eine Person pflegebedürftig?

Die Leistungen der Pflegeversicherung sind immer daran geknüpft, dass eine längerfristige Pflegebedürftigkeit vorliegt. Das heißt, der Unterstützungsbedarf muss für voraussichtlich mindestens sechs Monate bestehen. Benötigt ein Mensch nur vorübergehend Hilfe, erhält er in aller Regel keine Leistungen der Pflegeversicherung. Falls Ihr Angehöriger zum Beispiel nach einem Krankenhausaufenthalt über einen kurzen Zeitraum gepflegt werden muss, ist nicht die Pflege-, sondern die Krankenkasse zuständig. Sie zahlt dann für eine häusliche Krankenpflege (→ Seite 64 ff.).

Die Feststellung, ob eine Pflegebedürftigkeit vorliegt, ist aufwendig. Die Pflegekasse schickt dafür einen Gutachter zum Pflegebedürftigen nach Hause. Er soll ermitteln, wie selbstständig der Antragsteller sein Leben führen kann, in welchen Bereichen er Unterstützung benötigt und ob für die Pflege relevante Probleme, zum Beispiel eine halbseitige Lähmung, vorliegen. Wichtig zu wissen: Nicht die Schwere einer Erkrankung oder Behinderung ist entscheidend, sondern der Grad der Selbstständigkeit, also die Frage, wie gut ein Mensch trotz der Erkrankung oder Behinderung alleine zurechtkommt. Nur wer hier Einschränkungen hat, bekommt einen Pflegegrad zugesprochen und damit Geld der Pflegeversicherung.

Der Gutachter prüft acht verschiedene **Lebensbereiche** (→ Seite 48). Die ersten sechs fließen in die Feststellung der Pflegebedürftigkeit ein, die zwei letzten sollen helfen, die Versorgung des Pflegebedürftigen sicherzustellen.

In jedem Lebensbereich werden Punkte vergeben. Die Zahl der Punkte hängt von der Schwere der Beeinträchtigung ab. Alle Punkte werden anschließend zusammengezählt und fließen in unterschiedlicher Gewichtung in die Gesamtbewertung ein. Den größten Einfluss hat das Modul 4 „Selbstversorgung“, es macht 40 Prozent der Gesamtwertung aus. Am wenigsten zählt das Modul 1 „Mobilität“, es fließt nur mit 10 Prozent ein. Eine Besonderheit gilt für die Module 2 und 3, denn hier wird nur der höhere Wert berücksichtigt. Am Ende steht ein Gesamtwert zwischen 0 und 100, nach dem sich der Pflegegrad bemisst.

Es gibt fünf verschiedene **Pflegegrade**. Nur wer einen Pflegegrad zugesprochen bekommt, erhält Leistungen der Pflegeversicherung. Wie hoch diese ausfallen, hängt wiederum von der Höhe des Pflegegrades ab. Pflegegrad 1 wird Menschen zuerkannt, die nur geringe Einschränkungen der Selbstständigkeit haben. Sie erhalten lediglich Basisleistungen. Pflegebedürftige mit Pflegegrad 5 sind in ihrer Selbstständigkeit massiv ein-

„Der MDK-Gutachter hat während der ganzen Begutachtung nur in sein Notebook geschaut und über meinen Vater hinweg geredet, obwohl der dabei saß. Das fand ich nicht in Ordnung. Hätte er meinen Vater mal direkt angesprochen oder ihn gefragt, ob er ein Glas Wasser holen kann, wäre sofort klar geworden, dass das nicht mehr klappt. Unsere Anmerkungen wurden auch nicht berücksichtigt. Später, beim Durchlesen des Gutachtens, hätte ich vor Wut platzen können. Da stimmt so vieles nicht. Ich lege jetzt Widerspruch ein. Dabei hilft mir eine Frau vom Deutschen Roten Kreuz, die anschließend nochmal drüberliest."

Heike S.

geschränkt. Außerdem bestehen bei ihnen besondere Anforderungen an die Pflege. Deshalb bekommen sie die Höchstsätze gezahlt.

Die Tabelle (→ Seite 49) zeigt, dass nicht jeder Mensch mit einem Hilfebedarf Geld von der Pflegeversicherung erhält. All diejenigen, die zwischen 1 und 12,5 Punkte erreichen, erfüllen nicht die Kriterien für einen Pflegegrad und bekommen damit auch keine Leistungen der Pflegeversicherung. Das führt in der Praxis immer wieder zu Unverständnis und Enttäuschung, ist aber vom Gesetzgeber so gewollt.

Die Begutachtung

Die Pflegekasse muss in jedem Einzelfall prüfen, ob ein Antragsteller pflegebedürftig ist und damit Anspruch auf Leistungen hat. Sie darf nicht von einer Krankheit oder Behinderung auf einen bestimmten Pflegebedarf schließen. Entscheidend ist die tatsächlich notwendige Unterstützung. Um diese zu ermitteln, gibt es das Begutachtungsverfahren. Die Pflegekasse beauftragt einen Gutachter mit der Feststellung der Pflegebedürftigkeit. In der Regel handelt es sich um Ärzte oder Pflegefachkräfte des Medizinischen Dienstes der Krankenversicherung (MDK). Manchmal beauftragen die Pflegekassen aber auch freie Gutachter. In diesem Fall kann Ihr Angehöriger zwischen drei Gutachtern wählen.

Der Gutachter kündigt seinen Hausbesuch vorher an. Nur ausnahmsweise kann er auf den Hausbesuch verzichten und auf Basis der vorliegenden Unterlagen entscheiden, etwa wenn der Pflegebedürftige im Krankenhaus liegt und eine schnelle Einschätzung notwendig ist. Der Hausbesuch wird in solchen Fällen nachgeholt.

Sie können die Zeit bis zur Begutachtung dafür nutzen, Notizen zu machen: Was fällt Ihrem Angehörigen besonders schwer? Gibt es Verhaltensweisen oder andere Besonderheiten, die die Pflege beeinflussen? Müssen Sie ständig in Rufnähe sein oder kann Ihr Angehöriger auch alleine bleiben? Diese Informationen und dazu passende Beispiele aus dem Alltag helfen dem Gutachter, den Unterstützungsbedarf einzuschätzen.

Relevante Lebensbereiche zur Feststellung einer Pflegebedürftigkeit

Lebensbereiche (Module)	Beispiel	Gewichtung
1. Mobilität	Kann sich eine Person selbstständig in ihrer Wohnung bewegen und alleine aus dem Bett aufstehen?	10 Prozent
2. Kognitive und kommunikative Fähigkeiten*	Kann sich eine Person orientieren und Risiken erkennen?	15 Prozent
3. Verhaltensweisen und psychische Problemlagen*	Ist eine Person nachts sehr unruhig oder ist sie aggressiv gegenüber anderen?	15 Prozent
4. Selbstversorgung	Kann sich eine Person selbstständig waschen, anziehen und ernähren?	40 Prozent
5. Bewältigung von und selbstständiger Umgang mit krankheits- und therapiebedingten Anforderungen oder Belastungen	Kommt eine Person mit Hilfsmitteln wie einem Rollator zurecht und ist sie in der Lage, ihre Medikamente einzunehmen?	20 Prozent
6. Gestaltung des Alltagslebens und sozialer Kontakte	Kann eine Person ihren Tagesablauf selbstständig gestalten?	15 Prozent

Die folgenden zwei Lebensbereiche fließen nicht in die Bestimmung des Pflegegrades ein.

7. Außerhäusliche Aktivitäten	Kann sich eine Person selbstständig außer Haus bewegen und zum Beispiel eigenständig Verkehrsmittel nutzen?
8. Haushaltsführung	Ist eine Person in der Lage, selbstständig einkaufen zu gehen und ihre finanziellen Angelegenheiten zu regeln?

*) Die Module 2 und 3 werden einzeln erfasst, aber nur der höhere Wert fließt in die Berechnung mit ein.

Die Pflegegrade und Leistungen der Pflegeversicherung

Punktzahl – Einschränkung	Pflegegrad	Leistungen der Pflegeversicherung
Unter 12,5 Kaum Einschränkung der Selbstständigkeit	Kein Pflegegrad	Keine Leistungen der Pflegeversicherung
12,5 bis unter 27 Geringe Einschränkung der Selbstständigkeit	Pflegegrad 1	Basisleistungen der Pflegeversicherung: z.B. 125 Euro für Entlastungsangebote
27 bis unter 47,5 Punkte Erhebliche Einschränkung der Selbstständigkeit	Pflegegrad 2	Grundleistungen der Pflegeversicherung: z.B. 689 Euro für einen Pflegedienst
47,5 bis unter 70 Punkte Schwere Einschränkung der Selbstständigkeit	Pflegegrad 3	Umfangreiche Leistungen der Pflegeversicherung: z.B. 1.298 Euro für einen Pflegedienst
70 bis unter 90 Punkte Schwerste Einschränkung der Selbstständigkeit	Pflegegrad 4	Umfangreiche Leistungen der Pflegeversicherung: z.B. 1.612 Euro für einen Pflegedienst
90 bis 100 Punkte Schwerste Einschränkung der Selbstständigkeit, besonders hohe Anforderungen an die Pflege	Pflegegrad 5	Höchstleistungen der Pflegeversicherung: z.B. 1.995 Euro für einen Pflegedienst

Es ist außerdem nützlich, wenn Sie relevante Informationen bereitlegen: Zum Beispiel medizinische Befunde, eine Übersicht der regelmäßig einzunehmenden Medikamente, Bescheide von Versorgungsämtern und Ähnliches. Außerdem sollten Sie versuchen, während der Begutachtung anwesend zu sein. Viele Pflegebedürftige sind sehr aufgeregt vor diesem Termin. Es hilft ihnen, jemand Vertrautes an ihrer Seite zu haben.

→ **TIPP Begutachtung vorbereiten**
Im Ratgeber „Das Pflegegutachten" stehen viele praktische Informationen und nützliche Tipps für die Begutachtung. Das Buch können Sie hier bestellen: www.ratgeber-verbraucherzentrale.de.

Die Begutachtung dauert ungefähr eine Stunde. Der Gutachter arbeitet dabei einen standardisierten Fragebogen ab. Er versucht so, einen Eindruck der Pflegesituation zu bekommen. Er wird mit Ihrem Angehörigen zum Beispiel über den Alltag sprechen und ihn fragen, welche Tätigkeiten ihm schwerfallen. Es ist wichtig, dass Ihr Angehöriger ehrlich antwortet. Häufig versuchen Pflegebedürftige, sich gegenüber dem Arzt oder der Pflegefachkraft besonders gut darzustellen. Das ist verständlich, denn niemand gibt gerne Schwächen zu. Es kann aber beim Gutachter einen falschen Eindruck erwecken, sodass er den Pflegebedarf zu niedrig einschätzt und die

GUT ZU WISSEN

Was die Begrifflichkeiten der Gutachter bedeuten

- → **„Selbstständig"** heißt, dass eine Person eine bestimmte Handlung in der Regel ohne Hilfe von Dritten ausführen kann.
- → **„Überwiegend selbstständig"** bedeutet, dass eine Person den größten Teil der Aktivität selbstständig durchführen kann und dabei nur leichte Hilfestellung benötigt, etwa das Zurechtlegen von Gegenständen, gezielte Aufforderungen oder die punktuelle Übernahme von Teilhandlungen.
- → **„Überwiegend unselbstständig"** ist eine Person, die sich nur noch in geringem Maße an einer Aktivität beteiligen kann. Die Pflegeperson muss Teilschritte der Handlung übernehmen oder zum Beispiel kontinuierlich anleiten oder beaufsichtigen.
- → **„Unselbstständig"** heißt, dass die Person eine Handlung nicht mehr selbstständig ausführen kann. Die Pflegeperson muss alle oder nahezu alle Handlungen übernehmen. Eine Anleitung oder Beaufsichtigung reicht auf keinen Fall aus.

Diese Auflistung soll eine Vorstellung davon geben, nach welchen Vorgaben die Gutachter den Unterstützungsbedarf beurteilen. Sie ist nicht vollständig.

„Meine Frau hat Pflegegrad 3. Sie kann zwar ihr Brötchen selbst essen; aber viel mehr auch nicht. Sie kann sich noch nicht einmal alleine mit dem Rollstuhl in der Wohnung bewegen. Wir haben einen höheren Pflegegrad beantragt, aber den hat der MDK mehrmals abgelehnt. Ich wollte es jetzt wieder versuchen, aber meine Frau weigert sich. Was soll ich tun? Käme der MDK, würde meine Frau ihn rausschmeißen."

Peter S.

Pflegekasse daraufhin nicht oder nur wenig zahlt. Erklären Sie Ihrem Angehörigen schon vor dem Termin, wie wichtig es ist, dass sich der Gutachter ein realistisches Bild macht. Ihr Angehöriger sollte aber auch nicht falsche Schwäche vortäuschen, um einen höheren Pflegegrad zu bekommen. Die Gutachter sind darin geschult, an der Art und Weise, wie ihr Gegenüber sitzt oder sich bewegt, zu erkennen, ob ein Unterstützungsbedarf besteht oder nicht. Möglicherweise wird der Gutachter Ihren Angehörigen bitten, ihm ein Glas Wasser einzuschenken oder das Bad zu zeigen. Daran kann er abschätzen, ob der Pflegebedürftige motorisch eingeschränkt ist, und ob er sich in seiner eigenen Wohnung zurecht findet. Außerdem wird der Gutachter versuchen, mit Ihnen ein paar Worte alleine zu wechseln, um zu hören, wie Sie die Situation wahrnehmen.

Der Gutachter arbeitet acht Module mit 64 einzelnen Punkten ab. Für jedes Kriterium ist genau definiert, was als „selbstständig", „überwiegend selbstständig", „überwiegend unselbstständig" und „unselbstständig" gilt. Bei manchen Kriterien muss der Gutachter auch prüfen, ob sie „vorhanden/unbeeinträchtigt", „größtenteils vorhanden", „in geringem Maße vorhanden" oder „nicht vorhanden" sind.

Der Gutachter soll nicht nur den Hilfebedarf ermitteln, sondern auch Empfehlungen geben, wie sich die Situation durch Umbauten oder Hilfsmittel verbessern lässt. Stellt der Gutachter bei seinem Besuch fest, dass Ihrem Angehörigen eine Rehabilitation oder eine andere Präventionsmaßnahme helfen würde, muss er eine entsprechende Empfehlung erstellen. Stimmt Ihr Angehöriger zu, und das sollte er unbedingt tun, gelten diese Empfehlungen gleich als Antrag auf Gewährung. Damit spart er sich aufwendige Extra-Anträge. Sprechen Sie den Gutachter ruhig an, wenn Ihr Angehöriger ein bestimmtes Hilfsmittel benötigt oder an einer Rehabilitationsmaßnahme teilnehmen würde.

Das Gutachten wird dem Pflegebedürftigen automatisch zugestellt, es sei denn, der

Betroffene widerspricht. Das sollte er auf keinen Fall tun, denn das Gutachten liefert wichtige Informationen. Zum einen sehen Sie so, welche Empfehlungen der Gutachter gibt. Zum anderen benötigen Sie das Gutachten, falls Ihr Angehöriger mit der Entscheidung der Pflegekasse nicht einverstanden ist und Widerspruch einlegen möchte.

Widerspruch einlegen

Die Pflegekasse entscheidet auf Basis des Gutachtens, ob eine Pflegebedürftigkeit vorliegt und welchen Pflegegrad Ihr Angehöriger bekommt. Sie kann den Anspruch auf Pflegeleistungen grundsätzlich ablehnen oder einen niedrigeren Pflegegrad festlegen als Sie erwartet haben. In beiden Fällen hat Ihr Angehöriger die Möglichkeit, innerhalb eines Monats schriftlich Widerspruch einzulegen. Weist die Pflegekasse nicht auf diese Frist hin, verlängert sie sich auf ein Jahr. Vor einem solchen Schritt sollten Sie das Gutachten mit einem Arzt oder einer Pflegefachkraft durchsprechen. Die Experten können in der Regel besser einschätzen, ob ein Widerspruch Aussicht auf Erfolg hat.

Entscheidet sich Ihr Angehöriger für diesen Schritt, muss er zunächst nur erklären, dass er gegen den Bescheid Widerspruch einlegt. Die Begründung kann er später nachreichen. Darin sollte er möglichst genau darlegen, warum die Pflegesituation seiner Meinung nach falsch erfasst wurde. Je mehr gute Argumente er anführt, desto größer ist die Chance auf Erfolg. Rat geben Pflegefachkräfte, Fachanwälte für Sozialrecht, der behandelnde Arzt, die Mitarbeiter der Sozialverbände SoVD und VdK und in einigen Bundesländern (zum Beispiel Hessen, Nordrhein-Westfalen und Rheinland- Pfalz) die Verbraucherzentralen.

Die Pflegekasse prüft den Widerspruch zunächst intern. Bleibt sie bei ihrem Ergebnis, beauftragt sie den Gutachter mit einer Überprüfung. Führt auch das zu keiner anderen Einschätzung, wird ein zweites Gutachten erstellt. Das heißt: Ihr Angehöriger wird von einem anderen Arzt oder einer anderen Pflegekraft ein zweites Mal begutachtet. Dieser Gutachter muss expliziert auf die in der Begründung angeführten Argumente eingehen. Außerdem muss er klären, ob sich in der Zwischenzeit der Gesundheitszustand Ihres Angehörigen verschlechtert hat. Die Pflegekasse gibt daraufhin dem Widerspruch statt oder sie lehnt ihn erneut ab. Gegen diesen Widerspruchsbescheid kann Ihr Angehöriger vor dem Sozialgericht klagen. Er hat wiederum einen Monat Zeit, bis die Klageschrift bei Gericht eingegangen sein muss. Vor einem solchen Schritt sollte er sich aber unbedingt fachlich beraten lassen.

BEISPIEL

Höherer Pflegebedarf heißt nicht automatisch höherer Pflegegrad

Im Erstgutachten ermittelte der Gutachter eine Gesamtpunktzahl von 29. Das entspricht Pflegegrad 2. Im Wiederholungsgutachten stellt er fest, dass der Pflegebedürftige in einigen Lebensbereichen schlechter zurechtkommt. Statt „überwiegend selbstständig" notiert er „überwiegend unselbstständig". Dadurch erhöht sich die Punktzahl auf 46. Doch auch das entspricht immer noch Pflegegrad 2.

Wenn mehr Pflege notwendig wird – Antrag auf Höherstufung

Mit der Zeit wird sich der Gesundheitszustand Ihres Angehörigen wahrscheinlich verändern. Wenn es sehr gut läuft, benötigt er weniger Hilfe im Alltag. Meistens ist es jedoch andersherum, und der Pflegebedarf steigt. Dann kann es sinnvoll sein, einen Antrag auf Höherstufung zu stellen. Die Pflegekassen halten dafür Extra-Anträge bereit (→ Seite 202). Sobald der Antrag eingegangen ist, beauftragt die Pflegekasse eine erneute Begutachtung. Schildern Sie dem Gutachter möglichst genau, wie sich die Pflegesituation verändert hat. Der Gutachter wird wie beim Erstgutachten die relevanten Lebensbereiche abfragen. Er muss in seiner Beurteilung auch frühere Gutachten hinzuziehen und die zwischenzeitliche Entwicklung dokumentieren.

Sieht der Gutachter keine relevanten Veränderungen, bleibt der bisherige Pflegegrad bestehen. Kommt der Gutachter zu dem Schluss, dass Ihr Angehöriger auf mehr Hilfe angewiesen ist, sind zwei Szenarien möglich:

1. Der Unterstützungsbedarf ist zwar gestiegen. Die Veränderungen reichen aber nicht aus, um einen höheren Pflegegrad zu bekommen. Auch dann bleibt alles beim Alten.
2. Der Unterstützungsbedarf ist so stark gestiegen, dass Ihr Angehöriger einen höheren Pflegegrad zugesprochen bekommt. In diesem Fall stehen ihm ab sofort mehr Leistungen zu.

Allerdings kann sich der Pflegebedarf auch verringert haben, sodass der Pflegegrad sinkt.

Das Wiederholungsgutachten wird ebenfalls zugeschickt. Ihr Angehöriger kann auch dagegen Widerspruch einlegen. Möglich ist auch, dass die Pflegekasse aus eigenem Antrieb ein Wiederholungsgutachten vornimmt. Das kann auf Anraten des Erstgutachters geschehen. Die Pflegekasse schickt dann wiederholt einen Gutachter zu dem Betroffenen, der prüft, ob sich der Zustand des Pflegebedürftigen verbessert hat. Sollte das der Fall sein, wird der Pflegegrad unter Umständen runtergesetzt.

Die Leistungen der Pflegeversicherung

Wie viel Geld Ihr Angehöriger bekommt, hängt von seinem Pflegegrad ab. Bei einer häuslichen Pflege hat er die Wahl zwischen dem Pflegegeld, den Pflegesachleistungen und deren Kombination. Außerdem zahlt die Pflegekasse für eine Tages- und Nachtpflege.

→ Das **Pflegegeld** bekommt Ihr Angehöriger ausgezahlt, wenn er von ehrenamtlichen Pflegepersonen versorgt wird, typischerweise von Familienmitgliedern. Er kann den Betrag als Aufwandsentschädigung an sie weitergeben.

→ **Pflegesachleistungen** kann Ihr Angehöriger bei einem zugelassenen Pflegedienst einkaufen. Das Geld wird ihm

Die Pflegesätze

	PFLEGEGRAD 1	PFLEGEGRAD 2	PFLEGEGRAD 3	PFLEGEGRAD 4	PFLEGEGRAD 5
Pflegegeld	–	316 Euro	545 Euro	728 Euro	901 Euro
Pflegesachleistung	–	689 Euro	1.298 Euro	1.612 Euro	1.995 Euro
Tages- und Nachtpflege	–	689 Euro	1.298 Euro	1.612 Euro	1.995 Euro
Entlastungsbetrag	125 Euro	125 Euro	125 Euro	125 Euro	125 Euro
Stationäre Pflege	125 Euro	770 Euro	1.262 Euro	1.775 Euro	2.005 Euro

Kurzzeitpflege (ab Pflegegrad 2)	1.612 Euro
Verhinderungspflege (ab Pflegegrad 2)	1.612 Euro
Pflegehilfsmittel (ab Pflegegrad 1) • zum Verbrauch bestimmte Hilfsmittel • andere Pflegehilfsmittel	 • 40 Euro im Monat • Kostenübernahme, Zuzahlungen von 10 %, höchstens 25 Euro pro Hilfsmittel
Maßnahmen zur Verbesserung des Wohnumfelds (ab Pflegegrad 1)	4.000 Euro pro Maßnahme
Zuschüsse für Pflege-Wohngemeinschaften (ab Pflegegrad 1) • Anschubfinanzierung • Wohngruppenzuschlag	 • 2.500 Euro pro Pflegebedürftigem, aber maximal 10.000 Euro • 214 Euro pro Monat

nicht auf das Konto überwiesen. Er vereinbart stattdessen mit dem Pflegedienst, dass professionelle Pfleger bestimmte Aufgaben wie die Körperpflege übernehmen. Der Pflegedienst rechnet direkt mit der Pflegekasse ab.

GUT ZU WISSEN

Leistungen bündeln

Leben mehrere Pflegebedürftige zusammen, können sie Pflegeleistungen gemeinsam nutzen. Fachleute sprechen vom „Poolen". Gemeint ist, dass beispielsweise ein Ehepaar gemeinsam einen Pflegedienst damit beauftragt, einkaufen zu gehen und zu kochen. Das spart Geld, das für andere Leistungen genutzt werden kann. Falls diese Möglichkeit für Ihren Angehörigen infrage kommt, sollten Sie mit dem Pflegedienst über das Poolen sprechen und sich die Ersparnisse aufzeigen lassen.

Ein Teil des Geldes darf für Angebote zur Unterstützung im Alltag genutzt werden. Das ist vor allem interessant, wenn Ihr Angehöriger besonders viel Betreuung benötigt. Die Pflegekasse erlaubt, bis zu 40 Prozent der Pflegesachleistungen für Angebote zur Unterstützung im Alltag einzusetzen, also beispielsweise für (ehrenamtliche) Betreuungskräfte, Haushaltshilfen oder Pflegebegleiter. Diese Übertragung muss bei der Pflegekasse beantragt werden. In der Theorie lässt sich der Betrag für die Pflegesachleistungen am Schreibtisch aufteilen: 25 Prozent für die Unterstützung im Alltag, 75 Prozent für die Pflege. Praktisch ist das aber schwierig, weil die monatlichen Pflegekosten schwanken können. Diese Kosten haben immer Vorrang. Erst, wenn der Pflegedienst am Monatsende seine Pflege abgerechnet hat, ist klar, wie viel Geld für die Unterstützung im Alltag übrig bleibt. Um zu vermeiden, dass Ihr Angehöriger auf einem Teil der Kosten sitzen bleibt, kann er Angebote aus einer Hand nutzen. Hier stellt der Pflegedienst auch Betreuungskräfte oder einen Haushaltsservice bereit und kümmert sich selbst um die Verteilung des Geldes. Der Nachteil: Diese Angebote sind möglicherweise teurer.

→ Über die **Kombinationsleistung** hat Ihr Angehöriger die Möglichkeit, Pflegegeld und Pflegesachleistungen zu verknüpfen. Für bestimmte Pflegetätigkeiten engagiert er einen Pflegedienst. Den anteiligen Restbetrag lässt er sich auszahlen. Wie er die Leistungen aufteilt, bleibt ihm selbst überlassen. Nutzt er beispielsweise 80 Prozent der Pflegesachleistungen, bekommt er noch 20 Prozent des Pflegegeldes. Die Pflegekassen regeln das üblicherweise pragmatisch: Sie prüfen, wie viel Prozent der Pflegesachleistungen abgerufen wurden und überweisen den Rest anteilig als Pflegegeld.

BEISPIEL

Frau Martin hat Pflegegrad 3 und damit Anspruch auf 1.298 Euro Pflegesachleistungen oder 545 Euro Pflegegeld. Sie kauft für 1.000 Euro Pflegesachleistungen bei einem Pflegedienst ein, das entspricht 77 Prozent ihres Anspruches. Die restlichen 23 Prozent kann sie sich als Pflegegeld auszahlen lassen. Das entspricht 125,35 Euro.

→ Der **Entlastungsbetrag** von 125 Euro im Monat ist für eine Unterstützung im Alltag gedacht. Von diesem Geld können Betreuungsangebote – der Besuch in einer Alzheimer-Gruppe, ein Spaziergang mit einem Ehrenamtlichen aus einem Nachbarschaftsverein – bezahlt werden. Es kann für Hilfe im Haushalt und Unterstützung bei Behördengängen oder Arztbesuchen ausgegeben werden. Oder es wird für eine Kurzzeit- oder Tagespflege eingesetzt. Menschen mit Pflegegrad 1 dürfen zusätzlich Leistungen zur Selbstversorgung einkaufen, zum Beispiel Hilfe beim Waschen.

Dafür darf der Entlastungsbetrag genutzt werden

WAS	PFLEGEGRAD 1	PFLEGEGRAD 2–5	VON PFLEGEDIENSTEN ANGEBOTEN?
Leistungen zur Selbstversorgung (z.B. Hilfe beim Duschen)	☑	☒	☑
Betreuungsangebote (z.B. Begleitung bei Spaziergängen)	☑	☑	☑ (auch von anderen anerkannten Anbietern möglich)
Hilfe bei der Haushaltsführung (z.B. Badreinigung)	☑	☑	☑ (auch von anderen anerkannten Anbietern möglich)
Kurzzeitpflege	☑	☑	☒
Tages- und Nachtpflege	☑	☑	☒
Ehrenamtliche Helfer (müssen anerkannt sein)	☑	☑	☒

Der Entlastungsbetrag ist zweckgebunden und wird nicht ausgezahlt. Ihr Angehöriger muss die Rechnung zunächst selbst begleichen und bei der Pflegekasse einreichen. Sie erstattet die Kosten anschließend zurück. Einige Dienstleister bieten an, direkt mit der Pflegekasse abzurechnen. In diesem Fall muss Ihr Angehöriger eine Abtretungserklärung unterzeichnen. Diese Form der Abrechnung ist praktisch, hat aber den Nachteil, dass man schnell den Überblick verliert, wie viel Geld noch zur Verfügung steht. Es kann passieren, dass Ihr Angehöriger zu viele Leistungen in Anspruch nimmt und am Ende einen Teil der Kosten selbst zahlen muss. Erkundigen Sie sich daher immer, für wie viele Stunden Betreuung und Unterstützung das Geld reicht und lassen Sie sich im besten Fall schriftlich einen monatlichen Überblick über die abgerechneten Leistungen geben.

→ **TIPP Für später aufheben**
Der Entlastungsbetrag kann angespart werden. Das heißt: Ihr Angehöriger kann nicht verbrauchtes Geld zu einem späteren Zeitpunkt ausgeben, wenn vielleicht mehr Hilfe nötig ist. Geld, das am Ende des Jahres noch übrig ist, darf ins Folgejahr übertragen und bis zum 30.06. ausgegeben werden.

→ Bei der **Tages- und Nachtpflege** handelt es sich um eine teilstationäre Versorgung. Ihr Angehöriger wird tagsüber oder nachts in einer Tages- oder Nachtpflegeeinrichtung betreut. Die Pflegekasse beteiligt sich an den Kosten für Pflege und Betreuung. Die Höhe der Leistung hängt vom Pflegegrad ab. Für Unterkunft und Verpflegung muss Ihr Angehöriger selbst aufkommen. Dafür kann er den Entlastungsbetrag nutzen. Die Tages- und Nachtpflege lässt sich mit dem Pflegegeld und den Pflegesachleistungen kombinieren (→ Seite 115 f.).

→ Bei der **Kurzzeitpflege** zieht Ihr Angehöriger vorübergehend in ein Pflegeheim. Die Pflegeversicherung bezuschusst die Kurzzeitpflege ab Pflegegrad 2 und übernimmt bis zu 1.612 Euro für die Pflege und Betreuung. Die Kosten für Unterkunft und Verpflegung muss Ihr Angehöriger selbst zahlen. Er kann dafür den Entlastungsbetrag nutzen. Während der Kurzzeitpflege wird das Pflegegeld zur Hälfte weitergezahlt, am ersten und letzten Tag der Kurzzeitpflege vollständig. In bestimmten Fällen beteiligt sich auch die Krankenkasse an den Kosten für die Kurzzeitpflege. Das ist interessant für Menschen, die keinen Pflegegrad oder nur Pflegegrad 1 haben (→ Seite 68).

→ Die **Ersatz- oder Verhinderungspflege** kann in Anspruch genommen werden, wenn Sie als Hauptpflegeperson ausfallen. Das Geld ermöglicht es Ihrem Angehörigen, eine Ersatzpflegeperson zu entlohnen oder professionelle Pflegekräfte zu engagieren. Voraussetzung ist, dass er bereits mindestens sechs Monate lang zu Hause gepflegt wurde und wenigstens Pflegegrad 2 zugesprochen bekommen hat. Ersatzpflege wird bis zu einem Höchstsatz von 1.612 Euro bezahlt (→ Seite 113). Während der Ersatzpflege wird das Pflegegeld zur Hälfte weitergezahlt, am ersten und letzten Tag überweist die Pflegekasse den vollen Satz.

GUT ZU WISSEN

Leistungen kombinieren

Die **Kurzzeit-** und die **Ersatzpflege** lassen sich kombinieren. Der Anspruch auf Ersatzpflege (1.612 Euro) kann auf die Kurzzeitpflege (1.612 Euro) übertragen werden. So stehen 3.224 Euro für bis zu 56 Tage Kurzzeitpflege zur Verfügung. Die Übertragung ist auch andersherum möglich, allerdings eingeschränkt. Die Hälfte des Anspruchs auf Kurzzeitpflege (806 Euro) kann zusätzlich für eine Ersatzpflege (1.612 Euro) genutzt werden. Ihr Angehöriger hat in diesem Fall maximal 2.418 Euro für bis zu 42 Tage Ersatzpflege zur Verfügung.

→ Benötigt Ihr Angehöriger **Pflegehilfsmittel**, beteiligt sich die Pflegekasse an den Kosten. Voraussetzung ist, dass er mindestens Pflegegrad 1 hat und die Hilfsmittel genehmigt wurden. Für Pflegehilfsmittel, die verbraucht werden, zahlt die Pflegekasse bis zu 40 Euro im Monat. Bei technischen Hilfsmitteln übernimmt sie die Kosten. Ihr Angehöriger muss zehn Prozent zuzahlen, höchstens aber 25 Euro (→ Seite 129 ff.).

→ Ist es notwendig, die Wohnung Ihres Angehörigen behindertengerecht umzubauen, beteiligt sich die Pflegekasse an den Kosten. Für sogenannte **Maßnahmen zur Wohnumfeldverbesserung** gibt es bis zu 4.000 Euro. Achtung: Die Pflegekasse muss die Umbauten vor Baubeginn genehmigt haben, sonst zahlt sie nicht. Auch diese Leistung steht Pflegebedürftigen ab Pflegegrad 1 zu.

→ Lässt sich die Pflege zu Hause nicht mehr aufrechterhalten und zieht Ihr Angehöriger in ein **Pflegeheim**, beteiligt sich die Pflegekasse an den Kosten für Pflege und Betreuung. Wie hoch der Zuschuss für die stationäre Pflege ausfällt, hängt vom Pflegegrad ab. Den Restbetrag muss Ihr Angehöriger selbst tragen. Der Eigenanteil ist festgelegt, unterscheidet sich aber von Bundesland zu Bundesland deutlich. In Berlin liegt er bei durchschnittlich 872 Euro, in Thüringen bei 237 Euro. Im Bundesdurchschnitt fallen 602 Euro an (Stand 2018). Zusätzlich muss Ihr Angehöriger auch die Kosten für Unterkunft und Verpflegung selbst zahlen. Menschen mit Pflegegrad 1 können lediglich den Entlastungsbetrag von 125 Euro für die stationäre Pflege einsetzen.

→ Entscheidet sich Ihr Angehöriger für eine selbstverantwortete ambulant betreute **Wohngemeinschaft** (sogenannte **Pflege-WGs**) und bezieht weiterhin Pflegegeld oder Pflegesachleistungen, überweist die Pflegekasse zusätzlich einen Wohngruppenzuschlag von 214 Euro pro Monat. Von diesem Geld soll eine Person bezahlt werden, die sich um die Organisation, die Betreuung der Bewohner oder um den Haushalt kümmert. Wer eine Pflege-WG gründet, hat zudem Anspruch auf eine Anschubfinanzierung von bis zu 2.500 Euro. Pro WG zahlt die Pflegekasse maximal 10.000 Euro. Außerdem können die künftigen Bewohner ihre Zuschüsse zur Verbesserung des Wohnumfeldes (jeweils 4.000 Euro) bündeln. So stehen bis zu 16.000 Euro bereit, um eine Wohnung barrierefrei umzubauen. Diese Zuschüsse bekommen auch Menschen mit Pflegegrad 1.

GUT ZU WISSEN

Wohngruppenzuschlag und „Hilfe zur Pflege“

Der Wohngruppenzuschlag wird möglicherweise auf die „Hilfe zur Pflege“ (→ Seite 73) angerechnet. Zu dieser Frage gibt es unterschiedliche Gerichtsurteile.

Soziale Absicherung für Pflegende

Die meisten Leistungen der Pflegeversicherung stehen dem Pflegebedürftigen selbst zu. Die Pflegekasse zahlt aber auch für die soziale Absicherung ehrenamtlicher Pflegepersonen. Als pflegender Angehöriger erwerben Sie **Rentenansprüche**. Sie sind in der **Arbeitslosenversicherung** pflichtversichert und haben automatisch **Unfallversicherungsschutz**. Um eine **private Haftpflichtversicherung** müssen Sie sich hingegen selbst kümmern. Sie ist unverzichtbar.

Mehr Rente durch Pflege

Pflegende Angehörige können Rentenansprüche erwerben. Das ist eine zumindest kleine Anerkennung der Leistung. Die Pflegekasse übernimmt die Beiträge zur gesetzlichen Rentenversicherung, wenn Sie einen oder mehrere Pflegebedürftige mit mindestens Pflegegrad 2 ehrenamtlich im häuslichen Umfeld versorgen. Bei Familienangehörigen gehen die Rentenversicherungsträger grundsätzlich davon aus, dass die Pflege ehrenamtlich ausgeübt wird. Es spielt also keine Rolle, ob Sie eine finanzielle Anerkennung bekommen oder nicht.

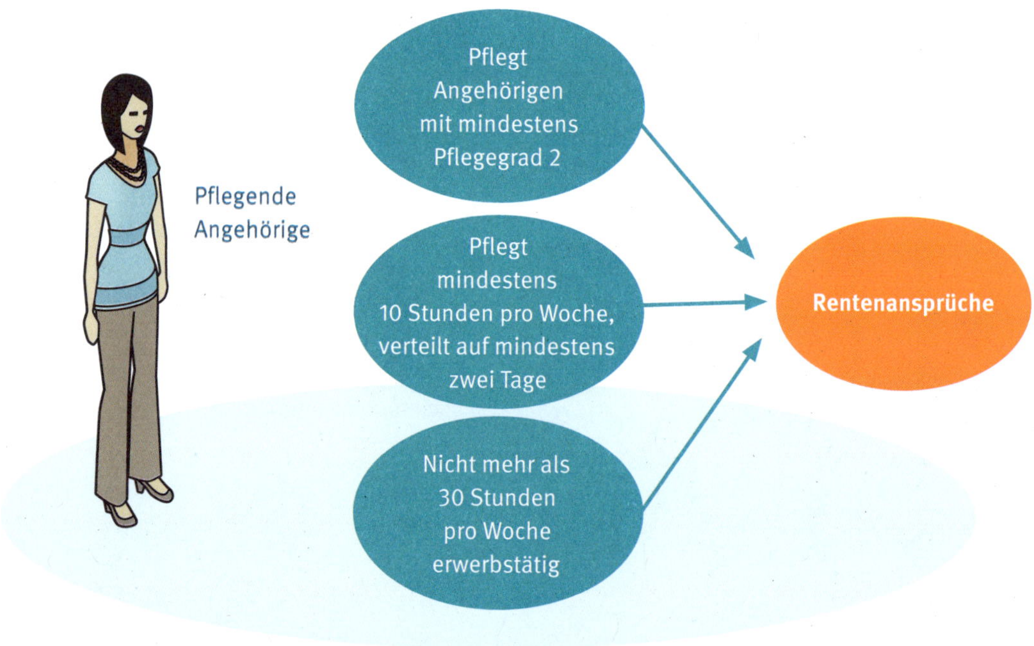

Eine weitere Bedingung für den Erwerb der Rentenansprüche ist, dass sich die Pflege mindestens über zehn Stunden pro Woche, verteilt auf mindestens zwei Tage erstreckt. Pflegen Sie mehrere Personen, werden die Zeiten zusammengerechnet, um auf die erforderlichen zehn Stunden zu kommen. Außerdem dürfen Sie neben der Pflege nicht regelmäßig mehr als 30 Stunden pro Woche erwerbstätig sind.

→ **TIPP Zahlung trotz Urlaub**
Wenn Sie Urlaub machen, zahlt die Pflegeversicherung die Rentenbeiträge weiter – für sechs Pflegewochen oder 42 Pflegetage im Jahr.

Ob ein Anspruch besteht, hängt aber auch vom eigenen Alter und Status ab. Die Pflegekasse fragt schon beim Erstantrag auf Pflegeleistungen Ihre Rentenversicherungsnummer ab und schickt Ihnen den „Fragebogen zur Zahlung der Beiträge zur sozialen Sicherung für nicht erwerbsmäßig tätige Pflegepersonen" zu.

Die Pflegekasse prüft anhand der Angaben, ob alle Voraussetzungen erfüllt sind, übernimmt die An- und Abmeldung beim Rentenversicherungsträger und zahlt gegebenenfalls die Beiträge. Wie viel das im Einzelnen ist, hängt vom Pflegegrad Ihres Angehörigen und von der bezogenen Leistung (Pflegegeld, Pflegesachleistung, Kombinationsleistung) ab.

→ **Sie haben die Regelaltersgrenze noch nicht erreicht und beziehen bisher keine Rente:** Dann zahlt die Pflegekasse automatisch Rentenbeiträge ein, und die spätere Vollrente steigt.

→ **Sie sind Frührentner und beziehen schon eine verringerte Altersrente:** Auch dann zahlt die Pflegekasse Rentenbeiträge ein.

→ **Sie haben bereits die Regelaltersgrenze erreicht und beziehen eine Vollrente:** In diesem Fall überweist die Pflegekasse normalerweise keine Rentenbeiträge mehr. Das können Sie allerdings ändern. Seit Einführung der sogenannte Flexirente haben Sie die Möglichkeit, sich nur eine **Teilrente** zwischen 10 und 99 Prozent auszahlen zu lassen. Es genügt, auf 1 Prozent der Rente zu verzichten, damit die Pflegekasse weiterhin Rentenbeiträge zahlt. Die Höhe der Beiträge richtet sich immer nach dem Pflegegrad und den bezogenen Leistungen, nicht aber nach der Höhe der Teilrente. Anders gesagt: Egal ob Sie auf 1 Prozent oder 20 Prozent Rente verzichten, der von der Pflegekasse gezahlte Beitrag bleibt gleich.

Die Teilrente muss bei der Rentenversicherung beantragt werden. Ein formloses Schreiben genügt. Sie erhalten dann einen Bescheid der Pflegekasse. Sicherheitshalber sollten Sie die Pflegekasse über den Wechsel auf Teilrente informieren. Die Rente erhöht sich jeweils im Juli des Folgejahres. Dann wird Ihnen die bisherige Teilrente samt Zuschlägen, die bis zum Juli erworben wurden, ausgezahlt. Endet die Pflege oder möchten Sie wieder auf die Vollrente umsteigen, müssen Sie einen neuen Antrag bei der Rentenversicherung stellen und die Pflegekasse informieren.

→ **TIPP Mehr Informationen**

Nähere Auskünfte zur Rente für pflegende Angehörige geben die Berater der Rentenversicherung. Sie können ausrechnen, was die zusätzlichen Beitragszahlungen für die Rente bringen. In der kostenlosen Broschüre „Rente für Pflegepersonen: Ihr Einsatz lohnt sich" werden die Regelungen im Detail erklärt und viele Beispiele gegeben: www.deutsche-rentenversicherung.de – Stichwort „Services" – „Broschüren & mehr" – „Rente" – „Rente für Pflegepersonen: Ihr Einsatz lohnt sich".

Schutz bei Arbeitslosigkeit – Die Arbeitslosenversicherung

Job und Pflege unter einen Hut zu bekommen, kann sehr schwierig sein. Es kommt deshalb immer wieder vor, dass Pflegende ihre Arbeit niederlegen, um mehr Zeit für die Versorgung und Betreuung eines Angehörigen zu haben. Damit sie nach Ende der Pflegetätigkeit nicht ohne Unterstützung dastehen, zahlt die Pflegekasse Beiträge zur Arbeitslosenversicherung ein. Dafür müssen folgende Voraussetzungen erfüllt sein:

- → Sie pflegen einen oder mehrere Pflegebedürftige mit Pflegegrad 2 bis 5 in der häuslichen Umgebung,
- → und sind nicht erwerbstätig,
- → und pflegen wenigstens zehn Stunden pro Woche, verteilt auf mindestens zwei Tage.

Außerdem müssen sie unmittelbar vor der Pflege in der Arbeitslosenversicherung pflichtversichert gewesen sein. Das ist der Fall, wenn sie vorher in einem Beschäftigungsverhältnis standen oder zum Beispiel Arbeitslosengeld bezogen.

Wenn absehbar ist, dass Sie aufhören zu arbeiten, sollten Sie umgehend die Pflegekasse informieren. Lassen Sie sich den Antrag auf Übernahme der Beiträge zur Arbeitslosenversicherung zuschicken.

Die Absicherung in der Arbeitslosenversicherung ermöglicht es Ihnen, nach Ende der Pflegetätigkeit Arbeitslosengeld zu beantragen. Alternativ können Sie Leistungen zur Arbeitsförderung, zum Beispiel eine berufliche Weiterbildung, beanspruchen.

Absicherung gegen Unfälle – Die gesetzliche Unfallversicherung

Pflegende Angehörige sind während der Pflege gesetzlich unfallversichert. Voraussetzung ist, dass sie eine oder mehrere Personen mit Pflegegrad 2 bis 5 in der häuslichen Umgebung versorgen.

Der Umfang der Pflege spielt hingegen keine Rolle. Auch wer einmalig pflegt, hat Unfallversicherungsschutz.

Versichert sind alle Pflegetätigkeiten. Die Unfallversicherung zahlt, wenn Sie

→ sich bei der Pflege verletzen und zum Beispiel auf der Treppe stürzen, während Sie Ihren Angehörigen hinaufbegleiten.

→ für Ihren Angehörigen zum Beispiel putzen oder einkaufen und dabei etwas passiert.

→ auf dem Weg zur Ihrem Angehörigen einen Unfall haben.

→ aufgrund der Pflege krank werden. Entzündet sich zum Beispiel Ihre Haut, weil Sie Ihren Angehörigen regelmäßig waschen, zahlt die gesetzliche Unfallversicherung die Behandlungskosten.

Es ist wichtig, solche Erkrankungen und Unfälle möglichst schnell an die Unfallversicherung zu melden. Beim Arzt sollten Sie unbedingt darauf hinweisen, dass der Unfall während der Pflege passiert ist. Er leitet dann ein spezielles Abrechnungsverfahren ein. Die Unfallversicherung übernimmt die ärztlichen Behandlungkosten und zahlt bei Bedarf für eine medizinische Rehabilitation.

Weil immer etwas passieren kann – Die Privathaftpflichtversicherung

Eine Privathaftpflichtversicherung ist ein Muss, nicht nur für Pflegende. Sie zahlt immer dann, wenn andere durch Ihr Verhalten geschädigt werden. Lassen Sie bei Freunden den teuren Tablet-Computer fallen, kommt Ihre private Haftpflichtversicherung für diesen Schaden auf. Solche Missgeschicke können natürlich auch während der Pflege passieren. Allerdings gibt es hier Besonderheiten: Pflegen Sie Ihren Partner, sind Sie wahrscheinlich gemeinsam privat haftpflichtversichert. Dann zahlen die meisten Versicherungen nicht für Schäden, die im gemeinsamen Haushalt passieren. Das gilt auch, wenn Sie mit Ihren Eltern zusammenwohnen.

Die private Haftpflichtversicherung trägt die Kosten für Personen-, Sach- und Vermögensschäden bis zur vereinbarten Höchstsumme. Diese Versicherungssumme sollte mindestens fünf Millionen Euro betragen, besser sogar mehr. Die Versicherung übernimmt auch die Schadensregulierung: Sie setzt sich mit den Forderungen des Geschädigten auseinander und kümmert sich um die Abwicklung.

Auch Ihr Angehöriger sollte eine private Haftpflichtversicherung haben. Stößt er zum Beispiel mit einem Rollator gegen ein Auto und verursacht einen Schaden, kommt die Versicherung dafür auf.

> **i GUT ZU WISSEN**
>
> **Deliktunfähigkeit und Demenz**
>
> Demenzkranke Menschen gelten laut Gesetz als deliktunfähig. Sie müssen für verursachte Schäden nicht haften. Ihre Privathaftpflicht wird entsprechende Forderungen Dritter abwehren. Das kann in der Praxis aber zu Ärger führen, wenn beispielsweise das Auto des Nachbarn einen Blechschaden hat.
>
> Um Streit zu vermeiden, bieten viele Versicherer an, Deliktunfähigkeit mitzuversichern. Werfen Sie am besten einen Blick in den Vertrag und fragen Sie im Zweifel bei der Versicherung nach.

Die Leistungen der Krankenversicherung

Auch die Krankenversicherung zahlt unter bestimmten Voraussetzungen für eine Pflege. Das ist wichtig zu wissen für Menschen, bei denen (noch) keine Pflegebedürftigkeit festgestellt wurde und die deshalb kein Geld von der Pflegeversicherung bekommen.

Unter diesen Voraussetzungen gibt es Geld

Leistungen der Krankenversicherung müssen immer von einem Arzt verordnet werden. Viele Patienten gehen davon aus, dass die Krankenversicherung bei einem Attest automatisch zahlt. Das ist nicht der Fall! Die Krankenkasse kann die Kostenübernahme vollständig ablehnen oder die Leistung nur für einen kürzeren Zeitraum genehmigen.

Voraussetzung für die Genehmigung ist immer die medizinische Notwendigkeit. Die Krankenkasse zahlt außerdem nur, wenn keine andere im Haushalt lebende Person die Aufgaben übernehmen kann. Der Versicherte muss einen kleinen Anteil der Kosten selbst zahlen.

Für diese Zuzahlungen gilt eine „Belastungsgrenze“. Sie liegt bei zwei Prozent des monatlichen Bruttoeinkommens, schwer chronisch Kranke müssen nur ein Prozent zuzahlen. Erreicht Ihr Angehöriger diese Grenze, kann er sich bei seiner Krankenkasse

BEISPIEL

Zuzahlung berechnen

Ehepaar Guiliano hat ein Haushaltsbruttoeinkommen von 18.000 Euro im Jahr. Die Zuzahlungsgrenze liegt bei 250 Euro. (Stand 2018)

für das restliche Kalenderjahr von weiteren Zuzahlungen befreien lassen. Es lohnt sich daher, alle Bescheinigungen über Zuzahlungen aufzuheben. Sie gelten als Nachweis. Wann die individuelle Belastungsgrenze erreicht ist, lässt sich über „Zuzahlungsrechner" ermitteln. Viele Krankenkassen bieten sie auf ihrer Internetseite an.

Lehnt die Krankenkasse die Kostenübernahme ab, kann Ihr Angehöriger Widerspruch einlegen. Lassen Sie sich die Entscheidung schriftlich geben und besprechen Sie mit dem Arzt, ob die Ablehnung nachvollziehbar ist. Falls sich Ihr Angehöriger für einen Widerspruch entscheidet, muss der Arzt diesen begründen.

Was die Krankenkasse bezahlt – ein Überblick

Viele Leistungen klingen ganz ähnlich wie bei der Pflegeversicherung. Der große Unterschied: Sie stehen auch Menschen ohne Pflegegrad zu.

Häusliche Krankenpflege

Die Krankenkasse ist für die häusliche Krankenpflege zuständig. Darunter fallen alle pflegerischen Tätigkeiten, die eine ärztliche Therapie unterstützen, fortsetzen oder sichern. Sie werden als **Behandlungspflege** bezeichnet. Zur häuslichen Krankenpflege gehören außerdem die **Grundpflege,** etwa die Körperpflege, und die hauswirtschaftliche Versorgung. Außerdem fällt unter den Begriff auch die Palliativversorgung, also die medizinische und pflegerische Betreuung todkranker Menschen zu Hause.

Für die Behandlungspflege sind immer Pflegefachkräfte zuständig, die Grundpflege darf auch von angelernten Pflegekräften übernommen werden. Ambulante Pflegedienste bieten in aller Regel eine Komplettversorgung an.

Eine häusliche Krankenpflege wird regulär für bis zu 28 Tage gezahlt, wenn

- eine Krankenhausbehandlung geboten wäre, aber nicht möglich ist oder vermieden oder verkürzt werden kann.
- Menschen ein Krankenhaus verlassen, aber noch nicht auskuriert sind und

Häusliche Krankenpflege

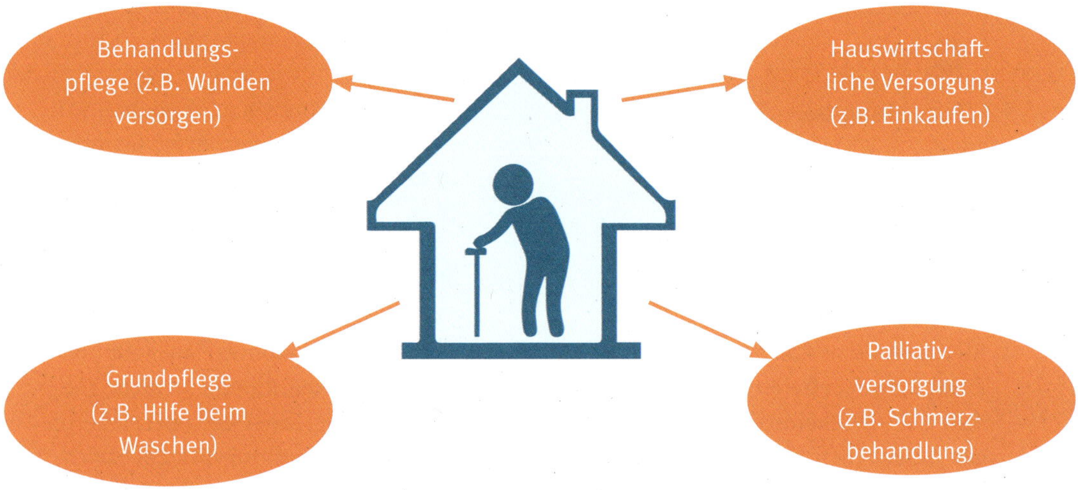

Pflege benötigen. Da die Krankenhäuser angehalten sind, die Liegezeiten möglichst kurz zu halten, sind diese Fälle nicht selten. Das Krankenhaus ist verpflichtet, alle Maßnahmen zu veranlassen, die für den Patienten notwendig sind. Es kann die häusliche Krankenpflege für bis zu sieben Tage verordnen. So ist die erste Versorgung sichergestellt.

→ der Versicherte im Krankenhaus ambulant behandelt wurde oder eine ambulante Operation hatte. Ihr Angehöriger hat also beispielsweise bei Bedarf auch nach einer ambulanten Chemotherapie Anspruch auf häusliche Krankenpflege.

→ der Versicherte schwer erkrankt oder verletzt ist, zum Beispiel nach einem Sturz.

→ sich eine bereits bestehende Krankheit deutlich verschlimmert. Das kann eine akute Erkrankung sein, aber auch ein chronisches Leiden wie Arthrose. Hatte Ihr Angehöriger einen Krankheitsschub, kommt möglicherweise eine häusliche Krankenpflege infrage. Sprechen Sie am besten mit dem behandelnden Arzt.

Die Grundpflege, die Behandlungspflege und die hauswirtschaftliche Versorgung können auch jeweils eigenständig verordnet werden. Die häusliche Krankenpflege ist auf vier Wochen begrenzt. Sie kann auch für eine längere Zeit verschrieben werden, wenn der Medizinische Dienst der Krankenversicherung dies für erforderlich hält, um die ärztliche Behandlung abzusichern.

Der Anspruch besteht allerdings nur, wenn keine andere im Haushalt lebende Person die Pflege übernehmen kann. Ob jemand geeignet ist, hängt von seiner zeitlichen Verfügbarkeit, seinen Fähigkeiten und seiner Belastbarkeit ab. Außerdem muss ihm die Übernahme der häuslichen Krankenpflege zugemutet werden können. Als pflegender Angehöriger sind Sie also nicht in jedem Fall dazu verpflichtet, ärztlich verordnete Pflegetätigkeiten auszuführen. Sie müssen eine Ablehnung aber begründen. Beispiel Spritzen geben: Das Argument „ich kann das nicht" alleine reicht nicht aus, um die Übernahme abzulehnen. Die Krankenkassen verlangen, dass Sie sich von einer Pflegefachkraft einweisen lassen. Sie könnten aber zum Beispiel anführen, dass Sie aufgrund eines eingeschränkten Sehvermögens nicht in der Lage sind, Ihren Angehörigen zu spritzen. Oder Sie erklären, dass Sie wegen Ihrer Berufstätigkeit keine Möglichkeit haben, tagsüber die Behandlungspflege zu übernehmen. **Die Krankenkassen prüfen im Einzelfall, ob sie die Ablehnung akzeptieren.** Für eine häusliche Krankenpflege muss der Patient in den ersten 28 Tagen im Kalenderjahr zehn Prozent der Kosten zuzahlen. Außerdem fallen für jede Verordnung zehn Euro an.

→ **TIPP An den Pflegedienst delegieren**
Hat Ihr Angehöriger einen Pflegedienst für die Grundpflege engagiert? Dann sollten Sie gut überlegen, ob Sie die Behandlungspflege übernehmen. Ambulante Pflegedienste haben meistens Verträge mit den Kranken- und den Pflegekassen abgeschlossen. Sie können sowohl Leistungen der Grund-, als auch der Behandlungspflege abrechnen. Kommt sowieso ein professioneller Pfleger zum Pflegebedürftigen, ist es sinnvoll, wenn er die Behandlungspflege gleich mit übernimmt. Der Pflegedienst kümmert sich in der Regel um die erforderliche Genehmigung bei der Krankenkasse.

Haushaltshilfe

In einigen Fällen bezahlt die Krankenkasse auch eine Haushaltshilfe. Voraussetzung ist, dass sich eine Person wegen einer Krankenhausbehandlung, einer schweren Krankheit oder der akuten Verschlimmerung einer Krankheit nicht um den Haushalt kümmern und keine andere mit ihr zusammenlebende Person diese Aufgaben übernehmen kann. Die Haushaltshilfe wird in der Regel für maximal vier Wochen im Jahr bezahlt. Lebt ein Kind im Haushalt, das unter zwölf Jahre alt oder behindert und auf Hilfe angewiesen ist, verlängert sich der Anspruch auf bis zu 26 Wochen.

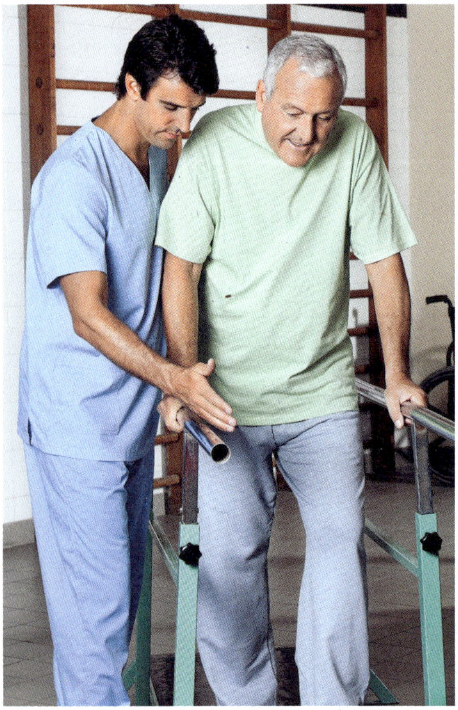

Die Haushaltshilfe sollte als sogenannte Sachleistung von der Krankenkasse organisiert werden. In der Praxis genehmigen die Krankenkassen die Hilfe oft nur, schicken aber niemanden vorbei. In diesem Fall muss sich der Versicherte selbst eine Haushaltshilfe suchen. Achtung! Die Krankenkasse übernimmt nur angemessene Kosten, die zum Teil im Stundesatz sehr gering bemessen sind. Zu teuer sollte die Haushaltshilfe also nicht sein. Der Versicherte muss zehn Prozent der täglich anfallenden Kosten aus eigener Tasche bezahlen – mindestens aber fünf und höchstens zehn Euro pro Tag.

Kurzzeitpflege

Es kann vorkommen, dass die häusliche Krankenpflege nicht ausreicht, um einen Patienten zu versorgen. In diesen Fällen zahlt die Krankenkasse für eine Kurzzeitpflege in einer stationären Einrichtung. Die Krankenkassen übernehmen die Kosten bis zu einem Höchstsatz von 1.612 Euro im Jahr. Der Anspruch besteht für maximal vier Wochen pro Jahr.

Hilfsmittel

Die Krankenkasse zahlt immer dann für Hilfsmittel, wenn sie medizinisch notwendig sind. Typische Beispiele sind Inhalationsgeräte, Prothesen, Rollatoren oder Kompressionsstrümpfe. Alle infrage kommenden Hilfsmittel sind im Hilfsmittelverzeichnis gelistet (www.gkv-spitzenverband.de, Stichwort „Krankenversicherung" – „Hilfsmittel" – „Hilfsmittelverzeichnis"). Nur im Einzelfall zahlen die Krankenkassen auch andere Hilfsmittel. Davon zu unterscheiden sind Pflegehilfsmittel, die die Pflegekasse übernimmt (→ Seite 130 ff.). Der Versicherte muss zehn Prozent der Kosten selbst tragen, wobei die Untergrenze bei fünf, und die Obergrenze bei zehn Euro liegt. Für Hilfsmittel, die verbraucht werden, etwa Inkontinenzhilfen oder Katheter, gelten Sonderregeln: Hier

> „Ich fühle mich wie auf einem Pulverfass. Ständig kann etwas passieren, das ist sehr anstrengend, darüber bin ich selbst krank geworden. Neulich habe ich im Auto gesessen und angefangen zu weinen, nur weil eine traurige Nachricht im Radio kam."
>
> **Uta S.**

muss der Patient 10 Prozent der Kosten, maximal aber 10 Euro pro Monat selbst bezahlen.

→ **TIPP Hilfsmittel nicht vorschnell selbst zahlen**
Die Kranken- und die Pflegeversicherung zahlen nicht für alle Hilfsmittel. Lassen Sie sich unbedingt beraten, bevor Sie ein Hilfsmittel aus eigener Tasche finanzieren. Gute Ansprechpartner sind die Wohnberatungsstellen, Sanitätshäuser und Apotheken.

Geriatrische Rehabilitation

Eine geriatrische Rehabilitation richtet sich an alte Menschen mit vielfältigen Krankheiten und Beschwerden. Ihr Ziel ist, den Betroffenen zu ermöglichen, trotz der Einschränkungen möglichst selbstständig zu leben. Konkret kann das heißen: Alleine vom Bett zum Stuhl zu gehen, selbstständig zu essen, sich an- und auszuziehen. Zur Behandlung gehören unter anderem Krankengymnastik, Bewegungs- und Ergotherapie. Die Patienten werden kontinuierlich von Ärzten und Pflegekräften betreut. Das ermöglicht auch Pflegebedürftigen, an einer solchen Reha teilzunehmen.

Eine geriatrische Reha dauert in der Regel drei Wochen. Sie wird häufig von Krankenhäusern mit geriatrischer Abteilung angeboten, daneben gibt es spezialisierte Reha-Kliniken.

Eine geriatrische Reha kann bereits im Gutachten zur Pflegebedürftigkeit beantragt werden. Stellt der Gutachter die Notwendigkeit fest, gilt das gegenüber der Krankenkasse direkt als Antrag. Ansonsten muss eine geriatrische Reha immer von einem Arzt verordnet werden. Der Antrag wird dann von der Krankenkasse geprüft. Vorrausetzung für die Genehmigung ist, dass

- ambulante Maßnahmen nicht ausreichen, um die Situation des Patienten zu verbessern.
- der Patient in der Lage ist, an der Reha aktiv mitzuwirken. Schwere psychische Störungen oder eine fortgeschrittene Demenzerkrankungen können dem entgegenstehen.
- der Patient nach der Reha mit großer Wahrscheinlichkeit auf weniger Hilfe angewiesen ist.

Zwischen Antrag und Bescheid der Krankenkasse vergehen üblicherweise zwischen ein und vier Wochen. Müssen weitere Informationen eingeholt werden, kann es auch mal länger dauern. Stimmt die Krankenkasse dem Antrag zu, übernimmt sie die Kosten. Der Patient muss zehn Euro am Tag zuzahlen. Sollte die Reha abgelehnt werden, lohnt sich unter Umständen ein Widerspruch. Eine pauschale Ablehnung wegen Demenz kann zum Beispiel unzulässig und damit angreifbar sein.

GUT ZU WISSEN

Hilfe bei der Antragstellung

Zahlreiche Wohlfahrtsverbände wie die Arbeiterwohlfahrt, das Diakonische Werk oder die Caritas beraten zur Reha für pflegende Angehörige. Das Müttergenesungswerk bietet auf seiner Internetseite eine Beratungsstellen-Suche an: www.muettergenesungswerk.de, Stichwort „Unser Kur-Angebot" – „Kuren für Pflegende".

Kuren für pflegende Angehörige

Auch pflegende Angehörige haben Anspruch auf eine stationäre Vorsorge- oder Rehabilitationsmaßnahme (§ 23 und § 49 SGB V). Sie kommt immer dann infrage, wenn die Pflege zu gesundheitlichen Belastungen führt. Vorsorgemaßnahmen sollen verhindern, dass sich Probleme wie Rückenschmerzen, Schlaflosigkeit oder Erschöpfung verstärken. Eine Reha wird verschrieben, wenn bereits eine Erkrankung wie ein Bandscheibenvorfall vorliegt. Ziel der Vorsorge- oder Rehabilitationsmaßnahme ist, solche gesundheitlichen Probleme zu behandeln und Wege zu zeigen, wie die Pflege künftig weniger belastend gestaltet werden kann.

Die Kur dauert drei Wochen. Auf dem Programm stehen verschiedene Therapien, es gibt Angebote zur Entspannung und Stressbewältigung. In Gruppen- und Einzelgesprächen wird die Pflegesituation in den Blick genommen, um zu überlegen, was künftig verändert werden kann.

Während der Reha wird der Pflegebedürftige über die Verhinderungspflege oder in einer Kurzzeitpflegeeinrichtung betreut. Einige Rehakliniken nehmen pflegebedürftige Angehörige mit auf. Vielen Pflegenden tut es allerdings gut, wenn sie vorübergehend wirklich Abstand haben.

Voraussetzung für die Reha ist eine ärztliche Verordnung. Bisher gibt es für die „stationäre Vorsorge- oder Reha-Maßnahme für pflegende Angehörige" kein spezifisches Attestformular. Der Arzt muss auf andere Formulare ausweichen, sollte aber unbedingt notieren, dass es sich um die Verordnung für einen pflegenden Angehörigen handelt. Wichtig ist, dass er detailliert darlegt, wel-

„Wir müssen pflegenden Angehörigen Mut machen, sich Zeit zu nehmen, wieder etwas für sich selbst zu tun."

ANNE SCHILLING, Geschäftsführerin des Müttergenesungswerks, das Kuren für pflegende Angehörige anbietet

Frau Schilling, wann ist es Zeit für eine Kur?
Immer dann, wenn pflegende Angehörige denken: „Ich kann nicht mehr", oder wenn sie schnell Kopfschmerzen bekommen, plötzlich anfangen müssen zu weinen, nicht mehr gut schlafen können, immer öfter Rückenschmerzen haben oder ständig erkältet sind. Das alles sind Zeichen von Erschöpfung.

Viele pflegende Angehörige sagen: „Es geht schon irgendwie" und „Ich kann hier nicht weg". Was antworten Sie ihnen?
Dass sie auf sich aufpassen und Kraft tanken müssen, um pflegen zu können. Oft haben Pflegende längst den Punkt überschritten und es geht eben nicht mehr „irgendwie". Wir wissen, dass viele pflegende Angehörige deutliche Erkrankungen aufweisen oder nach dem Ende der Pflege selbst „zusammenbrechen". Damit ist niemandem geholfen. Pflegende müssen Raum bekommen, um wieder zu sich selbst finden zu können. Das geht bei einer meist 24-Stunden-Sorge für die pflegebedürftigen Angehörigen nicht. Deshalb gibt es für Pflegende den Anspruch auf Kuren.

Es gilt der Leitsatz ambulant vor stationär. Erst sollen ambulante Möglichkeiten ausgeschöpft werden, bevor eine stationäre Kur genehmigt wird. Für viele pflegende Angehörige ist es unrealistisch, zweimal pro Woche zur Physiotherapie zu gehen.
Absolut. Bei der Rehabilitation soll ambulant vor stationär mit dem neuen Pflegepersonalstärkungsgesetz aufgehoben werden. Bei den Vorsorgemaßnahmen muss das Gleiche gelten, dafür setzt sich das Müttergenesungswerk ein. Wer rund um die Uhr pflegt, hat keine Zeit, sich nach der Physio für zwei Stunden hinzulegen, auch wenn der Therapeut das empfiehlt.

Man kann seinen pflegebedürftigen Angehörigen zur Kur mitnehmen oder ihn zu Hause versorgen lassen – was ist Ihrer Meinung nach besser?
Die Kliniken melden uns zurück, dass pflegende Angehörige möglichst alleine kommen sollten, weil es ihnen sonst sehr schwer fällt, loszulassen. Genau das ist aber wichtig. Sie müssen endlich mal die Möglichkeit haben, sich nur um sich selbst zu kümmern, ohne schlechtes Gewissen.

chen Belastungen Sie durch die Pflege ausgesetzt sind, welche gesundheitlichen Probleme daraus resultieren und welche Ziele mit der Reha erreicht werden sollen. Die Krankenkasse prüft anschließend, ob sie die Reha genehmigt. Bei einem positiven Bescheid übernimmt sie die Kosten. Der pflegende Angehörige muss 10 Euro am Tag zuzahlen.

Die Leistungen der Krankenkasse im Überblick

WAS	WIE VIEL
Häusliche Krankenpflege	i.d.R. bis zu vier Wochen pro Krankheitsfall Übernahme der Kosten Zuzahlung: 10 Prozent der anfallenden Kosten für längstens 28 Tage, 10 Euro pro Rezept
Behandlungspflege	je nach Bedarf über einen längeren Zeitraum Übernahme der Kosten Zuzahlung: 10 Prozent der anfallenden Kosten für längstens 28 Tage, 10 Euro pro Rezept
Kurzzeitpflege	maximal vier Wochen Übernahme der Kosten bis zum Höchstbetrag von 1.612 Euro
Haushaltshilfe	i.d.R. bis zu vier Wochen pro Krankheitsfall Übernahme der Kosten Zuzahlung: 10 Prozent der täglich anfallenden Kosten, mindestens 5 Euro, höchstens 10 Euro pro Tag
Hilfsmittel	Übernahme der Kosten Zuzahlung: 10 Prozent der Kosten des Hilfsmittels, mindestens 5 und höchstens 10 Euro, aber nie mehr als das Hilfsmittel kostet
Zum Verbrauch bestimmte Hilfsmittel	Übernahme der Kosten Zuzahlung: 10 Prozent der Kosten, maximal 10 Euro pro Monat
Geriatrische Rehabilitation	Übernahme der Kosten für bis zu drei Wochen Zuzahlung : 10 Euro pro Tag für maximal 28 Tage
Vorsorge und Rehabilitation für pflegende Angehörige	Übernahme der Kosten für bis zu drei Wochen Zuzahlung: 10 Euro pro Tag für maximal 28 Tage

Hinweis: Alle Zuzahlungen müssen nur bis zur individuellen Belastungsgrenze gezahlt werden.

Hilfe vom Staat

Die Sozialhilfe springt immer dann ein, wenn die eigenen finanziellen Mittel und andere mögliche Unterstützungsleistungen nicht für den notwendigen Lebensunterhalt ausreichen. In solchen Fällen zahlt das Sozialamt die „Grundsicherung im Alter und bei Erwerbsminderung“. Übersteigen die Pflegekosten das eigene finanzielle Budget, können Pflegebedürftige „Hilfe zur Pflege“ beantragen. Außerdem gewährt der Staat bei Krankheit und Pflege Steuererleichterungen.

Grundsicherung im Alter und bei Erwerbsminderung

Grundsicherungsleistungen können Menschen beantragen, die dauerhaft erwerbsgemindert sind oder die Altersgrenze für die Rente erreicht haben. Sie liegt – je nach Geburtsjahr – zwischen 65 und 67 Jahren. Gehört Ihr Angehöriger in eine dieser Gruppen und reicht sein Einkommen oder Vermögen nicht zur Sicherung des Existenzminimums aus, springt das Sozialamt ein.

Die Grundsicherung im Alter umfasst einen Regelsatz, die Kosten für Unterkunft und Heizung und bei Bedarf Leistungen für Mehrausgaben. Mit dem Regelsatz sollen die Kosten für Essen, Kleidung und die Teilhabe am kulturellen Leben gedeckt werden. Er wird regelmäßig angepasst und lag 2018 für eine erwachsene alleinstehende Person bei 416 Euro im Monat. Für die Unterkunft zahlen die Sozialämter unterschiedlich hohe Beträge. Was angemessen ist, ermittelt der zuständige Sozialhilfeträger vor Ort. Hat Ihr Angehöriger besondere Ausgaben, zum Beispiel weil er gehbehindert ist, bekommt er zusätzliches Geld. Ob Angehörige Unterhalt zahlen müssen, wird nur näher geprüft, wenn ihr Einkommen vermutlich mehr als 100.000 Euro im Jahr beträgt.

Hilfe zur Pflege

Die Pflegeversicherung ist eine Teilkasko-Versicherung. Ihre Leistungen decken nur einen Teil der Pflegekosten ab. Das ist ein Problem, wenn die eigenen finanziellen Mittel zu niedrig sind, um die Restkosten zu begleichen. In solchen Fällen springt unter bestimmten Voraussetzungen das Sozialamt ein. Anspruch haben Pflegebedürftige,

→ die nachweislich **bedürftig** sind. Bevor das Sozialamt zahlt, müssen sie ihr gesamtes Einkommen einzusetzen, um die Pflegekosten zu begleichen. Zum Einkommen gehören die Rente und sonstige Einkünfte. Auch das Vermögen wird herangezogen. Allerdings dürfen Pflegebedürftige einen Freibetrag von 5.000 Euro behalten. Das Sozialamt kann verlangen, dass Schenkungen, etwa die Übertragung eines Hauses, rückgängig gemacht werden, wenn diese weniger als zehn Jahre zurückliegen.

- die **nicht krankenversichert** waren oder nicht ausreichend lange in die Pflegeversicherung eingezahlt haben.
- die die Voraussetzungen für Pflegegrad 2 bis 5 erfüllen, aber voraussichtlich **weniger als sechs Monate hilfsbedürftig** sind und daher keine Leistungen der Pflegeversicherung bekommen.
- die einen Pflegegrad und damit Anspruch auf Geld von der Pflegeversicherung haben, damit aber **nicht die anfallenden Kosten decken können.**

BEISPIEL

Volle Kostenübernahme

Herr Hartmann hat Pflegegrad 2. Einmal am Tag kommt ein Pflegedienst vorbei und stellt dafür am Monatsende 1.000 Euro in Rechnung. Die Pflegeversicherung übernimmt über die Pflegesachleistungen 689 Euro. Den Rest – 311 Euro – muss Herr Hartmann selbst zahlen. Bezieht er Hilfe zur Pflege, trägt das Sozialamt diese Restkosten.

Der Sozialhilfeträger prüft selbst, ob eine Pflegebedürftigkeit vorliegt. Daher kommt nicht nur der Medizinische Dienst der Krankenversicherung (MDK) zur Begutachtung, sondern auch der Sozialhilfeträger.

Menschen mit **Pflegegrad 1** bekommen nur Teilleistungen gezahlt. Sie haben Anspruch auf zum Verbrauch bestimmte Pflegehilfsmittel (→ Seite 138), Maßnahmen zur Wohnumfeldverbesserung und den Entlastungsbetrag in Höhe von 125 Euro.

Ab **Pflegegrad 2** übernimmt das Sozialamt die tatsächlich anfallenden Pflegekosten. Damit unterscheidet sich die „Hilfe zur Pflege“ von den Leistungen der Pflegeversicherung, die auf einen bestimmten Betrag begrenzt sind.

Stellt der Sozialhilfeträger **keinen ausreichenden Pflegebedarf** für Pflegegrad 1 fest, gibt es kein Geld. Es gilt jedoch ein Bestandsschutz. Menschen, die vor der Neuregelung „Hilfe zu Pflege“ bekamen, obwohl sie nur einen geringen Pflegebedarf haben, erhalten die Unterstützung auch weiterhin.

Das Verfahren

„Hilfe zur Pflege“ muss immer beantragt werden. Das Sozialamt zahlt erst ab dem Zeitpunkt, an dem es von einer Bedürftigkeit erfährt. Stellt es fest, dass eine Pflegebedürftigkeit vorliegt und Einkommen und Vermögen des Pflegebedürftigen nicht ausreichen, um die Kosten zu decken, überweist es die „Hilfe zur Pflege“ vorläufig. Das soll die Versorgung sicherstellen. Anschließend wendet sich das Sozialamt an die Angehörigen und prüft, ob diese unterhaltspflichtig sind und einen Teil der Kosten tragen müssen. Das betrifft Lebenspartner, Kinder und Eltern.

Als naher Angehöriger sind Sie verpflichtet, dem Sozialamt Auskunft über Ihre Einkommens- und Vermögensverhältnisse zu geben. Eine Unterhaltspflicht besteht allerdings nur dann, wenn Sie leistungsfähig sind. Das heißt: Sie müssen trotz der Zahlungen in der Lage sein, Ihren eigenen Unterhalt zu bestreiten. Unterhaltspflichtigen Angehörigen steht ein monatlicher Betrag als Eigenbedarf zu. Die Höhe hängt von der Familiensituation ab. Außerdem können sie Geld für bestimmte Ausgaben, etwa für die private Altersvorsorge oder Schuldverpflichtungen, einbehalten. Da die Berechnungen sehr kompliziert sind, sollten Sie sich bei einer Unterhaltspflicht unbedingt beraten lassen.

→ TIPP

Informationen zum Unterhalt finden Sie im Ratgeber „Elternunterhalt“: www.ratgeber-verbraucherzentrale.de.

Steuererleichterungen nutzen

Sie können Krankheits- oder Pflegekosten, die nicht von den Kassen übernommen werden, unter bestimmten Voraussetzungen von der Steuer absetzen. Die steuerlichen Regelungen sind im Detail recht kompliziert. Auf den folgenden Seiten finden Sie einen kurzen Überblick zu Einsparmöglichkeiten, die das Finanzamt anerkennt.

→ TIPP Hilfe bei Steuerfragen

Unterstützung bekommen Sie zum Beispiel bei den Lohnsteuerhilfevereinen oder beim Bund der Steuerzahler. Die Vereinigte Lohnsteuerhilfe stellt auf ihrer Internetseite kostenlos Steuer-Tipps rund um die Pflege bereit: www.vlh.de, Stichwort „Krankheit & Vorsorge“ – „Pflege“. Und auch der Ratgeber „Steuererklärung für Rentner und Pensionäre“ verschafft nicht nur Senioren einen guten Gesamtüberblick: www.ratgeber-verbraucherzentrale.de

Pflegekosten

Pflegekosten können als außergewöhnliche Belastungen teilweise von der Steuer abgesetzt werden. Voraussetzung ist, dass Ihr Angehöriger einen Pflegegrad hat oder als „hilflos“ gilt. Für Letzteres muss er einen Schwerbehindertenausweis mit dem Merkzeichen „H“ für „hilflos“ vorweisen können.

Die Finanzämter erkennen allerdings nur den Betrag an, der die zumutbare Eigenbelastung überschreitet. Was als zumutbare Belastung gilt, hängt vom Jahreseinkommen, dem Familienstand und der Anzahl der Kinder ab. Die Pflegekosten müssen dem Finanzamt nachgewiesen werden.

Wenn Sie als Angehöriger Unterhalt und damit Pflegekosten bezahlen müssen, können Sie diese ebenfalls als außergewöhnliche Belastungen von der Steuer abziehen. Au-

HINTERGRUND

Der Schwerbehindertenausweis

Als schwerbehindert gelten Menschen mit einem Grad der Behinderung (GdB) von 50 oder mehr. Sie haben Anspruch auf einen Schwerbehindertenausweis. Er kann beim zuständigen Versorgungsamt beantragt werden. Zur Feststellung des GdB wird geprüft, an welchen Krankheiten oder Behinderungen eine Person leidet und wie stark sich diese auf die Teilhabe am gesellschaftlichen Leben auswirken. Spezifische Beeinträchtigungen werden mit Merkzeichen auf dem Ausweis eingetragen. Sie berechtigen zu besonderen Nachteilsausgleichen. Das Merkzeichen „H“ für „hilflos“ bekommen Menschen, die infolge einer Behinderung für mindestens sechs Monate bei einer Reihe von häufig oder regelmäßig wiederkehrenden Verrichtungen im täglichen Leben – etwa beim Essen, Trinken und der Köperhygiene – auf fremde Hilfe angewiesen sind. Mehr Informationen zum Schwerbehindertenausweis finden Sie im Ratgeber „Behinderung“: www.ratgeber-verbraucherzentrale.de.

ßerdem haben Sie unter bestimmten Voraussetzungen die Möglichkeit, den Pflege-Pauschbetrag in Höhe von 924 Euro zu nutzen: Ihr Angehöriger muss schwerstpflegebedürftig oder hilflos sein und in Ihrer oder seiner

GUT ZU WISSEN

Pflegegeld ist steuerfrei

Die Leistungen der Pflegeversicherung müssen nicht versteuert werden. Bekommen Sie als Pflegender von Ihrem Angehörigen das Pflegegeld ausgezahlt, wertet das Finanzamt diesen Betrag nicht als Einkommen. Zahlt Ihr Angehöriger Ihnen mehr für die Pflege, müssen Sie den über dem Pflegegeld liegenden Anteil versteuern. Ein Beispiel: Angenommen, Sie pflegen einen Angehörigen mit Pflegegrad 2, und er überweist Ihnen 500 Euro im Monat als Aufwandsentschädigung. Von diesen 500 Euro sind 316 Euro (Höhe des Pflegegeldes) steuerfrei. Die restlichen 184 Euro müssen Sie in der Regel als Einkommen versteuern.

Wohnung versorgt werden. Außerdem dürfen Sie keine Gegenleistung wie das Pflegegeld erhalten. Zahlt Ihr Angehöriger Ihnen das Pflegegeld aus, entfällt Ihr Anspruch auf den Pflege-Pauschbetrag. Falls Sie sich die Pflege teilen, steht jeder Pflegeperson der Pauschbetrag anteilig zu.

Krankheitskosten

Krankheitskosten, etwa Zuzahlungen für Medikamente, Hilfsmittel oder Therapien, gelten ebenfalls als außergewöhnliche Belastungen. Ihr Angehöriger kann sie steuerlich

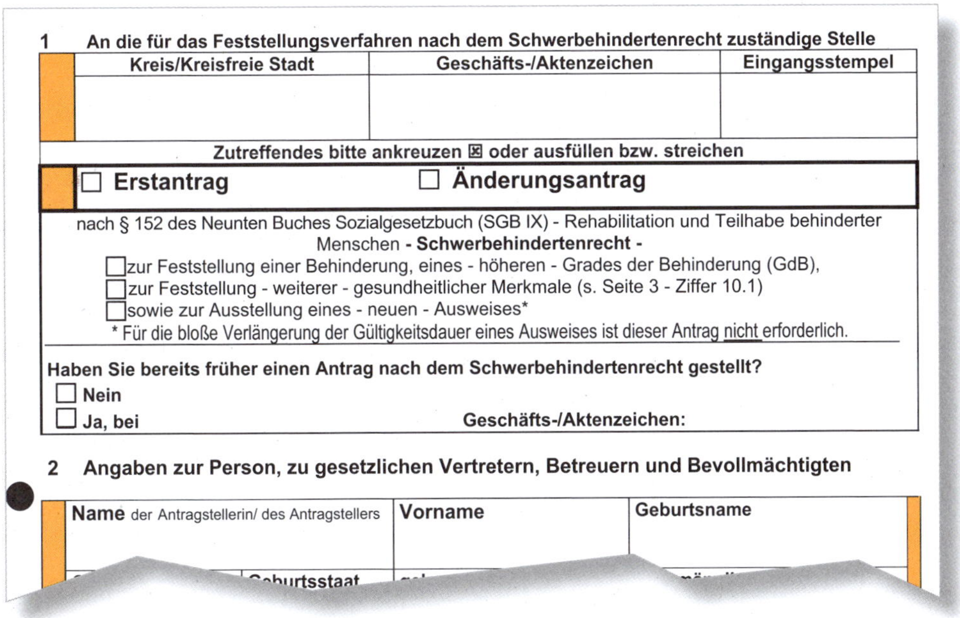
1 An die für das Feststellungsverfahren nach dem Schwerbehindertenrecht zuständige Stelle

Kreis/Kreisfreie Stadt	Geschäfts-/Aktenzeichen	Eingangsstempel

Zutreffendes bitte ankreuzen ☒ oder ausfüllen bzw. streichen

☐ **Erstantrag** ☐ **Änderungsantrag**

nach § 152 des Neunten Buches Sozialgesetzbuch (SGB IX) - Rehabilitation und Teilhabe behinderter Menschen **- Schwerbehindertenrecht -**

☐ zur Feststellung einer Behinderung, eines - höheren - Grades der Behinderung (GdB),
☐ zur Feststellung - weiterer - gesundheitlicher Merkmale (s. Seite 3 - Ziffer 10.1)
☐ sowie zur Ausstellung eines - neuen - Ausweises*

* Für die bloße Verlängerung der Gültigkeitsdauer eines Ausweises ist dieser Antrag nicht erforderlich.

Haben Sie bereits früher einen Antrag nach dem Schwerbehindertenrecht gestellt?

☐ **Nein**
☐ **Ja, bei** **Geschäfts-/Aktenzeichen:**

2 Angaben zur Person, zu gesetzlichen Vertretern, Betreuern und Bevollmächtigten

Name der Antragstellerin/ des Antragstellers	**Vorname**	**Geburtsname**

Auszug aus dem Formular „Antrag auf einen Schwerbehindertenausweis"

geltend machen, unabhängig davon, ob er einen Pflegegrad hat. Als Nachweis reichen die Belege. Allerdings muss der Betroffene auch hier die individuelle Belastungsgrenze überschritten haben. Diese hängt von der Höhe der Einkünfte, dem Familienstand und der Zahl der Kinder ab.

Auch medizinisch bedingte Fahrtkosten, etwa die Kosten für Fahrten zum Arzt oder zur Apotheke, gelten als Krankheitskosten. Die Finanzämter erkennen sie allerdings nur an, wenn öffentliche Verkehrsmittel wie Busse oder Taxis genutzt wurden. Fahrten mit dem Pkw können nur abgerechnet werden, wenn es keine zumutbare öffentliche Verkehrsanbindung gibt oder besondere persönliche Verhältnisse die Nutzung eines Autos erforderlich machen. Das ist zum Beispiel der Fall, wenn Ihr Angehöriger stark gehbehindert ist. Dann darf er 30 Cent pro Entfernungskilometer absetzen.

Zahlen Sie für Ihren Angehörigen Medikamente, Therapien, Hilfsmittel und medizinisch notwendige Fahrtkosten, dürfen Sie diese Krankheitskosten als außergewöhnliche Belastungen geltend machen. Entstehen Ihnen zusätzliche Kosten, weil Sie zu Ihrem Angehörigen fahren, können Sie diese ebenfalls anführen. Voraussetzung ist, dass die Fahrten notwendig sind, um Ihren Angehörigen zu versorgen. Kosten für reine Besuchsfahrten werden nicht als außergewöhnliche Belastungen gewertet. Wichtig: Sie müssen alle Belege sammeln.

Haushaltsnahe Dienstleistungen

Beschäftigt Ihr Angehöriger eine Haushaltshilfe auf 450-Euro-Basis, kann er 20 Prozent der Kosten als haushaltsnahe Dienstleistung von der Steuer absetzen. Das gilt allerdings für maximal 510 Euro im Jahr. Engagiert er eine Firma mit Reinigungsdiensten, erhöht sich der jährliche Betrag auf bis zu 4.000 Euro. Diese Kosten zieht das Finanzamt direkt von der Steuerschuld ab. Der Höchstbetrag gilt für alle im Haushalt erbrachten Hilfeleistungen zusammen. Es ist also unerheblich, ob Ihr Angehöriger nur eine Haushaltshilfe beschäftigt oder zusätzlich einen Gärtner. Grundsätzlich lassen sich auch Pflege- und Betreuungsleistungen als haushaltsnahe Dienstleistungen absetzen, wenn diese nicht als außergewöhnliche Belastungen berücksichtigt werden. Das gilt zum Beispiel für die zumutbare Eigenbelastung.

GUT ZU WISSEN

Wer Grundlegendes zur Steuererklärung wissen möchte, wird im Ratgeber „Steuererklärung für Rentner und Pensionäre, 2018/2019“ fündig:
www.ratgeber-verbraucherzentrale.de

→ **TIPP Kosten für ausländische Pflegekräfte absetzen**

Falls Ihr Angehöriger von einer ausländischen Betreuungskraft versorgt wird und diese legal anstellt, kann er die Kosten als haushaltsnahe Dienstleistungen geltend machen: So lassen sich bis zu 4.000 Euro im Jahr von der Steuer absetzen.

Die Finanzämter erkennen Kosten für haushaltsnahe Dienstleistungen nur an, wenn eine Rechnung vorliegt und die Zahlung per Bankbeleg nachgewiesen werden kann. Außerdem müssen die Leistungen im Haushalt des Steuerzahlers erbracht werden. Das ist wichtig zu wissen. Zahlen Sie eine Haushaltshilfe, die in der Wohnung Ihres Angehörigen putzt, können Sie die Kosten nicht als haushaltsnahe Dienstleistungen anführen. Wohnt Ihr Angehöriger bei Ihnen und beschäftigen Sie dort eine Haushaltshilfe, werden die Kosten dagegen anerkannt.

Beauftragt Ihr Angehöriger einen **Handwerker**, werden 20 Prozent der Arbeitskosten, maximal aber 1.200 Euro, als Steuerbonus gewährt. Auch hier gilt: Der Rechnungsbetrag muss überwiesen werden. Barzahlungen erkennt das Finanzamt nicht an.

Haushaltsnahe Dienstleistungen (HhnDL) **& Handwerkerleistungen** (HWL), Beispiele

MASSNAHME	NICHT BEGÜNSTIGT	BEGÜNSTIGT ALS HHNDL	HWL
Ablesedienste und Abrechnung bei Verbrauchszählern (Strom, Gas, Wasser, Heizung usw.)	X		
Arbeiten an Dach, Bodenbelägen, Fassade, Garage, Innen-/Außenwänden, Zu-/Ableitungen			X
Austausch/Modernisierung Einbauküche, Bodenbeläge, Fenster, Treppen, Türen			X
Dachgeschossausbau			X
Elektroanlagen Wartung/Reparatur			X
Energiepass	X		
Erstellung oder Hilfe bei der Erstellung der Steuererklärung	X		
„Essen auf Rädern"	X		
Fahrstuhlkosten/Treppenlift Wartung/Reparatur			X
Friseur-, Hand-/Fußpflege-, Kosmetikleistungen		X**)	
Gartenpflegearbeiten (z. B. Rasen mähen, Hecken schneiden inkl. Grünschnittentsorgung als Nebenleistung) innerhalb des Haushalts		X	
Grabpflege	X		
Haushaltsauflösung	X		
Hausmeister, Hauswart		X	
Hausnotrufsystem		X***)	
Heizung: Garantiewartungsgebühren, Wartung, Reparatur, Austausch Zähler, Schornsteinfeger			X
Kleidungs-/Wäschepflege und -reinigung innerhalb des Haushalts		X	
TÜV-Kontrollmaßnahmen (z. B. Fahrstuhl, Treppenlift)			X
Legionellenprüfung			X
Makler	X		
Montageleistungen im Haushalt, z.B. beim Erwerb neuer Möbel			X
Rechtsberatung	X		
Reparatur, Wartung, Pflege von Fenstern, Türen, Maschinen, Geräten (Herd, TV, PC usw.), Schränken			X
Sperrmüllabfuhr	X		
Tierbetreuung/-pflegekosten innerhalb des Haushalts		X	
Umzugsdienstleistungen für Privatperson		X*)	X*)
Zubereitung von Mahlzeiten im Haushalt des Steuerpflichtigen		X	

*) Abgrenzung im Einzelfall.
**) nur soweit sie zu den Pflege- und Betreuungsleistungen gehören, wenn sie im Leistungskatalog der Pflegeversicherung aufgeführt sind und der Behindertenpauschbetrag nicht geltend gemacht wird.
***) Kosten innerhalb des sogenannten „Betreuten Wohnens" im Rahmen einer Seniorenwohneinrichtung.

Arbeiten und Pflegen

Pflegen und ein (Vollzeit)-Job lassen sich nur schwer vereinbaren. Wird ein naher Angehöriger pflegebedürftig, haben Sie verschiedene Möglichkeiten, für eine gewisse Zeit im Beruf kürzerzutreten oder ganz zu Hause zu bleiben. Das hilft, die Pflege zu organisieren, ist aber keine Dauerlösung.

Mit der **Kurzzeitigen Arbeitsverhinderung** können Sie sich einmalig für **zehn Tage** von der Arbeit freistellen lassen. Das verschafft Ihnen Raum, die wichtigsten Entscheidungen in die Wege zu leiten.

Die **Pflegezeit** ermöglicht Ihnen, für ein halbes Jahr ganz oder teilweise aus dem Job auszusteigen, mit der **Familienpflegezeit** können Sie bis zu zwei Jahre lang Ihre Arbeitszeit reduzieren. Weil in dieser Zeit das Einkommen niedriger ausfällt oder ganz ausbleibt, haben Sie die Möglichkeit, ein zinsloses Darlehen zu beantragen.

Zehn Tage frei für die Pflege

Die Kurzzeitige Arbeitsverhinderung steht allen Beschäftigten unabhängig von der Größe des Unternehmens und der Dauer der Betriebszugehörigkeit zu. Ein Anruf bei Ihrem Vorgesetzten genügt, sicherheitshalber sollten Sie ihn aber auch schriftlich informieren. Sie müssen dem Arbeitgeber lediglich mitteilen, dass ein naher Angehöriger pflegebedürftig und akut auf Hilfe angewiesen ist und Sie deshalb für zehn Tage nicht zur Arbeit kommen werden. Es ist nicht er-

GUT ZU WISSEN

Nahe Angehörige

Als nahe Angehörige im gesetzlichen Sinne gelten Ehe- und Lebenspartner, Partner in einer eheähnlichen Gemeinschaft, Eltern, Geschwister, Kinder, aber auch Stief-, Schwieger- und Großeltern, Adoptiv-, Pflege- und Enkelkinder sowie Schwägerinnen und Schwäger.

forderlich, dass die Pflegebedürftigkeit bereits von der Pflegekasse festgestellt wurde.

Die zehn Tage müssen nicht am Stück genommen werden. Sie können erstmal nur für drei oder vier Tage zu Hause bleiben und bei Bedarf verlängern. Vergessen Sie aber nicht, Ihren Arbeitgeber rechtzeitig über die Verlängerung zu informieren. Sie haben außerdem die Möglichkeit, die Freistellung über mehrere Wochen zu verteilen. Vielleicht benötigen Sie jetzt nur drei freie Tage, um das Wichtigste zu organisieren. Die restlichen sieben Tage nehmen Sie dann zwei Wochen später, wenn Ihr Angehöriger aus dem Krankenhaus entlassen wird. Es ist auch möglich, sich die Freistellung mit einem anderen Familienmitglied zu teilen. Zunächst bleibt der Sohn für fünf Tage zu Hause, anschließend die Tochter.

GUT ZU WISSEN

Was Arbeitnehmern zusteht

Während der Kurzzeitigen Arbeitsverhinderung besteht Kündigungsschutz. Arbeitnehmer haben außerdem Anspruch auf eine Entgeltersatzleistung, das Pflegeunterstützungeld. Es berechnet sich ähnlich wie das Kinderkrankengeld und beträgt zwischen 90 und 100 Prozent des Nettoarbeitsentgeltes. Sie müssen das Pflegeunterstützungsgeld bei der Pflegekasse Ihres Angehörigen beantragen. Viele Krankenkassen stellen entsprechende Formulare im Internet bereit (→ Seite 213).

Der Arbeitgeber kann Ihnen die Freistellung nicht verwehren. Er kann aber verlangen, dass Sie ihm die Pflegebedürftigkeit Ihres Angehörigen bescheinigen und nachweisen, dass die Arbeitsfreistellung notwendig ist. Es ist nicht erforderlich, dass bereits ein Pflegegrad anerkannt wurde. Bitten Sie den behandelnden Arzt, ein entsprechendes Attest auszustellen.

Beispiele für eine Freistellung

Variante 1: Zehn Tage am Stück

5. bis 9. und 12. bis 16. des Monats

MONTAG	DIENSTAG	MITTWOCH	DONNERSTAG	FREITAG	SAMSTAG	SONNTAG
			1	2	3	4
5	6	7	8	9	10	11
12	13	14	15	16	17	18
19	20	21	22	23	24	25
26	27	28	29	30	31	

Variante 2: Mehrere Angehörige teilen sich die Zeit

Angehöriger A = hellblau (5. bis 9. des Monats)
Angehöriger B = türkis (19. bis 23. des Monats)

MONTAG	DIENSTAG	MITTWOCH	DONNERSTAG	FREITAG	SAMSTAG	SONNTAG
			1	2	3	4
5	6	7	8	9	10	11
12	13	14	15	16	17	18
19	20	21	22	23	24	25
26	27	28	29	30	31	

Pflegezeit: Ein halbes Jahr im Job kürzer treten

Häufig reichen zehn Tage nicht aus, um die Versorgung eines Angehörigen sicherzustellen. Wenn Sie mehr Zeit benötigen, haben Sie die Möglichkeit, **Pflegezeit** zu nehmen und bis zu **sechs Monate lang** ganz oder teilweise aus dem Job auszusteigen. Die Pflegezeit steht allen Beschäftigten in Unternehmen mit mehr als 15 Mitarbeitern zu. Eine weitere Voraussetzung ist, dass Ihr Angehöriger mindestens Pflegegrad 1 hat und zu Hause versorgt wird.

Falls Sie eine Pflegezeit planen, sollte Ihr Angehöriger schon im Antrag auf Pflegeleistungen darauf hinweisen (→ Seite 42 ff.). Er hat dann Anspruch auf eine schnellere Begutachtung. Das ist wichtig, weil Sie Ihrem Arbeitgeber eine Bescheinigung über den Pflegegrad vorlegen müssen.

Die Pflegezeit muss spätestens zehn Tage vor Beginn schriftlich beantragt werden. Der Arbeitgeber hat ein Recht zu erfahren, wie lange Sie wegbleiben werden. Denkbar ist zum Beispiel, dass Sie sich nur für vier Monate freistellen lassen. Möchten Sie die Pflegezeit anschließend verlängern, müssen Sie aber in der Regel Ihren Arbeitgeber um Zustimmung bitten. Hat er die Pflegezeit bewilligt, kann er sie nicht von sich aus verkürzen. Sie endet vorzeitig, wenn der Pflegebedürftige verstirbt, in ein Pflegeheim zieht oder die häusliche Pflege aus anderen Gründen unmöglich wird. Eine solche Veränderung müssen Sie Ihrem Arbeitgeber unverzüglich melden. Falls Sie während der Pflegezeit Teilzeit arbeiten möchten, müssen Sie mit Ihrem Chef die Stundenzahl und die Verteilung der Arbeitszeit aushandeln und diese Vereinbarung schriftlich festhalten. Der Arbeitgeber darf die Teilzeitarbeit nur aus dringenden betrieblichen Gründen ablehnen.

Während der Pflegezeit besteht Kündigungsschutz, aber kein Anspruch auf Gehaltsfortzahlung. Um die finanziellen Einbußen auszugleichen, können Sie beim Bundesamt für Familie und zivilgesellschaftliche Aufgaben (BAFzA) ein zinsloses Darlehen beantragen. Dieses Darlehen gleicht bis zur Hälfte des entgangenen Nettogehalts aus und wird in monatlichen Raten gezahlt. Bei einer vollständigen Freistellung ist es auf den Betrag begrenzt, der bei einer durchschnittlichen Arbeitszeit von 15 Stunden pro Woche gezahlt würde. Einfacher ausgedrückt: Ob Sie 15 Stunden arbeiten oder gar nicht – der Darlehensbetrag bleibt derselbe. Das Darlehen muss nach Ende der Pflegezeit, spätestens innerhalb von 48 Monaten, zurückgezahlt werden. Wie hoch das Darlehen in Ihrem Fall ungefähr ausfällt, können Sie anhand des Familienpflegezeit-Rechners des BAFzA ermitteln: www.bafza.de, Stichwort „Aufgaben" – „Familienpflegezeit" – „Familienpflegezeit-Rechner".

→ **TIPP Darlehen nicht an Pflegezeit geknüpft**
Sie können das **Darlehen** auch dann beantragen, wenn Sie aufgrund einer freiwilligen Vereinbarung mit Ihrem Arbeitgeber Pflegezeit oder Familienpflegezeit nehmen.

Während der Pflegezeit bleiben Sie in der Kranken- und Pflegeversicherung familienversichert. Haben Sie keine Familienversicherung, müssen Sie sich freiwillig in der Kranken- und Pflegeversicherung weiterversichern und dafür in der Regel den Mindestbeitrag zahlen. Auf Antrag erstattet die Pflegekasse Ihres Angehörigen diesen Mindestbeitrag. Nutzen Sie diese Möglichkeit.

Falls Sie ein **pflegebedürftiges Kind** oder einen **Angehörigen in der letzten Lebensphase** versorgen, gelten Sonderregeln. Benötigt Ihr Kind Pflege, dürfen Sie sich auch dann von der Arbeit freistellen lassen, wenn es ganz oder teilweise in einer Einrichtung betreut wird. Versorgen Sie einen sterbenden Angehörigen, ist es unerheblich, ob er einen Pflegegrad hat. Sie dürfen in jedem Fall bis zu **drei Monate Pflegezeit** nehmen. Es genügt eine ärztliche Bescheinigung. Außerdem spielt es keine Rolle, ob Ihr Angehöriger zu Hause oder einem Hospiz betreut wird.

Familienpflegezeit: Zwei Jahre Teilzeit arbeiten

Häufig stellen Pflegende fest, dass Sie neben der Versorgung eines Angehörigen nicht Vollzeit arbeiten können. Eine vorübergehende Lösung ist die **Familienpflegezeit**. Denn sie ermöglicht, bis zu **24 Monate lang** Teilzeit zu arbeiten, mindestens aber 15 Stunden pro Woche. Allerdings haben nur Beschäftigte in Unternehmen mit mehr als 25 Beschäftigten einen Rechtsanspruch auf Familienpflegezeit. Alle anderen sind auf das Entgegenkommen ihres Arbeitgebers angewiesen.

Die Familienpflegezeit setzt voraus, dass Sie einen nahen Angehörigen mit mindestens Pflegegrad 1 versorgen. Der Arbeitgeber benötigt einen entsprechenden Nachweis der Pflegekasse. Auch hier gilt: Ihr Angehöriger sollte schon beim Antrag auf Pflegeleistungen darauf hinweisen, dass Sie Familienpflegezeit nehmen möchten. So hat er Anspruch auf eine schnellere Bearbeitung.

Sie müssen die Familienpflegezeit mindestens acht Wochen vor Beginn schriftlich ankündigen und dem Arbeitgeber Dauer und Umfang der Arbeitszeit mitteilen. Befinden Sie sich in Pflegezeit und soll die Familienpflegezeit anschließen, verlängert sich die Frist auf zwölf Wochen. Während der Familienpflegezeit besteht Kündigungsschutz.

Sie können zwei Jahre Familienpflegezeit nehmen oder einen kürzeren Zeitraum wählen. Außerdem haben Sie die Möglichkeit, Pflegezeit und Familienpflegezeit zu kombinieren. Doch auch dann gilt die Höchstdauer von 24 Monaten. Die Familienpflegezeit endet vorzeitig, wenn sich die Pflegesituation verändert und Ihr Angehöriger zum Beispiel

Diese Möglichkeiten haben Sie, aus dem Job auszusteigen

VORAUSSETZUNG/ ART DER AUSZEIT	PFLEGEGRAD	HÄUSLICHE PFLEGE	UNTERNEHMENSGRÖSSE	
Kurzzeitige Arbeitsverhinderung	Nicht erforderlich, akute Pflegesituation reicht	Nicht erforderlich	Egal	
Pflegezeit	Mindestens 1	Erforderlich	Mehr als 15 Beschäftigte	
Familienpflegezeit	Mindestens 1	Erforderlich	Mehr als 25 Beschäftigte	
Begleitung todkranker Angehöriger	Nicht erforderlich, ärztliche Bescheinigung genügt	Nicht erforderlich	Mehr als 15 Beschäftigte	
Pflege minderjähriger Angehöriger	Mindestens 1	Nicht erforderlich	Mehr als 15 Beschäftigte	
Teilzeit	Nicht erforderlich	Nicht erforderlich	Mehr als 15 Beschäftigte	

in ein Pflegeheim zieht. Über solche Veränderungen müssen Sie Ihren Arbeitgeber umgehend informieren. Auch während der Familienpflegezeit steht Ihnen das zinslose Darlehen des Bundesamtes für Familie und zivilgesellschaftliche Aufgaben (→ Seite 84 ff.) zu. Es gelten dieselben Regeln wie bei der Pflegezeit.

MINDESTARBEITSZEIT	ANKÜNDIGUNGSFRIST	DAUER MAXIMAL	FINANZIELLE UNTERSTÜTZUNG
Vollständige Freistellung	Kurzfristig möglich, Anruf beim Arbeitgeber genügt	10 Tage pro Pflegebedürftigem	Pflegeunterstützungsgeld der Pflegekasse (auf Antrag)
Vollständige oder teilweise Freistellung möglich	Spätestens 10 Tage vor Beginn der Pflegezeit	6 Monate	Zinsloses Darlehen
Mindestens 15 Stunden pro Woche, gerechnet auf ein Jahr	Spätestens 8 Wochen vorher, bei direktem Anschluss an Pflegezeit spätestens 12 Wochen vorher	24 Monate Teilzeitarbeit, in Kombination mit Pflegezeit 18 Monate	Zinsloses Darlehen
Vollständige oder teilweise Freistellung möglich	Spätestens 10 Tage vor Beginn der Auszeit	3 Monate	Zinsloses Darlehen
Vollständige oder teilweise Freistellung möglich	Spätestens 10 Tage vor Beginn der Pflegezeit	6 Monate	Zinsloses Darlehen
Individuell	3 Monate	Unbegrenzt. Bei befristeter Teilzeit maximal 5 Jahre	Keine

Teilzeitarbeit: Dauerhaft die Arbeit reduzieren

Wenn Sie einen Angehörigen über längere Zeit pflegen, haben Sie die Möglichkeit, die Arbeitszeit dauerhaft zu reduzieren und in Teilzeit zu arbeiten. Ein gesetzlicher Anspruch auf **Teilzeitarbeit** besteht, wenn Sie in einer Firma mit mehr als 15 Beschäftigten arbeiten und seit mindestens sechs Monaten dort angestellt sind. Der Wunsch, in Teilzeit zu wechseln, muss dem Arbeitgeber spätestens drei Monate vor dem gewünschten Termin mitgeteilt werden. Das sollten Sie schriftlich tun, um etwas in der Hand zu haben. Der Arbeitgeber kann dann bis einen Monat vor dem Wunschtermin schriftlich widersprechen. Die Ablehnung ist aus betrieblichen Gründen möglich, etwa, weil sich kein Ersatz für die fehlenden Zeiten findet oder die Teilzeit zu hohe Kosten verursachen würde. Verweigert der Arbeitgeber die Teilzeit zu Unrecht, bleibt der Gang vors Arbeitsgericht. Äußert sich der Arbeitgeber nicht innerhalb der Frist, gilt die Teilzeit als genehmigt.

Auf wie viele Stunden Sie die Arbeit reduzieren, ist Ihre Entscheidung. Verringern Sie nur gering, etwa auf 80 Prozent, besteht die Gefahr, dass Sie genauso viel arbeiten wie zuvor, aber weniger Gehalt bekommen. Ein Wechsel auf 50 Prozent wiederum geht mit deutlichen Gehaltseinbußen einher.

→ TIPP **Wie viel Gehalt übrig bleibt**
Der Teilzeitrechner des Bundesarbeitsministeriums hilft einzuschätzen, wie sich eine Teilzeitarbeit auf das Gehalt auswirkt: Internet: www.bmas.de, Stichwort „Arbeitsrecht" – „Teilzeit" – „Teilzeitrechner".

Über die Verteilung der Arbeitszeit sollen sich Arbeitgeber und Arbeitnehmer einigen. Es empfiehlt sich, dem Chef schon beim Antrag auf Teilzeit einen Vorschlag zu unterbreiten. Wer von 40 auf 20 Stunden reduziert, hat nicht automatisch eine Dreitagewoche. Der Arbeitgeber muss einer solchen Stundenaufteilung zustimmen und kann zum Beispiel einwenden, dass während Zeiten mit Kundenkontakt das Büro besetzt sein muss.

Das Problem an Teilzeit ist, dass es keinen generellen Rechtsanspruch auf die Rückkehr in eine Vollzeitstelle gibt. Zum 1.1.2019 wurde aber eine befristete Teilzeit eingeführt (**Brückenteilzeit**). Wer mindestens ein und höchstens fünf Jahre Teilzeit arbeiten möchte, hat anschließend das Recht, wieder auf seine Vollzeitstelle zu wechseln. Dieser Rechtsanspruch gilt aber nur für Unternehmen mit mehr als 45 Beschäftigten. Bei Betrieben zwischen 46 und 200 Mitarbeitern kann einer von 15 Mitarbeitern die befristete Teilzeit in Anspruch nehmen. In Betrieben mit mehr als 200 Mitarbeitern hat jeder Anspruch.

Nach Alternativen fragen

Viele größere Unternehmen bieten flexible Arbeitszeitmodelle, manche haben spezielle Programme zur Vereinbarkeit von Pflege und Beruf. Erkundigen Sie sich bei der Personalabteilung oder beim Betriebsrat, welche Möglichkeiten es gibt, vorübergehend weniger zu arbeiten. Falls Sie in einem tarifgebundenen Unternehmen arbeiten, lohnt ein Blick in den Tarifvertrag. Außerdem sollten Sie mit Ihrem Vorgesetzten sprechen. Vielleicht findet sich eine individuelle Lösung.

→ **TIPP Über die Pflege reden**

Scheuen Sie sich nicht, Ihren engsten Kollegen von der Doppelbelastung zu erzählen. Für die Betreuung von Kindern gibt es häufig viel Verständnis. Das setzt sich langsam auch für die Anerkennung von Pflegetätigkeiten durch.

Unterstützung bei der Pflege

Einen anderen Menschen zu pflegen heißt nicht, alle Aufgaben alleine schultern zu müssen. Je früher Sie Unterstützung organisieren, desto eher können Sie sich Freiräume schaffen. Diese Auszeiten sind wichtig, um Kraft zu tanken und auch in Zukunft gut pflegen zu können. Wenn Sie auf der Strecke bleiben, hat niemand etwas davon.

Hilfe zu holen, ist nicht immer einfach. Vielleicht möchte Ihr Angehöriger keine fremden Menschen im Haus haben. Manche Pflegebedürftige sagen das offen. Andere üben subtilen Druck aus, indem sie immer wieder betonen, dass niemand so gut pflegen kann wie Sie. Dann fällt es besonders schwer, Hilfe durch Dritte zu organisieren. Sagen Sie Ihrem Angehörigen klar, dass Sie Unterstützung brauchen, um für ihn da sein zu können. Schließlich ist ihm nicht geholfen, wenn Sie krank werden und dauerhaft als Pflegende ausfallen.

DIE ZAHL

Jeder

5.

Pflegende leistet die Pflege ganz alleine.

Manchmal stellen sich auch andere Angehörige quer. Hilfe von außen ist ihnen zu teuer, oder sie finden es schlicht unnötig, dass jemand Fremdes ins Haus kommt. Sind diese Angehörigen alternativ bereit, in relevantem Umfang bei der Pflege zu helfen und regelmäßig einzuspringen, wenn Sie anderes zu erledigen haben? Falls nicht, sollten Sie auf Unterstützung von außen bestehen. Als Hauptpflegeperson haben Sie das Recht zu entscheiden, ob und wobei Sie Hilfe brauchen.

Vielleicht sind Sie aber auch selbst davon überzeugt, dass die Pflege Ihre alleinige Aufgabe ist. Oder Sie haben den Eindruck, dass sich ein Außenstehender nicht so gut kümmert wie Sie. Manchen Menschen fällt es schwer, Unterstützung zu holen, weil sie glauben, dann als Pflegende versagt zu haben. Und wieder andere wissen nicht, welche Hilfsangebote es gibt, oder sie denken, dass das Geld nicht reicht.

Sich Unterstützung zu holen, ist keine Schande. Es sagt nichts darüber aus, wie gut Sie für Ihren Angehörigen sorgen.

Wenn Sie die Pflege alleine übernehmen möchten, können Sie trotzdem für Entlastung sorgen und zum Beispiel eine **Haushaltshilfe engagieren**, die putzt oder kocht. So haben Sie mehr Zeit für Ihren Angehörigen.

Oft hilft es schon, wenn ab und zu jemand vorbeikommt, der Ihrem Angehörigen Gesellschaft leistet.

Sie können in dieser gewonnenen Zeit in Ruhe einkaufen oder selbst zum Arzt gehen. Fragen Sie Nachbarn oder Freunde, ob sie ab und zu einspringen können. Solche **Besuchsdienste** werden auch von Kirchengemeinden, Nachbarschaftszentren oder Freiwilligeninitiativen angeboten.

Wenn Sie einen schwer pflegebedürftigen Menschen versorgen, werden Sie kaum darum herumkommen, einen **professionellen Pflegedienst** zu engagieren. Auch hier gilt: Hilfe holen ist keine Schwäche, sondern vernünftig. Die Profis können Ihnen wichtige Tipps geben. Und wenn Sie Entlastung bei den alltäglichen Arbeiten bekommen, haben Sie mehr Zeit, sich mit Ihrem Angehörigen zu unterhalten, mit ihm ein paar Schritte zu gehen oder einfach bei ihm zu sitzen. Das ist genauso wichtig wie die praktische Pflege.

Als Pflegender haben Sie Anspruch auf Urlaub und freie Tage. Sie können krank werden oder aus anderen Gründen ausfallen. Vielleicht haben Sie an bestimmten Wochentagen keine Zeit oder sind berufstätig und

Wer macht was – die verschiedenen Unterstützungsangebote

„Ich versorge meinen Vater mehr oder weniger alleine. Meine Stiefmutter lehnt jegliche Hilfe ab. Ich hatte eine nette Frau, die mit meinem Vater spazieren gegangen wäre. Meine Stiefmutter hat sie hinter meinem Rücken einfach abbestellt. Trotzdem denke ich heute: Ich hätte meine Stiefmutter überstimmen und mir früher Hilfe holen müssen."

Heike S.

„Es wäre gut gewesen, wenn ich mir früher Hilfe geholt hätte. Aber manchmal ist man einfach zu stolz."

Cäcilia K.

können sich deshalb tagsüber nicht um die Pflege Ihres Angehörigen kümmern. Die Pflegeversicherung stellt mit der **Kurzzeitpflege**, der **Verhinderungspflege** und der **Tages- und Nachtpflege** verschiedene Leistungen bereit, um die Versorgung Ihres Angehörigen trotzdem sicherzustellen. Nutzen Sie diese Möglichkeiten. Sie können eine große Entlastung sein.

Welche Pflege kann sich Ihr Angehöriger leisten?

Pflege hat immer auch mit Geld zu tun. Denn davon hängt ab, wie viel Hilfe eingekauft werden kann. Die Pflegeversicherung ist eine Teilkasko-Versicherung. Selbst wenn Ihr Angehöriger Leistungen bekommt, decken diese nur einen Teil der anfallenden Kosten. Es ist daher wichtig zu wissen, wie viel Geld darüber hinaus für die Pflege zur Verfügung steht. Wie hoch ist die Rente Ihres Angehörigen? Verfügt er über zusätzliche Einnahmen oder Vermögen, das eingesetzt werden kann? Gibt es Versicherungen, die Pflegekosten übernehmen? Bei einer Pflegetagegeldversicherung erhält er im Pflegefall ein Tagegeld in vorher vereinbarter Höhe, das frei verwendet werden kann. Eine private Pflegekostenversicherung übernimmt bis zu einer bestimmten Höhe entstandene Pflegekosten. Eine Pflegerentenversicherung zahlt bei Pflegebedürftigkeit eine monatliche Rente. Fragen Sie Ihren Angehörigen, ob er eine solche Versicherung abgeschlossen hat. Falls ja, setzen Sie sich am besten umgehend mit dem Unternehmen in Verbindung, um über die Zahlungsmodalitäten zu sprechen.

Genauso wichtig wie der monatliche Geldeingang sind die Ausgaben. Welche Kosten fallen schon jetzt jeden Monat an? Muss Ihr Angehöriger Kredite bedienen? Hat er Mietkosten oder wohnt er im Eigenheim? Gibt es Ausgaben, die sich reduzieren lassen, etwa Versicherungen, die nicht mehr benötigt werden? Schreiben Sie am besten alle regelmäßig anfallenden Kosten auf. So bekommen Sie einen Überblick über das zur Verfügung stehende Geld. Falls der Betrag knapp ausfällt, sollten Sie in der Familie besprechen, wer etwas zuschießen kann. Möglicher-

> „Man darf sein Leben nicht völlig auf die Pflege ausrichten, das ist gefährlich. Ich habe das erst gemacht und hatte innerhalb von drei Wochen zwei Autounfälle, weil ich so unter Anspannung stand. Als pflegender Angehöriger muss man Grenzen setzen. Das ist schwierig, ich musste das auch erst lernen."
>
> **Uta S.**

weise kann ein Bruder aus beruflichen Gründen nicht bei der Pflege helfen, dafür aber eine Haushaltshilfe bezahlen, die regelmäßig putzt. Auch das ist eine Entlastung. Hat der Pflegebedürftige kein Vermögen und nur ein geringes Einkommen, springt außerdem das Sozialamt ein und zahlt „Hilfe zur Pflege" (→ Seite 73). Über Geld zu sprechen, fällt nicht leicht. Es ist aber wichtig, frühzeitig Klarheit zu haben, um die Pflege organisieren zu können.

Ambulante Pflegedienste: Pflege von Profis

Ambulante Pflegedienste sind die richtigen Ansprechpartner, wenn Sie Hilfe bei klassischen Pflegetätigkeiten brauchen. Die Profis übernehmen zum Beispiel das Waschen und unterstützen beim An- und Auskleiden. Sie kümmern sich bei Bedarf auch um die Behandlungspflege, geben Spritzen, verabreichen Medikamente und versorgen Wunden. Außerdem helfen sie bei der Haushaltsführung: Betten frisch beziehen, die Wohnung putzen, einkaufen. Und sie können häufig auch Betreuungsleistungen anbieten, etwa mit dem Pflegebedürftigen spazieren gehen oder ihm vorlesen.

Es gibt private Firmen und Angebote der Wohlfahrtsverbände. Voraussetzung für die Zulassung ist eine ausgebildete Pflegefachkraft. Das kann eine Krankenschwester, ein Krankenpfleger, eine Kinderkrankenschwester oder ein staatlich anerkannter Altenpfleger sein. Neben dieser hauptverantwortlichen Person arbeiten bei Pflegediensten auch Hauswirtschaftshelferinnen, Familienpflegehelfer, Pflegekräfte und Pflegehilfskräfte. Sie kommen zum Pflegebedürftigen nach Hause, versorgen ihn oder kümmern sich um den Haushalt.

Den Hilfebedarf ermitteln

Das hört sich einfacher an als es ist. Denn oft weiß man schon abends nicht mehr, was man tagsüber geleistet hat: Einkaufen, Essen zubereiten, Tisch decken, Haare kämmen, die Bluse zuknöpfen, Schuhe binden, spazieren gehen, die Wasserflasche, das Radio, das Buch holen, wegräumen, zuhören, saubermachen usw. Es kann helfen, ein paar Tage lang alles aufzuschreiben, was man für den anderen tut. Erstaunlich, wie lang solche Listen werden. Überlegen Sie anschließend, welche Aufgaben täglich anfallen, was wöchentlich erledigt werden muss und welche Tätigkeiten in unregelmäßigen Abständen dazukommen: Arztbesuche, Kleidung kaufen, Behör-

dengänge, Termine mit Physiotherapeuten. Damit haben Sie eine ganz gute Übersicht.

Überlegen Sie dann, welche Arbeiten Ihnen schwerfallen. Was schieben Sie immer vor sich her? Was strengt Sie besonders an? Wofür brauchen Sie lange? Vielleicht gibt es Tätigkeiten, vor denen Sie sich ekeln. Oder Aufgaben, bei denen Sie Angst vor Fehlern haben. Schreiben Sie alles auf. So sehen Sie auf einen Blick, in welchen Bereichen Ihnen Unterstützung besonders helfen würde. Welche anderen Familienmitglieder könnten bestimmte Aufgaben übernehmen? Vielleicht ist es für Ihre Tochter kein Problem, nach der Arbeit die Einkäufe zu erledigen und vorbeizubringen. Sie selbst müssen dafür aber mühsam Zeit freiräumen. Vielleicht kann sich der Sohn um notwendige Rezepte beim Arzt kümmern und jeden zweiten Samstag die Pflege übernehmen, damit Sie einen Tag frei haben.

Prüfen Sie schließlich, welche Aufgaben von professionellen oder ehrenamtlichen Helfern übernommen werden könnten. Wie oft in der Woche bräuchten Sie bei welchen Tätigkeiten Unterstützung?

Sprechen Sie mit Ihrem Angehörigen in einer ruhigen Minute darüber, ob er sich vorstellen kann, Hilfe von außen anzunehmen. Denn häufig glaubt man nur, dass der andere etwas nicht möchte. Möglicherweise ist es ihm sogar lieber, von einem professionellen Pfleger versorgt zu werden. So wahrt er Ihnen gegenüber ein Stück Privatsphäre. Genauso gut ist es möglich, dass er nur von Ihnen gepflegt werden möchte, aber kein Problem damit hat, wenn Dritte einkaufen oder kochen. Das Gespräch hilft Ihnen einzuschätzen, welche Dienstleistungen zu Ihnen und Ihrem Angehörigen passen könnten.

Das kostet professionelle Pflege

Pflegedienste rechnen nach festen Sätzen ab, die jeder Pflegedienst für sich (oder vertreten durch einen Verband) mit den Pflegekassen und den Sozialhilfeträgern aushandelt. Das heißt: Der Pflegedienst darf für die Körperpflege, Aufgaben im Haushalt und andere Hilfen im Alltag nur die vereinbarte Vergütung berechnen. Diese Preise unterscheiden sich zwischen den Anbietern. Außerdem dürfen die Pflegedienste ihre Investitionskosten – das sind zum Beispiel die Ausgaben für Miete oder Dienstautos – selbst kalkulieren und auf die Kunden umlegen, wenn das vorher vertraglich vereinbart wurde. Es lohnt, sich genau zu überlegen, bei welchen Tätigkeiten Hilfe eingekauft wird und sich einen Kostenvoranschlag geben zu lassen.

GUT ZU WISSEN

Hilfe bei Investitionskosten

Falls Ihr Angehöriger die Investitionskosten nicht tragen kann, hat er die Möglichkeit, sich an das Sozialamt zu wenden und sie dort geltend zu machen.

ACHTUNG

Auf Zulassung achten

Nicht jeder Pflegedienst darf Behandlungspflege anbieten. Manche Pflegedienste sind nur von den Pflegekassen, nicht aber von den Krankenkassen zugelassen. Fragen Sie sicherheitshalber nach, wenn Sie einen Pflegedienst für die Behandlungs- und die Grundpflege engagieren möchten.

Je nach Art der Pflege sind unterschiedliche Leistungsträger zuständig. Die **Krankenkasse** bezahlt eine häusliche Krankenpflege, die Behandlungspflege, eine Grundpflege und eine Haushaltshilfe, wenn diese vom Arzt verschrieben wurden und notwendig sind (→ Seite 64). Der Pflegedienst rechnet diese Leistungen dann direkt mit der Krankenkasse Ihres Angehörigen ab.

Die **Pflegekasse** beteiligt sich an den Kosten für die Grundpflege, Hilfe bei der Haus-

ENTLASTUNGSBETRAG	PFLEGESACHLEISTUNGEN
→ ab Pflegegrad 1	→ ab Pflegegrad 2
→ Höhe auf 125 Euro im Monat begrenzt	→ Höhe richtet sich nach Pflegegrad
→ Erstattungsprinzip: der Pflegebedürftige tritt in Vorkasse und reicht Rechnung bei der Pflegekasse ein → Abtretungserklärung: Pflegedienst rechnet direkt mit der Kasse ab	→ Pflegedienst rechnet direkt mit der Kasse ab.
Kann beim Pflegedienst eingesetzt werden für → Hilfe bei der Haushaltsführung → Betreuungsangebote wie Spaziergänge → Pflegegrad 1: auch für Leistungen zur Selbstversorgung	Können beim Pflegedienst eingesetzt werden für → Grundpflege → Hilfe bei der Haushaltsführung → Betreuungsleistungen

haltsführung, pflegerische Betreuungsleistungen wie die Begleitung zum Friedhof und die Beratung zu pflegerischen Fragen. Dafür kommen zwei Leistungen infrage: Die **Pflegesachleistungen** und der **Entlastungsbetrag** von 125 Euro im Monat.

Entlastungsbetrag

Der Entlastungsbetrag steht allen Menschen ab Pflegegrad 1 zu. Hier gilt das Erstattungsprinzip: Ihr Angehöriger bezahlt die Rechnung und reicht sie anschließend bei der Pflegekasse ein. Pflegedienste bieten häufig an, direkt mit der Kasse abzurechnen. Dafür muss Ihr Angehöriger eine Abtretungserklärung unterzeichnen. Lassen Sie sich im Fall einer Abtretungserklärung einen monatlichen Auszug über die abgerechneten Leistungen geben. So behalten Sie den Überblick über Ihr „Guthaben" bei der Pflegekasse.

GUT ZU WISSEN

Teure Betreuungsangebote

Ein Marktcheck der Verbraucherzentralen hat gezeigt, dass sich Pflegedienste Betreuungsangebote und Hilfen im Haushalt, die über den Entlastungsbetrag finanziert werden, zum Teil teuer bezahlen lassen. Lassen Sie sich unbedingt die Stundensätze geben und erklären, in welchen Zeitabschnitten abgerechnet wird. Gibt der Pflegedienst keine Stundensätze an, sollte er zumindest darlegen, wie viele Wochenstunden vom Entlastungsbetrag (125 Euro) eingekauft werden können. Andere anerkannte „Angebote zur Unterstützung im Alltag" sind häufig deutlich preiswerter. Welche Anbieter in Frage kommen, kann die Pflegekasse sagen. Sie muss entsprechende Listen bereithalten. Oder fragen Sie im Pflegestützpunkt nach.

Pflegesachleistung

Die Pflegedienste rechnet „Leistungskomplexe" oder „Module" ab. Darin werden verschiedene Tätigkeiten zu einem Paket zusammengefasst. Der Leistungskomplex „Ganzwaschung" umfasst zum Beispiel neben dem Waschen, Duschen oder Baden auch die Haar- und Nagelpflege, die Mund- und Zahnpflege und die Rasur. Normalerweise muss Ihr Angehöriger das komplette Paket kaufen, selbst wenn er einzelne Tätigkeiten nicht benötigt. Eine Frau kann also nicht die Rasur abwählen oder gegen eine andere Leistung tauschen. Die Leistungskomplexe oder Module sind fest definiert. Der Pflegedienst kann die Bestandteile nicht eigenmächtig gegen andere tauschen. Genauso wenig darf er den Preis selbst bestimmen. Er ist das Ergebnis von Verhandlungen zwischen den Pflegedienstverbänden und den Pflegekassen. Sie einigen sich darauf, wie viel eine bestimme Leistung kosten darf.

DIE ZAHL

22,85 Euro kann ein Pflegedienst in Nordrhein-Westfalen für die Ganzwaschung in Rechnung stellen.

(Stand 2018)

Theoretisch sollte das den Preisvergleich erleichtern. Allerdings gibt es zwischen den Bundesländern und innerhalb der Länder unterschiedliche Abrechnungsmethoden. Außerdem treten verschiedene Anbieterverbände mit den Krankenkassen in Verhandlung. Je nach Geschick können sie höhere oder niedrigere Preise vereinbaren. So kommt es vor, dass zwei Pflegedienste in einer Stadt für das gleiche Leistungspaket unterschiedliche Kosten veranschlagen. Es lohnt sich immer, Preise zu vergleichen. Lassen Sie sich vom Pflegedienst erklären, welche Tätigkeiten in die verschiedenen Leistungskomplexe fallen. Falls Sie nur bei einer Tätigkeit aus einem Komplex Unterstützung brauchen, sollten Sie klären, ob Ihnen ein anderes Familienmitglied zur Hand gehen kann. Ist das möglich, können Sie auf diesen Leistungskomplex verzichten und für das Geld andere Hilfeleistungen einkaufen.

Bei der Abrechnung über Leistungskomplexe spielt die tatsächlich benötigte Zeit für die Pflege keine Rolle. Der Pflegedienst bekommt immer dasselbe Geld, unabhängig davon, ob zum Beispiel das Duschen eines Pflegebedürftigen viel oder wenig Zeit in Anspruch nimmt.

Einen guten Pflegedienst finden

Erste Anlaufstelle ist die Pflegekasse. Sie muss Ihrem Angehörigen Listen mit Pflegediensten in seiner Nähe auszuhändigen. Viele Pflegekassen haben Datenbanken im Internet eingerichtet, über die sich Pflegedienste suchen lassen.

→ **TIPP Pflegedienste am Ort finden**
Die AOK bietet einen Pflegenavigator an: www.aok-pflegenavigator.de; der vdek – Verband der Ersatzkassen hat einen Pflegelotsen: www.pflegelotse.de; die Knappschaft stellt einen Pflegekompass zur Verfügung: www.der-pflegekompass.de; bei den Betriebskrankenkassen gibt es einen PflegeFinder: www.bkk-pflegefinder.de. Die Inhalte der Datenbanken sind weitgehend identisch. Entscheiden Sie selbst, womit Sie am besten zurechtkommen.

Es lohnt sich, einen Pflegestützpunkt einzuschalten. Die Mitarbeiter wissen in der Regel, welche Dienste sich auf spezielle Krankheiten wie Krebs, Demenz oder auf die Versorgung sterbender Menschen spezialisiert haben. Natürlich haben Sie auch die Möglichkeit, im Telefonbuch nach Pflegediensten am Ort zu suchen.

Kommen mehrere Pflegedienste infrage, vereinbaren Sie am besten ein kostenloses und unverbindliches Beratungsgespräch mit der jeweiligen Pflegedienstleitung. Schreiben Sie sich vorher auf, in welchen Bereichen Sie Unterstützung benötigen. Das erleichtert Ihnen die Auswahl der Leistungskomplexe und den Preisvergleich zwischen verschiedenen Anbietern. Notieren Sie sich außerdem Ihre Fragen.

Natürlich sollten Sie auch alle Fragen klären, die Ihre individuelle Situation betreffen. Benötigt Ihr Angehöriger zum Beispiel eine spezielle Behandlung, ist es wichtig, dass der Pflegedienst entsprechend geschultes Personal beschäftigt. Machen Sie sich während des Gesprächs Notizen, damit Sie die verschiedenen Pflegedienste später besser vergleichen können. Bitten Sie den Pflegedienst, Ihnen schriftliche Informationen mitzugeben, die Sie zu Hause in Ruhe durchlesen können.

GUT ZU WISSEN

Preise gelten

Falls Ihrem Angehörigen kein Pflegegrad zuerkannt wurde, ändert das nichts an den Preisen. Die Pflegedienste dürfen nur die Sätze abrechnen, die sie mit den Pflegekassen ausgehandelt haben.

CHECKLISTE

Fragen an den Pflegedienst

Wer sich besser auf das Gespräch vorbereitet, bekommt eher befriedigende Antworten:

- [ ] Welche Ausbildung haben die Mitarbeiter? Gute Pflege hängt vor allem von der Qualifikation der Pflegekräfte ab. Das Team sollte sich aus Gesundheits-, Kranken- und Altenpflegern zusammensetzen. Sie haben eine mindestens dreijährige Ausbildung absolviert. Pflegehelfer haben häufig nur eine einjährige Ausbildung. Fragen Sie nach, welche Aufgaben diese übernehmen.
- [ ] Ist gewährleistet, dass bei Ausfall einer Pflegekraft eine Vertretung mit vergleichbarer Qualifikation die Pflege übernimmt?
- [ ] Geht der Pflegedienst auf individuelle Wünsche ein? Kann die Pflegekraft gewechselt werden, falls Ihr Angehöriger nicht mit ihr klarkommt?
- [ ] Wie viele Pflegekräfte werden sich voraussichtlich um Ihren Angehörigen kümmern? Pflege hat viel mit Vertrauen zu tun. Damit sich Ihr Angehöriger nicht ständig an neue Gesichter gewöhnen muss, sollte er innerhalb einer Woche von maximal zwei bis drei verschiedenen Pflegekräften versorgt werden.
- [ ] Wie flexibel können die Einsatzzeiten gewählt werden? Falls Ihr Angehöriger gerne lange schläft, wäre es gut, wenn der Pflegedienst später am Vormittag zum Waschen kommen könnte.
- [ ] Sind bei Bedarf zusätzliche Hausbesuche möglich? Ihr Angehöriger sollte den Leistungsumfang jederzeit ändern können. Kann der Pflegedient auch kurzfristig einspringen? Das ist wichtig, falls Sie selbst krank werden und ausfallen.
- [ ] Hat der Pflegedienst einen Versorgungs- und Vergütungsvertrag für alle Pflegegrade? So vermeiden Sie, dass Sie einen neuen Pflegedienst suchen müssen, falls Ihr Angehöriger mehr Hilfe benötigt.
- [ ] Wie kurzfristig können Einsätze storniert werden, ohne dass der Pflegedienst diese berechnet? Üblich ist, dass Sie den Einsatz bis zum Vortag kostenlos absagen können.
- [ ] Gibt es im Notfall einen Ansprechpartner? Ein guter Pflegedienst ist rund um die Uhr besetzt.
- [ ] Bietet der Pflegedienst auch Hilfen im Alltag an, also eine Betreuung, Begleitung und Unterstützung bei der Hausarbeit? Was kosten diese Angebote?
- [ ] Welche zusätzlichen Leistungen gibt es? Berät der Pflegedienst zu Hilfsmitteln? Schult er Angehörige in wichtigen Pflegetätigkeiten und berät er zu den Leistungen der Kranken- und Pflegekasse? Bietet er Extras wie Essen auf Rädern oder einen Hausnotruf an? Was kosten diese Angebote?
- [ ] Wie sind die Kündigungsfristen geregelt? Für Kündigung durch den Pflegedienst sollte eine möglichst lange Frist gelten, damit Sie eine Chance haben, einen neuen Anbieter zu finden.

Haben Sie sich während des Gesprächs ernst genommen gefühlt? Wurden alle Fragen ausreichend beantwortet? Ging die Pflegedienstleitung auf Ihre Wünsche und Erwartungen ein? Auch solche Kriterien sind für die Auswahl eines Dienstes wichtig.

→ **TIPP Noten mit wenig Aussagekraft**
Der Medizinische Dienst der Krankenkasse (MDK) überprüft alle Pflegedienste und vergibt Noten. Auf diese sogenannten Pflegenoten können Sie sich nicht verlassen, weil sie vor allem die Dokumentation bewerten, nicht die praktische Pflege. Außerdem fallen die Noten überwiegend zu gut aus. Das System wird deshalb grundlegend überarbeitet und soll spätestens im Jahr 2020 eingeführt werden.

Der Vertrag: Darauf ist zu achten

Haben Sie sich für einen Pflegedienst entschieden, sollten Sie gemeinsam einen Pflegeplan ausarbeiten und sich einen Kostenvoranschlag erstellen lassen. Der Pflegeplan bildet die Basis für die **Leistungsbeschreibung** im Vertrag. Darin steht, welche Leistungen vereinbart wurden, wie häufig sie erbracht werden sollen und welche Entgelte abgerechnet werden.

→ **TIPP Pflegeplan überprüfen**
Es kann sinnvoll sein, zunächst einen vorläufigen Pflegeplan zu erstellen und nach einer Woche zu prüfen, ob er funktioniert. Möglicherweise zeigt sich in der Praxis, dass Ihr Angehöriger doch mehr Hilfe benötigt und der Pflegeplan angepasst werden muss.

Für Ihren Angehörigen muss erkennbar sein, welche **Gesamtkosten** entstehen, was die Kranken- und die Pflegekasse zahlen und wie hoch sein Eigenanteil ist. Rechnet der Dienst über Leistungskomplexe ab, sollte der Vertrag eine Anlage mit allen Leistungskomplexen und den ausgehandelten Preisen enthalten. Nur so können Sie nachvollziehen, welche Tätigkeiten unter einen Leistungskomplex fallen. Achten Sie darauf, dass keine Vorauszahlungen gefordert werden.

Jeder Pflegedienst muss eine **Betriebs- und Berufshaftpflichtversicherung** haben. Prüfen Sie, ob im Vertrag ein entsprechender Hinweis steht. Enthält der Vertrag einen generellen Haftungsausschluss für Zwischenfälle, bei denen Personen aufgrund einer vorsätzlichen oder fahrlässigen Pflichtverletzung des Pflegedienstes zu Schaden kamen, ist diese Klausel unwirksam. Gleiches gilt für einen allgemeinen Haftungsausschluss bei grober Fahrlässigkeit. Der Pflegedienst sollte sich verpflichten, für Schäden durch Mitarbeiter – zum Beispiel einen verlorenen Haustürschlüssel – zu haften. Der Pflegebedürftige kann den Vertrag jederzeit fristlos und ohne Begründung kündigen, unabhängig davon, was im Vertrag steht. Der Vertrag sollte mit dem Tod des Pflegebedürftigen automatisch enden. Für den Pflegedienst sollte eine möglichst lange **Kündigungsfrist** gelten.

ACHTUNG

Kündigung muss geregelt werden

Steht nichts zu Kündigung im Vertrag, gelten die gesetzlichen Regelungen. Der Pflegedienst könnte dann von einem Tag auf den anderen kündigen.

Preiserhöhungen sollten mindestens vier Wochen vorher angekündigt werden.
Achten Sie darauf, dass alle **individuellen Absprachen** mit dem Pflegedienst im Vertrag festgehalten werden. Dazu gehören zum Beispiel Regelungen zu kurzfristigen Absagen und weiteren Dienstleistungen. Vereinbaren Sie, dass der Vertrag ruht, falls Ihr Angehöriger ins Krankenhaus oder in eine Reha-Einrichtung muss.

Lesen Sie sich alle Vereinbarungen in Ruhe durch und fragen Sie bei Unklarheiten nach. Vertragspartner ist Ihr Angehöriger. Kann er nicht selbst unterschreiben, muss sein Bevollmächtigter oder Betreuer für ihn unterzeichnen.

Als Bevollmächtigter und Betreuer sollten Sie darauf achten, den Vertrag mit dem Zusatz „in Vertretung" zu unterschreiben. Sonst werden Sie selbst Vertragspartner des Pflegedienstes.

Die Dokumentation der Pflege

Professionelle Pflegekräfte müssen sämtliche Tätigkeiten dokumentieren. So soll die Pflege nachvollziehbar werden. Das ist wichtig, wenn ein Pflegebedürftiger von mehreren Personen versorgt wird. Andere Pfleger bekommen über die Dokumentation alle notwendigen Informationen. Zur Dokumentation gehören zwingend ein **Leistungsnachweis**, ein **Pflegeplan** und ein **Pflegebericht**. Alle Einträge müssen gut lesbar, verständlich, übersichtlich und aktuell sein. Die Mappe wird beim Pflegebedürftigen aufbewahrt. Als Angehöriger haben Sie so die Möglichkeit, nachzulesen, was der Pflegedienst am Tag gemacht hat.

Kernstück der Dokumentation ist der **Leistungsnachweis**. Darin sind alle vertraglich vereinbarten Leistungen aufgeführt. Die Pflegekräfte müssen bei jedem Einsatz aufschreiben, welche Tätigkeiten tatsächlich ausgeführt wurden. War der Pflegebedürftige an einem Tag zum Beispiel zu schwach zum Duschen, dürfen sie diese Leistung nicht abzeichnen. Aus der Dokumentation muss ersichtlich sein, wann die Leistung erbracht wurde und wie lange sie dauerte.

BEISPIEL

Der Haustürschlüssel

Sie können mit dem Pflegedienst vereinbaren, dass er einen Schlüssel zur Wohnung Ihres Angehörigen bekommt. Das ist sinnvoll, wenn er Probleme hat, selbst zur Haustür zu kommen und sie zu öffnen. Entscheiden Sie sich dafür, sollte im Vertrag stehen, wie der Schlüssel aufbewahrt wird. Er muss sicher weggeschlossen werden und darf nicht den Namen Ihres Angehörigen tragen. Händigen Sie keinen Schlüssel aus, müssen Sie absprechen, was passiert, wenn Ihr Angehöriger nicht die Tür öffnet. Soll der Pflegedienst versuchen, Familienmitglieder zu benachrichtigen und im Zweifel die Feuerwehr rufen und die Tür gewaltsam öffnen lassen? Letzteres kann sehr ärgerlich sein, wenn Ihr Angehöriger nur beim Arzt war und vergessen hat, dem Pflegedienst Bescheid zu geben.

Der Leistungsnachweis wird Ihrem Angehörigen am Ende des Monats vorgelegt. Der Pflegedienst darf nur die Leistungen in Rechnung stellen, die er tatsächlich ausgeführt hat. Erst, wenn Ihr Angehöriger das mit seiner Unterschrift bestätigt hat, kann der Pflegedienst den Leistungsnachweis bei Pflegekasse einreichen. Bitten Sie darum, eine Kopie der jeweiligen Leistungsnachweise zu bekommen. So können Sie später die Abrechnung prüfen.

Die Pflegekräfte notieren im **Pflegeplan** gesundheitliche Probleme des Pflegebedürftigen, ergriffene Maßnahmen und deren Ziele. Im Pflegeplan ist üblicherweise auch festgehalten, was der Patient selbstständig erledigen kann, wobei er Hilfe benötigt und welche besonderen Wünsche und Vorlieben er hat. Alle pflegerischen Maßnahmen sollten möglichst genau beschrieben sein.

In den Pflegebericht tragen die Pflegekräfte Besonderheiten während der Pflege ein. Hatte der Patient Schmerzen? War er sehr erschöpft? Diese Informationen sind wichtig für Pflegekräfte, die später am Tag kommen. Auf einem zusätzlichen Blatt werden alle Vitaldaten festgehalten, etwa die Körpertemperatur, Puls und Blutdruck. So sehen die Pflegekräfte auf einen Blick, ob es Veränderungen gibt. Ein weiterer Bogen enthält alle ärztlichen Anordnungen. Es können noch weitere Dokumentationsbögen angelegt werden: etwa ein Schmerztagebuch oder eine Einschätzung zum Dekubitus-Risiko. Die Pflegedokumentation ist Eigentum des Pflegedienstes. Ihr Angehöriger hat aber das Recht, sie einzusehen.

Gemeinsam pflegen – Die Zusammenarbeit mit dem Pflegedienst

Ein professioneller Pflegedienst soll Ihnen bei der Pflege helfen. Das klappt umso besser, je genauer Sie sich abstimmen. Kümmern sich mehrere Familienmitglieder um einen Pflegebedürftigen, muss der Pflegedienst wissen, wer sein Hauptansprechpartner ist. Sonst besteht die Gefahr, dass Informationen verloren gehen und es zu Missverständnissen kommt. Wenn Sie mit dem Pflegebedürftigen zusammenwohnen, können Sie ganz praktisch helfen.

Diese Absprachen sind wichtig

Klären Sie als erstes, wann der Pflegedienst kommt. Das hängt von der internen Planung, der Routenplanung und den Bedürfnissen Ihres Angehörigen ab. Da professionelle Pfleger immer mehrere Personen versorgen, sollten Sie etwas Flexibilität mitbringen. Es kann durchaus sein, dass der Pfleger zu Ihrer Wunschuhrzeit noch einen anderen Pflegebedürftigen versorgen muss und erst etwas später Zeit hat. Sie können aber zum Beispiel vereinbaren, dass der Pfleger zwar morgens früh kurz die Medikamente gibt, aber erst mittags, wenn die nächste Einnahme notwendig ist, Ihren Angehörigen wäscht.

Wenn Sie Ihren Angehörigen schon länger pflegen, haben sich bestimmte Abläufe eingespielt. Schildern Sie den Pflegekräften, wie Sie normalerweise vorgehen. Was ist Ihrem Angehörigen besonders wichtig? Welche Abläufe haben sich bewährt? Die Pfleger werden versuchen, sich daran zu orientieren. Dennoch kann es vorkommen, dass sie

CHECKLISTE

Pflegevertrag

- [ ] Leistungen und Kosten des Pflegedienstes sind genau beschrieben. Es ist ersichtlich, welche Kosten die Kranken- und die Pflegekasse trägt und wie hoch der Eigenanteil ist.
- [ ] Es ist festgelegt, dass der Pflegebedürftige Leistungsnachweise als Kopie erhält. Auf Basis der Nachweise rechnet der Pflegedienst mit der Pflegekasse ab.
- [ ] Der Pflegedienst muss täglich dokumentieren, welche Aufgaben erledigt wurden. Diese Dokumentation muss für Sie und Ihren Angehörigen zugänglich sein.
- [ ] Es werden keine Vor- und Abschlagsrechnungen vereinbart. Die Rechnung kann per Überweisung beglichen werden.
- [ ] Preiserhöhungen werden vier Wochen vorher angekündigt.
- [ ] Die Haftung ist nicht auf Vorsatz oder grobe Fahrlässigkeit beschränkt.
- [ ] Die Kündigungsfrist für den Pflegedienst ist geregelt.
- [ ] Der Vertrag ruht, wenn Ihr Angehöriger im Krankenhaus, in einer Reha oder in einer Kurzzeitpflege-Einrichtung betreut wird.
- [ ] Der Vertrag endet automatisch mit dem Tod des Pflegebedürftigen.

BEISPIEL

So könnte ein Pflegeplan zum Thema „Ankleiden" aussehen

Fähigkeiten, persönliche Ressourcen	→ Frau Rhein kann Wünsche bezüglich ihrer Kleidung äußern. → Sie sucht meist jahreszeitlich passende Kleidung aus. → Sie kann mit Unterstützung einfache Verschlüsse (Klett, Reißverschluss) öffnen und schließen.
Probleme, Defizite	→ Ankleiden Oberkörper: vollständige Übernahme → Ankleiden Unterkörper: teilweise Übernahme → Richten der Unterwäsche: vollständige Übernahme
Bedürfnisse	→ Frau Rhein wünscht, die Kleidung selbst auszusuchen.

bei manchen Tätigkeiten anders vorgehen, weil sie bestimmte Qualitäts- und Sicherheitsstandards einhalten müssen oder ihnen nicht so viel Zeit zur Verfügung steht.

Pflege ist nur in Grenzen planbar. Ihr Angehöriger wird bessere und schlechtere Tage haben. Mal wird er sich alleine anziehen können, mal dafür Hilfe benötigen. Die Pflegekräfte sollten auf solche Veränderungen eingehen. Manchmal übernehmen sie auch Hilfeleistungen, die nicht im Vertrag vereinbart wurden. Das Entgegenkommen hat jedoch Grenzen. Zeichnet sich ab, dass Ihr Angehöriger dauerhaft mehr Hilfe braucht, müssen Sie den Vertrag anpassen und für die zusätzlichen Leistungen zahlen. Hat sich die Zusammenarbeit mit dem Pflegedienst eingespielt, sollten Sie nach ein paar Wochen prüfen, ob der Einsatz die erhoffte Entlastung bringt. Vielleicht stellen Sie fest, dass Sie in manchen Bereichen mehr Hilfe möchten. Oder Sie merken, dass Sie mit bestimmten Zeitabläufen Schwierigkeiten haben. Sprechen Sie den Pflegedienst darauf an. Der Pflegeplan lässt sich bestimmt anpassen.

Wie Angehörige sinnvoll helfen

Professionelle Pflegekräfte sind zwar darin ausgebildet, eigenständig zu arbeiten. Wenn Sie mit dem Pflegebedürftigen zusammenwohnen, können Sie dem Pflegedienst aber helfen. Das fängt damit an, dass Sie Ihren Angehörigen rechtzeitig wecken, bevor der Pflegedienst kommt. Man wird Ihnen außer-

> **GUT ZU WISSEN**
>
> **Zwei Pfleger am Tag**
>
> Üblicherweise arbeiten ambulante Pflegedienste mit einem Schichtdienst-Modell, das sich in eine Morgen-, Mittag- und Abendschicht aufteilt. Ihr Angehöriger sieht dadurch wahrscheinlich zwei Pflegekräfte am Tag: Eine hilft morgens beim Aufstehen und mittags beim Essen, die andere abends.

dem dankbar sein, wenn Sie die notwendigen Pflegeutensilien bereitlegen, das Bad vorheizen und Anziehsachen für Ihren Angehörigen heraussuchen.

Teilen Sie dem Pflegedienst unbedingt mit, wenn sich der Zustand Ihres Angehörigen verändert hat. War er in der Nacht unruhig? Hat er wenig gegessen oder ist missmutig? Solche Reaktionen können zum Beispiel auf Schmerzen oder eine Erkrankung hinweisen.

Professionelle Pflegekräfte arbeiten unter hohem Druck. Sie müssen die vereinbarten Tätigkeiten innerhalb einer bestimmten Zeit erledigen, um rechtzeitig zum nächsten Kunden zu kommen. Es spricht für eine Pflegekraft, wenn sie trotzdem ein offenes Ohr für den Pflegebedürftigen und für Ihre Fragen hat. Dadurch darf sich die Anwesenheitszeit aber nicht wesentlich verlängern. Falls Sie umfangreichere Fragen haben, sich bestimmte Techniken zeigen lassen möchten oder Probleme besprechen müssen, sollten Sie dafür einen Extra-Termin vereinbaren.

Mögliche Probleme und wie man sie löst

Wenn Sie einen Pflegedienst engagieren, dringt er zwangsläufig in Ihren Nahbereich ein. Die Pflegekräfte gehen tagtäglich in der Wohnung Ihrer Angehörigen ein und aus. Sie benutzen ihr Bad und suchen in ihren Schränken Kleidung heraus. So viel Nähe kann zu Konflikten führen.

Vielleicht sind Sie aber auch nicht damit einverstanden, wie eine Pflegekraft Ihren Angehörigen versorgt. Oder Sie haben sich die Zusammenarbeit anders vorgestellt. Möglicherweise ärgern Sie sich, weil die Pflegerin wiederholt kurz angebunden ist oder sich öfters verspätet. Sprechen Sie solche Themen an, sonst ist auf Dauer keine vertrauensvolle Zusammenarbeit möglich. Vielleicht kam die

> **GUT ZU WISSEN**
>
> **Was bereitstehen muss**
>
> Zum Verbrauch bestimmte Pflegehilfsmittel wie Handschuhe oder Vorlagen müssen Sie für Ihren Angehörigen besorgen. Die Pflegedienste helfen dabei. Pflegemittel wie Blutdruck- oder Blutzuckermessgeräte muss dagegen der Pflegedienst stellen.

> „Der Pflegedienst kommt morgens, um meine Mutter zu waschen und ihr Kompressionsstrümpfe anzuziehen, mittags schaut er kurz vorbei und leert den Toilettenstuhl. Nachmittags kommt er nochmal vorbei. Manche Pflegekräfte haben eine Engelsgeduld, andere rauschen rein, ziehen die Strumpfhose aus und sind wieder weg. Ich weiß, dass die unter enormen Druck stehen, weil sie nach Minuten arbeiten. Ich räume dann oft hinterher noch ein bisschen auf."

Cäcilia K.

Pflegerin nur zu spät, weil ein anderer Pflegebedürftiger einen schlechten Tag hatte und sich deshalb die Abläufe verzögerten. Sie können mit ihr vereinbaren, dass sie beim nächsten Mal rechtzeitig anruft. Reagiert die Pflegekraft einsilbig auf Ihre Fragen, kann das am Zeitdruck liegen. Vereinbaren Sie einen Termin, an dem Sie sich ausführlicher unterhalten können.

Häufig kommt es zu Konflikten, weil Angehörige um zusätzliche „kleine Gefallen" bitten. Das kann der Wunsch sein, den Müll mit rauszunehmen oder länger zu bleiben, weil noch schnell etwas erledigt werden muss. Bleiben solche Bitten die Ausnahme, wird die Pflegekraft wahrscheinlich darauf eingehen. Kommen regelmäßig Sonderwünsche, muss sie ablehnen. Pflegekräfte haben strikte Zeitvorgaben. Bleiben sie länger bei einem Pflegebedürftigen, wird das von vielen Pflegedienstleitern nicht als Arbeitszeit gewertet.

Falls Sie mit der Pflege an sich unzufrieden sind, reden Sie am besten als Erstes mit der Pflegefachkraft. Haben Sie den Eindruck, dass das nichts bringt, ist die Pflegedienstleitung die nächste Ansprechpartnerin. Vereinbaren Sie einen Termin und schildern Sie Ihre Kritik. Vielleicht haben Sie falsche Erwartungen. Es kann aber auch sein, dass die Pflegekraft Fehler gemacht hat. Die Pflegedienstleitung sollte Ihre Kritik ernst nehmen und ihr nachgehen. Ändert sich nichts, können Sie vereinbaren, dass eine andere Pflegekraft Ihren Angehörigen versorgt. Sind Sie auch mit diesem Pfleger unzufrieden, ist zu überlegen, einen anderen Pflegedienst zu engagieren.

Wechselt ständig das Personal, fragen Sie die Pflegedienstleitung nach den Gründen. Vielleicht ist ein Mitarbeiter krank geworden und fällt deshalb für längere Zeit aus. Erkundigen Sie sich, wie lange der Zustand voraussichtlich anhalten wird und welche Lösungen angedacht sind.

Manchmal kommen Pflegebedürftige mit einer bestimmten Pflegefachkraft nicht klar. Nicht immer gibt es dafür objektive Gründe. Schildern Sie der Pflegedienstleitung das Problem. Vielleicht kann eine andere Pflegekraft die Schicht übernehmen.

Haben Sie Fragen zur Abrechnung oder glauben Sie, dass die Rechnung nicht stimmt? Dann wenden Sie sich ebenfalls an die Pflegedienstleitung. Denn die Pflegekräfte vor Ort werden Ihnen dazu kaum Auskunft geben können. Lassen Sie sich die einzelnen Posten erklären. Haben Sie hinterher immer noch den Eindruck, dass zu viel abgerechnet wurde, können Sie sich an die Pflegekasse wenden. Sie ist auch Ansprechpartnerin, falls Pflegemängel auftreten.

GUT ZU WISSEN

Gute und schlechte Pflege am Beispiel Mobilität

Gut: Der Pflegende unterstützt und fördert bei allen Pflegetätigkeiten die selbstständige Bewegung des Pflegebedürftigen

Schlecht: Der Pflegende übernimmt Handlungen für den Pflegebedürftigen, weil es so schneller geht.

Was gute Pflege ausmacht, erklärt die Broschüre „Gute Pflege erkennen – Professionelle Pflege zu Hause“. Sie beschreibt auch, was nicht sein darf und worauf Sie Pflegekräfte ansprechen sollten. Die Broschüre können Sie auf der Internetseite des Zentrums für Qualität in der Pflege kostenlos herunterladen: www.zqp.de, Stichwort „Wissensangebot“ – „Ratgeber & Hilfe“ – „Gute Pflege erkennen“.

Betreuung und Unterstützung im Alltag

Kann sich ein Mensch nicht mehr selbstständig versorgen, heißt das auch: Er kann nicht mehr alleine zum Arzt oder zu Freunden, er kann sich nicht um die Wäsche kümmern oder Putzen. All diese Aufgaben müssen andere übernehmen, oft die pflegenden Angehörigen. Um sie zu entlasten, gibt es verschiedene Angebote zur Unterstützung im Alltag, die stundenweise in Anspruch genommen werden können. Die Abrechnung erfolgt in der Regel über den Entlastungsbetrag (→ Seite 56 f.).

Betreuungsangebote: Stundenweise Gesellschaft

Erzählen, zuhören, spazieren gehen, Fotos anschauen, Mensch-ärgere-dich-nicht spielen – auch das gehört zum Pflegen dazu. Nachbarschaftsvereine, Wohlfahrtsverbände, Kirchengemeinden und Freiwilligeninitiativen bieten solche Betreuungsleistungen an. Dafür ausgebildete Ehrenamtliche kommen stundenweise zum Pflegebedürftigen nach Hause und leisten ihm Gesellschaft. Das ist eine große Hilfe, wenn Sie:

- berufstätig sind und daher keine Zeit haben, sich tagsüber um Ihren Angehörigen zu kümmern. Er hat Ansprache und ist weniger alleine.
- weiter entfernt wohnen und daher nicht jeden Tag nach Ihrem Angehörigen schauen können.
- einen Demenzkranken Angehörigen versorgen, der nicht alleine bleiben kann.

Die Betreuungsangebote verschaffen Ihnen Raum, Termine zu erledigen und ein paar Stunden frei zu nehmen.

Neben den Besuchsdiensten gibt es auch Betreuungsgruppen, die sich wöchentlich treffen. Ihr Angehöriger kann zum Beispiel an einem Singtreff oder einer Bastelgruppe teilnehmen. Es gibt Gedächtnistraining, Canasta-Runden und Bewegungsangebote. Andere Betreuungsgruppen haben kein festes Programm: Die Teilnehmer kommen für zwei, drei Stunden zusammen, trinken Kaffee, spielen oder unterhalten sich. Solche Betreuungsgruppen bieten Abwechslung und Gesellschaft. Und Sie haben für ein paar Stunden Zeit für anderes.

Die Kosten

Die – relativ niedrigen – Gebühren werden in der Regel pro Stunde abgerechnet. Ihr Angehöriger kann sie über den Entlastungsbetrag bezahlen oder einen Teil der Pflegesachleistungen dafür nutzen (→ Seite 54 f. und 56 f.). Dafür muss er die Rechnung bei der Pflegekasse einreichen oder eine Umnutzung der Pflegesachleistungen beantragen. Manche Anbieter rechnen auch direkt mit der Pflegekasse ab. Bevor Sie sich für ein Angebot entscheiden, vergleichen Sie die Kosten und fragen nach der Qualifikation der Ehrenamtlichen. Auch Pflegedienste bieten Betreuung an, nehmen dafür aber zum Teil stolze Preise (→ Seite 98). Die Bundesländer haben Preisobergrenzen festgelegt, die allerdings unterschiedlich ausgestaltet sind.

Spezielle Angebote für Demenzkranke

Die Alzheimer-Gesellschaften und Wohlfahrtsverbände haben verschiedene Betreuungsangebote speziell für Demenzkranke entwickelt. Es gibt Betreuungsgruppen, die ein- oder zweimal pro Woche für einige Stunden zusammenkommen und spielerisch das Gedächtnis trainieren. Helferinnenkreise kümmern sich um Demenzkranke zu Hause. Die Ehrenamtlichen kommen zum Vorlesen, Spazierengehen oder Reden vorbei. Welche Angebote es am Ort gibt, wissen die Pflegestützpunkte. Oder Sie wenden sich an die Alzheimer Gesellschaften vor Ort. Die Deutsche

„Montags, dienstags und mittwochs nachmittags kommen für ein, zwei Stunden Frauen von den Maltesern vorbei, damit meine Mutter mehr Ansprache hat. Die sind sehr nett und haben eine Engelsgeduld mit ihr. Das bewundere ich, ich kann das nicht. Am Anfang war ich zu stolz, um mir Hilfe zu holen. Ich wusste auch gar nicht, was es gibt. Über die Pflege bin ich selbst krank geworden und musste ins Krankenhaus. Damals hatte ich keine Wahl und musste Hilfe organisieren. Erst wollte ich alles wieder abbestellen, sobald es mir besser geht. Das habe ich aber nicht gemacht. Heute denke ich: Hätte ich mir nur früher mehr Hilfe geholt."

Cäcilia K.

Alzheimer Gesellschaft hat eine Übersicht der Ansprechpartner zusammengestellt: www.deutsche-alzheimer.de, Stichwort „Unser Service" – „Alzheimer-Gesellschaften und Anlaufstellen".

Unterstützung im Alltag

Besondere Angebote machen es Pflegebedürftigen leichter, im gewohnten Umfeld wohnen bleiben zu können. Und sie entlasten Angehörige, die mehr Zeit haben, sich um die Betreuung zu kümmern.

Zu den Angeboten **zur Unterstützung im Alltag** zählen:

→ **Alltagsbegleiter** gehen mit dem Pflegebedürftigen zum Gottesdienst oder auf den Friedhof, zum Einkaufen oder zum Arzt. Sie kochen gemeinsame mit dem Pflegebedürftigen oder helfen ihm, die Spülmaschine einzuräumen. Alltagsbegleiter verstehen sich nicht als Haushaltshilfen. Sie möchten dem Pflegebedürftigen vielmehr ermöglichen, alltägliche Tätigkeiten weitgehend selbstständig zu erledigen. Alltagsbegleiter arbeiten häufig ehrenamtlich. Kontakte gibt es über Freiwilligenagenturen, Nachbarschaftsinitiativen und Kirchengemeinden.

→ **Pflegebegleiter** verstehen sich als Vermittler zwischen pflegenden Angehörigen auf der einen und den zahlreichen Entlastungsangeboten auf der anderen Seite. Sie wollen Mut machen, Hilfsangebote zu nutzen. Die meisten Pflegebegleiter haben in der Vergangenheit selbst gepflegt. Sie wissen daher gut, vor welchen Herausforderungen Pflegende stehen. Wie die Pflegebegleitung aussieht, bleibt Ihnen selbst überlassen. Sie entscheiden, ob Sie den Pflegebegleiter regelmäßig treffen oder nur ab und zu mit ihm telefonieren möchten. Wollen Sie erst mal nur erzählen oder gleich Fragen zu Unterstützungsmöglichkeiten stellen? Manche pflegenden Angehörigen halten über Jahre hinweg Kontakt zu ihrem Pflegebegleiter, andere treffen ihn zweimal und haben alle Fragen beantwortet. Viele Pflegebegleiter kooperieren mit Wohlfahrtsverbänden, Freiwilligenagenturen oder Mehrgenerationenhäusern. Die Unterstützung ist kostenlos und neutral. Eine Übersicht der Standorte mit Kontaktdaten steht im Internet unter www.pflegebegleiter.de, Stichwort „Standorte".

→ **Haushaltsnahe Dienstleistungen,** also eine Haushaltshilfe, die kocht, putzt oder sich um die Wäsche kümmert (→ Seite 117).

Die Kosten

Angebote zur Unterstützung im Alltag können über den Entlastungsbetrag von 125 Euro bezahlt werden. Wichtig: Die Anbieter müssen vom jeweiligen Bundesland anerkannt worden sein, damit sich die Pflegekasse an den Kosten beteiligt. Das soll die Qualität garantieren. Welche Haushaltsdienstleister anerkannt sind, erfahren Sie bei der Pflegekasse Ihres Angehörigen. Sie ist dazu verpflichtet, Ihnen eine Übersicht der Angebote, inklusive der Beschreibung der Leistungen und Kosten, zur Verfügung zu stellen.

Die Kurzzeitpflege: Zeit überbrücken

Bei der Kurzzeitpflege zieht der Pflegebedürftige vorübergehend in ein Pflegeheim und wird dort rund um die Uhr betreut. Das kann notwendig sein, wenn er aus dem Krankenhaus entlassen wird, Sie sich aber noch nicht um die Pflege kümmern können. Oder wenn er vorübergehend nicht in seiner Wohnung bleiben kann, weil sie umgebaut werden muss. Sie können die Kurzzeitpflege aber auch nutzen, um in Urlaub zu fahren und sich zu erholen.

Fragen Sie bei der Pflegekasse Ihres Angehörigen nach einer Liste mit zugelassenen Kurzzeitpflegeeinrichtungen in der Nähe. Manche Einrichtungen haben sich auf die Kurzzeitpflege spezialisiert. Üblicher ist aber, dass Pflegeheime freie Plätze für die Kurzzeitpflege anbieten. Was besser ist, lässt sich nicht generell sagen. Falls mehrere Einrichtungen infrage kommen, ist es gut, wenn Sie sich einen persönlichen Eindruck machen. Vereinbaren Sie einen Termin mit der Heimleitung und erkundigen Sie sich nach dem Betreuungskonzept. Werden die Kurzzeitgäste in die regulären Aktivitäten des Pflegeheims einbezogen? Können sie spezielle Förderangebote nutzen? Erkundigen Sie sich auch, wie viele Plätze vergeben werden und ob es zu bestimmten Terminen eng wird. Gerade in Ferienzeiten ist die Nachfrage nach Kurzzeitpflegeplätzen groß.

Die Kosten

Die Pflegeversicherung bezuschusst die Kurzzeitpflege ab Pflegegrad 2 mit bis zu 1.612 Euro und maximal 56 Tage im Jahr. Außerdem lässt sich die Verhinderungspflege auf die Kurzzeitpflege übertragen. Damit stehen Ihrem Angehörigen bis zu 3.224 Euro für Kurzzeitpflege zu. Die Kurzzeitpflege muss bei der Pflegekasse beantragt werden (→ Seite 203).

Die Pflegeversicherung trägt die Kosten allerdings nur anteilig. Sie zahlt für die Grundpflege, die Behandlungspflege und für die soziale Betreuung. Gemeint sind Gruppenangebote wie Gymnastik oder Singen. Unterkunft, Verpflegung und die Investitionskosten für den Betrieb und Unterhalt der Gebäude muss Ihr Angehöriger selbst tragen.

Diese Posten können mehr als die Hälfte der anfallenden Kosten ausmachen. Es lohnt sich daher, die Preise verschiedener Kurzzeitpflegeeinrichtungen zu vergleichen. Ihr Angehöriger hat die Möglichkeit, den Eigenanteil über den Entlastungsbetrag in Höhe von 125 Euro (→ Seite 56 f.) zumindest anteilig abzudecken. Im Bedarfsfall springt das Sozialamt ein.

GUT ZU WISSEN

Reicht die häusliche Krankenpflege nicht aus, um einen Patienten angemessen zu versorgen, zahlt die Krankenkasse für die Kurzzeitpflege (→ Seite 68).

Die Ersatz- oder Verhinderungspflege: Vertretung zu Hause

Es kann immer passieren, dass Sie als Hauptpflegeperson ausfallen. Damit Ihr Angehöriger trotzdem zuhause versorgt wird, gibt es die Ersatz- oder Verhinderungspflege. Gemeint ist, dass eine andere Pflegeperson einspringt und sich um die Pflege kümmert. Dabei ist es egal, ob Sie verreist sind, krank im Bett liegen oder einen Tag frei brauchen. Sie müssen die Verhinderung nicht begründen.

Die Ersatz- oder Verhinderungspflege steht allen Pflegebedürftigen mit mindestens Pflegegrad 2 zu.

> „Als ich wegen einer Knieverletzung in die Reha musste, war meine Mutter in der Kurzzeitpflege. Ich habe jeden Tag mit ihr telefoniert, um zu hören, wie es ihr geht. Sie wurde zum Beispiel nicht geduscht. Da habe ich den Heimleiter angerufen und mich beschwert. Es ist wichtig, dass man als Angehöriger dranbleibt und sich kümmert. Dann läuft es auch. Aber Ruhe hat man nicht."

Cäcilia K.

Im Gegensatz zu den anderen Leistungen der Pflegeversicherung kann die Verhinderungspflege aber nicht sofort nach Feststellung der Pflegebedürftigkeit in Anspruch genommen werden. Ihr Angehöriger muss vorher mindestens sechs Monaten gepflegt worden sein. Dabei werden alle Pflegezeiten – auch solche ohne Pflegegrad – anerkannt. Die Verhinderungspflege kann außerdem nur in Anspruch genommen werden, wenn die Pflegeperson der Pflegekasse bekannt ist. Haben Sie erst kürzlich angefangen zu pflegen, sollten Sie sich umgehend bei der Pflegekasse als Hauptpflegeperson registrieren lassen.

Um den Ersatzpfleger muss sich Ihr Angehöriger selbst kümmern. In der Praxis ist es also Ihre Aufgabe, vorübergehend einen anderen Pfleger zu finden. Sie können eine professionelle Pflegekraft von einem Pflegedienst engagieren. Häufig springen andere ehrenamtliche Pflegepersonen ein, zum Beispiel Nachbarn, Freunde oder Verwandte. Der Preis ist dann Verhandlungssache.

Die Kosten

Die Verhinderungspflege sollte – wenn möglich – vor Beginn bei der Pflegekasse beantragt werden (→ Seite 204). Sie prüft, ob ein Anspruch besteht. Die Pflegeversicherung zahlt ab Pflegegrad 2 bis zu 1.612 Euro im Jahr und für maximal 42 Tage. Außerdem kann die Hälfte der Kurzzeitpflege auf die Verhinderungspflege übertragen werden. So erhöht sich der Betrag auf 2.418 Euro.

Ihr Angehöriger kann die Verhinderungspflege am Stück nehmen oder für einzelne Tage nutzen. Auch eine stundenweise Ersatzpflege ist möglich – und sinnvoll. Dauert die Ersatzpflege weniger als acht Stunden täglich, wird sie nicht auf die 42-Tage-Grenze angerechnet. Sie kann daher deutlich häufiger in Anspruch genommen werden.

Bei der Verhinderungspflege handelt es sich um eine Erstattungsleistung. Sie müssen die Belege sammeln und bei der Pflegekasse einreichen. Die Pflegekassen stellen dafür Vordrucke bereit. Außerdem gibt es bei Pflegediensten die Möglichkeit, eine Abtretungserklärung zu unterzeichnen. Dann rechnet der Anbieter direkt mit der Pflegekasse ab.

Während der Ersatzpflege wird das Pflegegeld zur Hälfte weitergezahlt, am ersten und letzten Tag der Verhinderungspflege sogar vollständig.

Eine Besonderheit gilt für Personen, die mit dem Pflegebedürftigen zusammenwohnen oder bis zum zweiten Grad verwandt oder verschwägert sind. Dazu gehören Eltern, Kinder, Lebenspartner, Geschwister, Schwiegerkinder, Schwager und Schwägerin. Helfen sie als Ersatzpfleger aus, zahlt die Pflegekasse nicht den Höchstbetrag von 1.612 Euro, sondern nur das Pflegegeld. Insgesamt bekommt Ihr Angehöriger also den 1,5-fachen Satz des Pflegegeldes überwiesen und kann diesen Betrag als Entschädigung an seine Verwandten weitergeben. Entstehen dem Ersatzpfleger während der Pflege Kosten, etwa für eine Kinderbetreuung, übernimmt die Pflegekasse diese Aufwendungen bis zum Höchstbetrag von 1.612 Euro.

Die Tages- und Nachtpflege: Freiräume schaffen

Die Tages- und Nachtpflege ist eine teilstationäre Versorgung. Der Pflegebedürftige verbringt tagsüber oder nachts einige Stunden in einer spezialisierten Einrichtung. Das kann notwendig sein, wenn Sie berufstätig sind und sich tagsüber nicht um Ihren Angehörigen kümmern können. Oder wenn der Pflegebedarf sehr hoch ist und Sie regelmäßig Entlastung brauchen. Die Nachtpflege wird häufig für Demenzkranke genutzt, die einen gestörten Tag-Nacht-Rhythmus haben und nachts sehr aktiv sind. Sie ermöglicht es Angehörigen, ab und zu durchzuschlafen und Kraft zu tanken.

Welche Einrichtungen Tages- und Nachtpflege anbieten, erfahren Sie bei der Pflegekasse Ihres Angehörigen. Nachtpflegeplätze sind allerdings rar. Es kann gut sein, dass es gar keine Angebote oder keine freien Plätze in Ihrer Nähe gibt.

Erkundigen Sie sich bei den Einrichtungen, wie die Tagespflege gestaltet ist. In der Regel werden verschiedene Gruppenaktivitäten wie gemeinsames Singen, Basteln oder Spaziergänge angeboten. In einigen Häusern haben die Tagesgäste die Möglichkeit, an Alltagsaktivitäten teilzunehmen: Sie können zum Beispiel beim Kochen helfen oder im Garten arbeiten. Viele Einrichtungen bieten zusätzlich Therapien wie Bewegungsübungen oder Logopädie an.

Bei der Auswahl einer Tagespflegeeinrichtung können folgende Fragen helfen:

→ Hat die Einrichtung ein Konzept zur Eingewöhnung? Kann Ihr Angehöriger zum Beispiel am Anfang nur stundenweise kommen?

→ Hat er die Möglichkeit, sich zurückzuziehen und zu schlafen?

→ Wie groß sind die Gruppen? In sehr großen Gruppen fällt es vielen Pflegebedürftigen schwer, sich zurechtzufinden.

→ Wie flexibel sind die Betreuungszeiten?

→ Gibt es feste Betreuungspersonen oder wechseln diese ständig? Welche Qualifikation haben die Betreuungs- und Pflegekräfte?

→ Können Sie einen Probetag für Ihren Angehörigen vereinbaren?

Die Kosten

Tages- und Nachtpflegeeinrichtungen rechnen in der Regel nach Tagessätzen ab. Diese liegen häufig zwischen 40 und 70 Euro. Die Pflegeversicherung beteiligt sich ab Pflegegrad 2 an den Pflege- und Betreuungskosten. Ihr Angehöriger muss selbst für Unterkunft, Verpflegung und teilweise die Investitionskosten aufkommen. Deshalb lohnt es sich, Preise zu vergleichen. Die Tages- und Nachtpflege muss bei der Pflegekasse beantragt werden.

Wie viel die Pflegeversicherung für die Tages- und Nachtpflege zahlt, hängt vom Pflegegrad ab. Außerdem kann der Entlastungsbetrag in Höhe von 125 Euro zur Finanzierung der Tages- und Nachtpflege eingesetzt werden.

GUT ZU WISSEN

Extra-Geld

Der Betrag für die Tages- und Nachtpflege wird zusätzlich zum Pflegegeld oder den Pflegesachleistungen gezahlt. Ein Beispiel: Herr Ludwig hat Pflegegrad 3 und bezieht Pflegegeld in Höhe von 545 Euro. Da seine Tochter berufstätig ist, soll er eine Tagespflegeeinrichtung besuchen. Die Pflegekasse bezuschusst die Tagespflege mit 1.298 Euro. Insgesamt bekommt Herr Ludwig also monatlich Leistungen in Höhe von 1.843 Euro von der Pflegekasse gezahlt.

Erfahrungen teilen: Gesprächskreise für pflegende Angehörige

Viele Pflegende leiden besonders darunter, niemanden zum Reden zu haben. Andere Familienmitglieder wechseln schnell das Thema, Freunde melden sich nicht mehr. Oder der Pflegende muss langwierige Erklärungen vorschieben, bevor der Gesprächspartner eine Situation versteht. Um dieser Isolation entgegenzuwirken, gibt es in vielen Städten Gesprächskreise für pflegende Angehörige. Es ist egal, ob Sie schon lange pflegen oder damit beginnen. In solchen Gesprächskreisen sind alle pflegenden Angehörigen willkommen. Bei einigen kann man den Pflegebedürftigen mitnehmen und während der Gesprächsrunde betreuen lassen.

> **„Ich gehe einmal im Monat zu einer Angehörigengruppe. Da fühle ich mich gut aufgehoben und keiner stellt blöde Fragen. Wenn ich etwas erzähle, verstehen die anderen mich. In den zwei Stunden dürfen wir nicht mal den Tisch abräumen, das fällt mir schwer. Aber es ist unsere Zeit, in der wir als pflegende Angehörige mal umsorgt werden."**
>
> **Cäcilia K.**

Im Mittelpunkt steht der gegenseitige Austausch. Jeder Teilnehmer hat die Möglichkeit, von seiner Situation zu erzählen, Probleme zu schildern oder Fragen zu stellen. Die anderen Teilnehmer können schildern, wie sie mit ähnlichen Situationen umgegangen sind. Oft tut es schon gut zu hören, dass andere vor vergleichbaren Schwierigkeiten stehen. Die Gruppen werden meistens von Pflegefachkräften oder Sozialpädagogen geleitet, die ebenfalls Rat geben können.

Manche Gesprächskreise treffen sich einmal im Monat, andere 14-tägig. Es gibt allgemeine Gesprächsgruppen und solche, die sich an Angehörige von Demenzkranken, Schlaganfallpatienten oder pflegebedürftigen Kindern richten. Ab und zu werden Ausflüge oder Vorträge zu Fachthemen organisiert, etwa zum Umgang mit Trauer. Häufig tauschen die Teilnehmer Telefonnummern aus, um auch zwischendurch Kontakt halten zu können.

Anbieter sind die Wohlfahrtsverbände, Krankenhäuser, Pflegedienste, Kirchengemeinden oder Alzheimer-Gesellschaften. Die Teilnahme ist in der Regel kostenlos. Wo der nächste Gesprächskreis für pflegende Angehörige ist, erfahren Sie bei Ihrem Pflegestützpunkt oder bei kommunalen Seniorenberatungsstellen.

Hilfe im Haushalt

Eine Haushaltshilfe ist kein Luxus. Ohne sie könnten viele Menschen ihren Haushalt nicht mehr bewältigen. „Essen auf Rädern" sorgt dafür, dass sie täglich eine abwechslungsreiche, ausgewogene Mahlzeit auf den Tisch bekommen. Für Sie als Pflegende bedeuten beide Dienstleistungen eine echte Entlastung. Wenn Sie sich nicht mehr ums Kochen, Bügeln oder Putzen kümmern müssen, bleibt mehr Zeit für Ihren Angehörigen – und für Sie selbst.

Mobile soziale Dienste

Der Begriff Mobile Soziale Dienste (MSD) steht für eine Vielzahl von Dienstleistungen. Dazu gehören Fahrdienste, Essen auf Rädern,

Hilfe im Haushalt, Begleitung bei Spaziergängen, kleine Reparaturen und Beratungen zu Sozialfragen. Sie werden in der Regel von Wohlfahrtsverbänden oder ambulanten Pflegediensten angeboten. Fragen Sie beim Pflegestützpunkt nach Mobilen Sozialen Diensten am Ort und vergleichen Sie das Angebot. Nicht jeder MSD bietet alle Dienstleistungen an. Außerdem variieren die Preise. Abgerechnet wird üblicherweise pro Stunde.

Essen auf Rädern

Mahlzeiten-Dienste werden von lokalen Anbietern wie Gaststätten und Senioreneinrichtungen oder überregionalen Dienstleistern wie den großen Wohlfahrtsverbänden angeboten. Sie liefern die Speisen warm oder kalt zum Kunden nach Hause. Tiefgekühlte Speisen muss der Kunde selbst erwärmen. In diesem Fall kann es günstiger sein, Tiefkühlprodukte aus dem Supermarkt zu kaufen. Fragen Sie zuvor den Anbieter, ob Ihr Angehöriger verschiedene Gerichte probieren kann. Schließlich muss ihm das Essen schmecken.

Für einen Anbieter spricht, wenn er ein abwechslungsreiches Menü mit viel frischem Gemüse und Obst bietet. Muss Ihr Angehöriger Diät halten oder reagiert er allergisch auf bestimmte Lebensmittel, sollten Sie darauf achten, dass das Menü entsprechend angepasst werden kann. Folgende Kriterien helfen bei der Auswahl eines Anbieters:

- → Der Kunde kann den Speiseplan vorab einsehen und zwischen verschiedenen Menüs wählen. Es werden vegetarische Speisen angeboten.
- → Der Speiseplan sollte sich frühestens alle drei Monate wiederholen.
- → Enthält eine Speise Alkohol, ist das deklariert. Gleiches gilt für Allergene und Zusatzstoffe.
- → Auf dem Speiseplan sollten Kalorien, Fett- und Zuckergehalt ausgewiesen sein.
- → Die Mahlzeiten werden maximal drei Stunden warm gehalten.
- → Die Mahlzeiten sollten kurzfristig bis eine Woche vorher bestellt werden können. Um- und Abbestellungen sind möglich.
- → Ihr Angehöriger kann entscheiden, wann die Speisen geliefert werden. Die Mahlzeiten kommen auch am Wochenende und an Feiertagen.

Essen auf Rädern kostet üblicherweise zwischen vier und sieben Euro pro Menü. Manche Anbieter berechnen die Anlieferung extra oder nehmen Wochenendzuschläge. Fragen Sie nach. Häufig verzichten die Anbieter auf einen schriftlichen Vertrag. Sie können von einem auf den nächsten Tag kündigen. Falls Sie wöchentlich oder monatlich zahlen, kann die Kündigungsfrist aber bis zu vier Wochen betragen.

Haushaltsnahe Dienstleistungen

Hilfe im Haushalt bieten neben den Mobilen Sozialen Diensten auch Privatfirmen an. Wer den besseren Service liefert, lässt sich nicht generell sagen. Es lohnt sich, verschiedene Dienstleister zu vergleichen. Bitten Sie um ein kostenloses, unverbindliches Erstgespräch. Ein Hausbesuch ist sinnvoll, um die anfallenden Arbeiten vor Ort besprechen zu können. Folgende Fragen sollten Sie klären:

→ Bekommen Sie ein individuelles Angebot erstellt, in dem alle Kosten ersichtlich sind?

→ Wie erfolgt die Abrechnung? Werden Arbeiten pauschal abgerechnet oder nach Zeitaufwand?

→ Bei Letzterem sollte im 15-Minuten-Takt abgerechnet werden. Fragen Sie, ob zusätzliche Kosten etwa für die Anfahrt anfallen, und lassen Sie sich eine aktuelle Preisliste aushändigen.

→ Haben Sie einen festen Ansprechpartner, der zu gewöhnlichen Bürozeiten erreichbar ist?

→ Kommt regelmäßig dieselbe Person? Ist bei Krankheit oder Urlaub für Ersatz gesorgt? Gibt es die Möglichkeit, die Haushaltshilfe zu wechseln, falls kein Vertrauensverhältnis hergestellt werden kann?

→ Bis wann haben Sie die Möglichkeit, Einsätze kostenlos abzusagen? Gut ist, wenn Sie Termine bis 12 Uhr am vorherigen Werktag kostenlos stornieren können.

→ Hat der Dienstleister eine Haftpflichtversicherung? Sie sollte nicht auf grobe Fahrlässigkeit beschränkt sein.

Im Vertrag müssen alle vereinbarten Leistungen und die dafür anfallenden Kosten aufgelistet sein. Manche Dienstleister bieten einen Probeeinsatz an, nach dem Sie fristlos kündigen können. Andere vereinbaren eine Grundlaufzeit. Diese sollte höchstens zwei Monate betragen. Achten Sie darauf, dass Sie den Vertrag danach mit einer Frist von maximal fünf Werktagen kündigen können. Für den Dienstleister sollten dagegen längere Kündigungsfristen gelten. Das gibt Ihnen Zeit, sich um Ersatz zu kümmern.

→ **TIPP Checkliste erleichtert Auswahl**
Die Verbraucherzentrale Nordrhein-Westfalen hat eine Checkliste zur Auswahl haushaltsnaher Dienstleistungen erstellt: www.verbraucherzentrale.nrw/haushaltshilfen.

Ausländische Haushalts- und Betreuungskräfte

Die meisten Menschen möchten so lange wie möglich zu Hause wohnen bleiben. Viele Familien greifen deshalb auf ausländische Betreuungskräfte zurück, um einen Heimaufenthalt zu vermeiden.

Agenturen werben seit Jahren mit 24-Stunden- oder Rund-um-die-Uhr-Pflege durch ausländische Haushalts-und Betreuungskräfte. Das klingt vielversprechend. Ist aber mit deutschem Arbeitsrecht nicht vereinbar. Bevor Sie sich für diese Lösung entscheiden ist es daher wichtig, die Möglichkeiten und Grenzen zu beleuchten.

Der Umfang der Hilfe: Das dürfen ausländische Haushalts- und Betreuungskräfte machen

Zu den Aufgaben gehören der Haushalt, die Versorgung des Pflegebedürftigen und seine Betreuung Konkret heißt das: Die meist aus Osteuropa stammenden Frauen kümmern sich um die Mahlzeiten, gehen einkaufen, waschen Wäsche und putzen die Wohnung. Sie übernehmen regelmäßig einfache pflegerische Aufgaben etwa bei der Körperpflege, beim Anziehen oder Essen. Und sie leisten ihm Gesellschaft und passen auf, dass ihm nichts passiert. Das ist eine wertvolle Unterstützung.

Die ausländischen Haushalts- und Betreuungskräfte sind in aller Regel keine ausgebildeten Pflegefachkräfte. Sie dürfen deshalb keine Aufgaben der Behandlungspflege – zum Beispiel Verbände wechseln, Wunden versorgen, Spritzen geben – übernehmen. Werden hier Fehler gemacht, kann das gravierende gesundheitliche Probleme nach sich ziehen. Für solche Tätigkeiten sollten Sie immer ausgebildete Pflegefachkräfte von einem Pflegedienst beauftragen. In aller Regel übernimmt die Krankenkasse die anfallenden Kosten (→ Seite 65 ff.), da Behandlungspflege eine Leistung der Krankenkasse ist.

GUT ZU WISSEN

Herausforderung Demenz

Ausländische Betreuungskräfte werden häufig engagiert, um Demenzkranke zu versorgen, die rund um die Uhr beaufsichtigt werden müssen. Die Versorgung von Menschen mit einer schweren Demenz ist aber sehr herausfordernd und kann die Haushaltshilfe überfordern. Auch hier sollten unbedingt Fachkräfte hinzugezogen werden. Ein Pflegeheim, das auf schwer demenzkranke Menschen ausgerichtet ist, kann hier die bessere Versorgung bieten.

24-Stunden-Pflege – geht das überhaupt?

Nein. Eine Rund-um-die-Uhr-Betreuung kann eine Person niemals leisten. Das deutsche Arbeitsrecht, insbesondere die Arbeitsschutzgesetze, gelten auch für ausländische Haushalts- und Betreuungskräfte. Danach darf die ausländische Haushalts- und Betreuungskraft **maximal acht Stunden am Tag** arbeiten. Zehn-Stunden-Tage sind ausnahmsweise möglich, wenn die durchschnittliche Arbeitszeit innerhalb von sechs Monaten bei acht Stunden täglich liegt. Das zeigt: 24-Stunden-Pflege ist nicht zu haben, außer Sie engagieren mehrere ausländische Betreuerinnen, die sich im Schichtdienst abwechseln – was aber entsprechend teuer ist. Falls Ihr Angehöriger eine Rund-um-die-Uhr-Betreuung benötigt, müssen Sie neben der ausländischen Betreuungskraft weitere Unterstützung engagieren oder sich selbst um ihn kümmern.

Neben der ausländischen Haushalts- und Betreuungskraft sollten Sie grundsätzlich einen ambulanten Pflegedienst beauftragen, damit die Qualität der Versorgung fachlich sichergestellt ist.

So könnte ein möglicher Tagesablauf aussehen:

8.00 – 8.30 Uhr
Ambulanter Pflegedienst
Hilfe beim Waschen, Anziehen, Toilettengang

8.30 – 13.00 Uhr
Ausländische Betreuungskraft
Frühstücken, Spazierengehen, Mittagessen vorbereiten, gemeinsames Essen

13.00 – 14.00 Uhr
Mittagspause (keine Bereitschaft)

14.00 – 17.00 Uhr
Ausländische Betreuungskraft
Einkaufen, Putzen, Vorlesen, Kartenspielen, Vorbereitung Abendessen

17.00 – 19.00 Uhr
Angehörige
gemeinsames Abendessen, Unterhaltung

19.00 – 20.00 Uhr
Ausländische Betreuungskraft
Hilfen beim Waschen und Ausziehen, Toilettengang, Zu-Bett-Bringen

20.00 – 8.00 Uhr
Angehörige
Notfallmelder für Hilfebedarfe in der Nacht. Keine Bereitschaft der ausländischen Betreuungskraft.

GUT ZU WISSEN

Bereitschaft ist Arbeitszeit

Bereitschaft heißt, dass sich die Betreuungskraft in der Nähe aufhält und bei Abruf sofort einsatzbereit ist. Eine solche Bereitschaft gilt als Arbeitszeit. Bei der **Ruf**bereitschaft ist das anders. Hier muss die Betreuungskraft nicht am Ort bleiben, sondern lediglich erreichbar sein. Rufbereitschaft gilt nicht als Arbeitszeit.

Ist das was für uns?

Jemanden zu haben, der sich tagsüber um den pflegebedürftigen Angehörigen kümmert, klingt verlockend. Viele Familien sehen darin die einzige Möglichkeit, eine Unterbringung in einem Pflegeheim zu verhindern. Tatsächlich leisten die vielen ausländischen Haushalts- und Betreuungskräfte in Deutschland wertvolle Hilfe. Trotzdem sollten Sie gut überlegen, ob eine solche Versorgung für Sie und Ihren Angehörigen das Richtige ist. Die ausländische Betreuungskraft wohnt bei ihm im Haushalt. Es entsteht also zwangsläufig große Nähe.

Die folgenden Fragen helfen bei der Entscheidung:

- → Können Sie und/oder Ihr Angehöriger sich vorstellen, monatelang mit einer fremden Person im Haushalt zusammenzuleben?
- → Kann sich Ihr Angehöriger noch auf eine fremde Person einlassen?
- → Gibt es genug Platz, um die Betreuungsperson unterzubringen? Sie benötigt mindestens ein möbliertes Zimmer.
- → Wie wichtig sind Sprachkenntnisse bei der Versorgung des Pflegebedürftigen?
- → Wie viel Zeit können Sie aufbringen, um die Betreuungskraft zu entlasten?
- → Wie decken Sie die vorgeschriebenen Ruhezeiten, Krankheit und Urlaub ab?
- → Haben Sie Ersatz, falls die Betreuungskraft kündigt oder Sie nicht zufrieden sind?
- → Können Sie die Kosten decken?

Die verschiedenen Beschäftigungsmodelle

Es gibt mehrere Möglichkeiten, eine ausländische Haushaltshilfe oder Betreuungskraft zu beschäftigen. Die sicherste Variante ist, sie selbst einzustellen. Sie werden dann Arbeitgeber. Alternativ können Sie ein ausländisches Unternehmen damit beauftragen, eine Mitarbeiterin nach Deutschland zu entsenden. Die Vermittlung läuft über Agenturen. Und schließlich bieten selbstständige ausländische Betreuungskräfte ihre Dienste an. Aber Vorsicht: Hierbei handelt es sich häufig um eine Scheinselbstständigkeit, und Sie riskieren Ärger mit dem Zoll.

Variante 1: Das Arbeitgebermodell: Die Anstellung einer ausländischen Haushalts- und Betreuungskraft

Beim Arbeitgebermodell stellen Sie oder Ihr Angehöriger eine ausländische Betreuungskraft an. Das hat den Vorteil, dass Sie direkt weisungsbefugt sind. Sie können u.a. die Beschäftigungs- und Pausenzeiten bestimmen und festlegen, welche Tätigkeiten wann erledigt werden müssen. Das gibt Ihnen viel Freiheit bei der Ausgestaltung, so lange deutsches Arbeitsrecht eingehalten wird.

Die deutschen Arbeitsschutzbestimmungen begrenzen die tägliche Arbeitszeit auf acht Stunden. Nach Ende der Arbeitszeit ist eine ununterbrochene Ruhezeit von elf Stunden vorgeschrieben. Damit wird deutlich: Eine Rund-um-die-Uhr-Betreuung ist so nicht möglich.

Die Haushalts- und Betreuungskraft hat Anspruch auf

- → den Mindestlohn von 9,19 Euro pro Stunde.
- → sechs Wochen Entgeltfortzahlung im Krankheitsfall.
- → bezahlten Urlaub von mindestens 24 Werktagen. In dieser Zeit müssen Sie Ihren Angehörigen auf anderem Weg versorgen, zum Beispiel über eine Kurzzeitpflege oder eine Verhinderungspflege.

Als Arbeitgeber müssen Sie Steuern und Sozialabgaben abführen und die Betreuungskraft bei der Unfallversicherung der zuständigen Berufsgenossenschaft anmelden.

Das ist zwar etwas aufwendiger. Dafür können Sie im Vertrag mit der ausländischen Betreuungskraft konkrete Regelungen zur Tätigkeit, Arbeitszeiten, Vergütung, Probezeit, Kündigungsfristen, Urlaub und zur Übernahme weiterer Kosten (Fahrtkosten, Telefonkosten etc.) treffen.

Bei der Vermittlung hilft die Zentrale Auslands- und Fachvermittlung der Agentur für Arbeit (ZAV). Dafür müssen Sie der ZAV ein Stellenangebot mit einer Ausschreibung schicken. Die Mitarbeiter gleichen das Angebot mit Profilen ausländischer Bewerber ab. Passt ein Profil, leiten sie die Angaben weiter. Dieser Service ist kostenlos.

Die Caritas und die Diakonie helfen bei der Vermittlung und Anstellung ausländischer Betreuungskräfte. Sie arbeiten dafür mit Partnern in Osteuropa zusammen. Das Angebot ist bisher allerdings auf bestimmte Regionen in Baden-Württemberg, Bayern, Nordrhein-Westfalen begrenzt. Nähere Informationen stehen im Internet unter www.carifair.de und www.vij-faircare.de.

Die Kosten: circa 2.200 Euro, plus Reise- und Telefonkosten. Die Kosten können als Haushaltsnahe Dienstleistungen anteilig von der Steuer abgesetzt werden (→ Seite 78 f.)

Die Vorteile: Legale Beschäftigung. Die Betreuungskraft ist sozial abgesichert. Die Arbeitsbedingungen können flexibel ausgehandelt werden.
Die Nachteile: Höherer bürokratischer Aufwand.

Variante 2: Das Entsendemodell: Vertrag mit einem Dienstleister im Ausland

Beim Entsendemodell beauftragen Sie ein ausländisches Unternehmen damit, eine Mitarbeiterin oder eine freie Mitarbeiterin nach Deutschland zu entsenden. Sie stellen die Haushalts- oder Betreuungskraft also nicht selbst an, sondern schließen einen Vertrag mit der ausländischen Firma ab und zahlen ihr ein vertraglich festgelegtes Entgelt. Das bedeutet weniger bürokratischen Aufwand, hat jedoch den Nachteil, dass der Arbeitgeber im Ausland Arbeitszeiten, Urlaub und die Art der Tätigkeiten festlegt. Nur er ist weisungsbefugt. Rechtlich gesehen dürfen Sie der Haushalts- und Betreuungskraft also keine Aufgaben übertragen. Die Praxis sieht allerdings anders aus. Das führt zu einer rechtlichen Grauzone, da Sie sich eigentlich mit dem Dienstleister abstimmen müssten. Es ist wichtig, dass Sie im Vertrag mit dem ausländischen Unternehmen möglichst detailliert festlegen, welche Aufgaben wann und wie ausgeführt werden sollen.

Der ausländische Arbeitgeber muss die deutschen Mindestarbeitsbedingungen einhalten. Arbeitszeiten, Mindestlohn, Ruhezeiten und Urlaub sind auch hier geregelt. Anders als oft versprochen, ist also keine Rund-um-die-Uhr-Betreuung möglich, außer der Dienstleister entsendet mehrere Haushalts- und Betreuungskräfte, die in Schichten arbeiten – zu entsprechend hohen Kosten. Fällt die Haushalts- und Betreuungskraft krankheitsbedingt aus oder hat Urlaub, sorgt der Arbeitgeber im Ausland für eine Vertretung.

Achten Sie darauf, dass die Haushaltshilfe im Ausland sozialversichert ist. Als Nachweis gilt die sogenannte A1-Bescheinigung. Sie sollte bei Beschäftigungsbeginn im Original vorgelegt werden oder schnellstmöglich nachgereicht werden.

Die Vermittlung läuft in aller Regel über Agenturen in Deutschland, mit denen ein gesonderter Vertrag abgeschlossen wird.

Die Kosten: circa 2.000 bis 3.400 Euro, plus Reise- und Feiertagszuschläge. Die Kosten können als Haushaltsnahe Dienstleistungen anteilig von der Steuer abgesetzt werden (→ Seite 78 f.) Für die Vermittlung können Gebühren in unterschiedlicher Höhe anfallen.
Die Vorteile: Diese Form der Beschäftigung ist mit relativ wenig Aufwand verbunden. Für eine Vertretung bei Krankheit oder Urlaub ist gesorgt.
Die Nachteile: Nur der Arbeitgeber im Ausland ist weisungsbefugt. Das macht Abspra-

chen schwieriger. Als Auftraggeber können Sie nicht sicher sein, dass die Betreuungskraft tatsächlich den vereinbarten Lohn erhält und sozial abgesichert ist.

Variante 3: Beschäftigung selbstständiger Haushalts- und Betreuungskräfte

In der EU gilt die uneingeschränkte Dienstleistungsfreiheit. Selbstständige dürfen ihre Arbeitskraft also überall anbieten. Dafür melden Sie im Heimatland oder in Deutschland ein Gewerbe an und führen Steuern und Sozialabgaben ab.

Als Auftraggeber schließen Sie mit der ausländischen Haushalts- und Betreuungskraft einen Dienstleistungsvertrag ab, in dem die Tätigkeit, die Vertragsdauer und die Bezahlung geregelt sind. Selbstständige sind aber niemals weisungsgebunden. Ort, Zeit und Ausführung der Arbeit müssen sie selbst bestimmen, sonst wird die Tätigkeit als Scheinselbstständigkeit gewertet.

Für eine Scheinselbstständigkeit spricht außerdem, wenn

- es nur einen Auftraggeber gibt.
- keine Geschäftsräume vorhanden sind.
- die Betreuungskraft für einen längeren Zeitraum in einem Haushalt lebt.

Damit wird deutlich: Bei einer Rund-um-die-Uhr-Betreuung handelt es sich um eine Scheinselbstständigkeit. Sie kann mit Bußgeldern geahndet werden. Sie sollten von dieser Beschäftigungsvariante absehen, wenn Sie nicht sicher sind, dass die Betreuungskraft tatsächlich selbstständig ist.

Die Kosten: circa 1.500 bis 2.200 Euro, plus Reise- und Feiertagsentgelte.

Was leisten Vermittlungsagenturen?

Es gibt zahlreiche Firmen, die Haushaltshilfen und Betreuungskräfte aus dem Ausland vermitteln.

Zunächst wird anhand eines Fragebogens der Betreuungs- und Hilfebedarf ermittelt. Sie müssen Angaben zum Haushalt, zum Krankheitsbild und dem Betreuungsbedarf machen und können persönliche Wünsche äußern. Außerdem wird abgefragt, wie gut die ausländische Betreuungskraft deutsch sprechen muss. Der Vermittler nimmt dann Kontakt zu ausländischen Unternehmen auf und schlägt Ihnen eine oder mehrere Betreuungskräfte vor. Entscheiden Sie sich für eine der vorgeschlagenen Personen, übernehmen die Agenturen häufig den Schriftverkehr und übersenden zum Beispiel den Dienstleistungsvertrag. Für diese Dienstleistungen nehmen die Vermittler Entgelte in unterschiedlicher Höhe. Wollen Sie über die Vermittlung hinaus auch weitere Unterstützung haben, sollten Sie auf entsprechende Regelungen im Vertrag achten.

„Tagsüber kümmert sich eine junge Frau aus Makedonien um meine Frau. Sie lebt in Deutschland und spricht perfekt deutsch. Für uns ist sie wie eine Tochter. Wir hoffen sehr, dass sie in Deutschland bleiben kann. Früher hatten wir es auch mit anderen ausländischen Hilfskräften probiert. Aber wenn man kaum mit jemandem kommunizieren kann, dann funktioniert das nicht."

Peter S.

→ **TIPP Festhalten, was zu tun ist**
Wenn Sie eine Vermittlungsagentur beauftragen, sollten Sie vertraglich festhalten, welche Dienstleistungen genau übernommen werden und welche Kosten dafür entstehen. Dieser Vertrag ist unabhängig vom Vertrag mit dem ausländischen Arbeitgeber.

Verbindliche Qualitätskriterien oder unabhängige Gütesiegel, anhand derer Sie seriöse Anbieter sowohl bei den Vermittlern als auch den ausländischen Dienstleistern erkennen können. gibt es nicht. Deshalb bleibt Ihnen nur, genau hinzugucken.

→ Sind im Impressum der Agentur Geschäftsführer, Firmensitz und Geschäftsadresse genannt?
→ Gibt es ein persönliches oder telefonisches Vorgespräch?
→ Mit welchen ausländischen Unternehmen arbeitet die Vermittlungsagentur zusammen? Erhalten Sie auf Nachfrage nähere Informationen zu diesen Anbietern?
→ Geht die Agentur auf rechtliche Fragen etwa zur Scheinselbstständigkeit ein oder bügelt sie diese mit Floskeln wie „Wir kümmern uns um alles" ab?
→ Steht die Vermittlungsagentur nach Beschäftigungsbeginn weiter als Ansprechpartner zur Verfügung?
→ Bei Provisionszahlungen: Wie transparent sind diese Zahlungen?
→ Stellt die Vermittlungsagentur einen Mustervertrag zur Verfügung, den Sie in Ruhe prüfen können?
→ Wird Ihnen neben dem Mustervertrag für die Vermittlung auch ein Muster des Dienstleistungsvertrags der Entsendefirma zur Verfügung gestellt?
→ Haben Sie die Möglichkeit, auf die Vertragsinhalte Einfluss zu nehmen, insbesondere auf Art und Umfang der Beschäftigung, die Vertragsdauer und Kündigungsfristen?
→ Entsprechen die Vertragsbedingungen des ausländischen Entsenders Ihren Vorstellungen?

- Gibt es kurze Kündigungsfristen?
- Wie lange dauert es, bis Ihnen bei Ausfall der Betreuungskraft ein Ersatz gestellt werden kann?
- Sind die Kosten transparent gestaltet oder müssen Sie sich die anfallenden Kosten erst aus verschiedenen Stellen im Vertrag zusammensuchen?
- Können Sie sich im Dienstvertrag bestätigen lassen, dass die A1-Bescheinigung beantragt ist und so schnell wie möglich vorgelegt wird?
- Sind Arbeitszeiten und Urlaub im Dienstvertrag festgelegt?
- Inwieweit übernimmt die ausländische Firma die Haftung, wenn etwas passiert?
- Welches Recht ist vereinbart – deutsches Recht oder das Recht des Herkunftslandes des Dienstleisters?

GUT ZU WISSEN

Mehr Informationen

Die Verbraucherzentrale NRW erklärt in der Broschüre „Ausländische Haushalts- und Betreuungskräfte in Privathaushalten“ ausführlich, worauf bei der Anstellung geachtet werden muss. Im Internet als Download erhältlich: www.verbraucherzentrale.nrw, Stichwort „Shop“ – „Gesundheit + Pflege“ – „Pflege zu Hause“ – „Ausländische Betreuungskräfte – wie geht das legal?“

Hilfsmittel für die Pflege

Hilfsmittel sollen Menschen in ihrer Selbstständigkeit unterstützen und bei der Pflege helfen. Dazu gehören so unterschiedliche Gegenstände wie Rollatoren und Haltegriffe, Hörgeräte und Wannenlifter. Richtig eingesetzt, sind sie im Alltag eine große Hilfe.

Manche Hilfsmittel werden von der Krankenkasse bezahlt, andere von der Pflegekasse. Für Laien ist das nur schwer zu durchschauen. Grob lassen sich Hilfsmittel in zwei Gruppen unterteilen:

→ **Hilfsmittel, die in erster Linie dem Patienten dienen.** Das sind zum Beispiel Prothesen, Rollatoren oder Hörgeräte. Dazu gehören auch Hilfsmittel für den täglichen Gebrauch, etwa Inkontinenzhilfen. Diese Hilfsmittel werden von der gesetzlichen Krankenversicherung bezahlt.

→ **Hilfsmittel, die Pflegenden die Arbeit erleichtern.** Sie werden als Pflegehilfsmittel bezeichnet. Zu dieser Gruppe gehören zum Beispiel Pflegebetten oder Lagerungsrollen. Auch hier gibt es „zum Verbrauch bestimmte Hilfsmittel". Das sind beispielsweise Einmalhandschuhe. Für diese Pflegehilfsmittel ist die Pflegekasse zuständig.

Bevor ein Hilfsmittel beantragt wird, ist es wichtig zu klären, was der Pflegebedürftige noch kann und wobei er Hilfe braucht. Nimmt ein Hilfsmittel dem Patienten zu viel ab, besteht die Gefahr, dass er seine Fähigkeiten nicht mehr ausreichend trainiert und über kurz oder lang verliert. Vereinfacht gesagt: Wer mit dem Rollator gut klar kommt, sollte nicht im Rollstuhl sitzen. Manche Hilfsmittel fördern auch die Eigenständigkeit oder ermöglichen sie erst. Häufig kommen zum Beispiel Menschen mit einer versteiften Hüfte nicht mehr alleine aus einem normalen Bett hoch. Ein höhenverstellbares Bett ermöglicht es ihnen, selbstständig aufzustehen.

Nicht jedes Hilfsmittel ist für jeden Menschen geeignet. Manchen Gehbehinderten reicht ein Gehstock. Häufig führt er jedoch dazu, dass der Nutzer schief läuft und weitere Beschwerden bekommt. Ein Rollator ist daher oft die bessere Wahl. Doch auch er passt nicht in jedem Fall. Für manche Pflegebedürftige ist ein Gehbock sicherer.

Bei der Auswahl von Hilfsmitteln spielt außerdem die Wohnumgebung eine wichtige Rolle. Ein Wannenlifter zum Beispiel kann ein Segen sein. In einem sehr engen Badezimmer lässt er sich aber kaum nutzen, und manche Spezialrollstühle passen nicht durch Standardtürrahmen.

Gute Ansprechpartner sind Ärzte und Therapeuten. Welche Hilfsmittel für Ihren Angehörigen infrage kommen, können Ärzte, Pflegekräfte oder Therapeuten einschätzen. Sie wissen meistens, was einem Patienten in seiner speziellen Situation helfen kann. Wenn es um Pflegehilfsmittel geht, sollten Sie sich an eine Pflegefachkraft etwa von einem Pflegedienst wenden. Die professionellen Pfleger haben oft einen guten Überblick über die gängigen Produkte und können Empfehlungen geben. Sie helfen in der Regel auch bei der Antragstellung. Größere Sanitätshäuser oder Apotheken haben extra geschulte Mitarbeiter für die Beratung. Hier können Sie sich Hilfsmittel ansehen oder sie ausprobieren. Unabhängige Informationen geben die Wohnberatungsstellen. Daneben gibt es zahlreiche Internetseiten, die über Hilfsmittel bei bestimmten Krankheiten informieren.

→ **TIPP Genau hinsehen**
Viele Internetportale stellen wertvolle Informationen bereit. Vertrauen Sie den Aussagen aber nicht blind. Möglicherweise hat der Betreiber rein wirtschaftliche Interessen und steht mit bestimmten Herstellern in geschäftlichen Kontakt. Die bereitgestellten Informationen sind dann nicht neutral.

Eine kleine Auswahl sinnvoller Hilfsmittel

Hilfsmittel, die von der Kranken- oder der Pflegekasse bezahlt werden, sind im Hilfsmittelverzeichnis der gesetzlichen Krankenversicherung gelistet und tragen eine Hilfsmittelnummer. Das Hilfsmittelverzeichnis kann im Internet eingesehen werden unter https://hilfsmittel.gkv-spitzenverband.de. Die Liste ist allerdings nicht abschließend. Die Krankenkassen übernehmen auch Kosten für andere Hilfsmittel, wenn diese medizinisch notwendig sind. Nicht bezahlt werden Gebrauchsgegenstände des täglichen Lebens. Die Abgrenzung ist häufig schwierig. So gilt besonders geformtes Besteck, das Behinderten das Essen erleichtern soll, als Gebrauchsgegenstand. Es muss aus eigener Tasche bezahlt werden. Adapter, die auf normales Besteck gesteckt werden und den gleichen Zweck erfüllen, sind Hilfsmittel, die die Krankenkasse finanziert. Für Laien sind diese Einteilungen kaum nachvollziehbar. Deshalb ist es wichtig, sich frühzeitig Rat zu holen.

Die folgende Übersicht soll Ihnen eine Idee geben, welche Hilfsmittel angeboten werden und den Pflegealltag leichter machen. Die Liste ist weder vollständig noch eine konkrete Empfehlung. Was sinnvoll ist, muss immer individuell entschieden werden.

→ **Anziehhilfen** erleichtern das eigenständige Ankleiden. Es gibt zum Beispiel Knopfschließer, Anziehhilfen für Hosen oder Strumpfanzieher. Einige Anziehhilfen werden von der Krankenkasse bezahlt (Hilfsmittelverzeichnis: HV Gruppe 02).

→ **Mobile Rampen** (HV Gruppe 22) ermöglichen es Rollstuhlfahrern, kleine Höhenunterschiede wie Schwellen oder einzelne Stufen überwinden. Die Rampen können leicht auf- und abgebaut werden.

→ Mithilfe eines **Treppensteiggeräts** (HV Gruppe 18) können gehbehinderte Menschen im Sitzen gerade oder gewendelte Treppen überwinden. Zur Nutzung wird eine zweite Person benötigt.

→ **Sicherheitsgriffe & Aufrichthilfen** im Bad (HV Gruppe 04) erleichtern den Einstieg in die Dusche und das Aufrichten aus der Badewanne oder von der Toilette. Sie sind schon bei leichten Gangunsicherheiten sinnvoll. Die Haltegriffe können angeschraubt, geklebt oder einfach per Saugnapf befestigt werden. Es gibt Modelle, die sich auf dem Badewannenrand befestigen lassen. Griffe mit Haltestangen im rechten Winkel bieten die Möglichkeit, sich gleichzeitig abzustützen und hochzuziehen.

→ **Duschhocker** (HV Gruppe 04) erleichtern Menschen, die nicht mehr gut und sicher stehen können, das Duschen. Der Hocker verfügt über rutschfeste Füße. Eine Alternative sind **Duschsitze**, die an der Wand montiert werden und sich einklappen lassen.

→ **Lifter** helfen, schwere oder immobile Menschen zu bewegen und Hindernisse zu überwinden (HV Gruppe 22). Es gibt Sitze, Tragen und Gurtsysteme. Sehr häufig werden Badewannenlifter eingesetzt. Sie erleichtern den Einstieg in die Badewanne.

→ Mit einer **Toilettensitzerhöhung** (HV Gruppe 33) fällt das Hinsetzen und Aufrichten von der Toilette leichter. Die Sitzerhöhungen werden häufig anstelle der handelsüblichen WC-Brille auf das WC-Becken montiert.

→ Ein **Toilettenstuhl** (HV Gruppe 33) erspart Menschen, die nicht mehr sicher auf den Beinen sind, den (nächtlichen) Gang zur Toilette. Damit beugt er Stürzen vor. Bei starker Mobilitätseinschränkung ist das Umsetzen auf den Toilettenstuhl leichter als der Transfer ins Bad.

→ Ein **Pflegebett** (HV Gruppe 50) lässt sich auf Knopfdruck hoch- und runterfahren. Kopf- und Fußteil sind in der Neigung verstellbar.

→ **Bettgalgen** (HV Gruppe 50) sind Metallkonstruktionen, die am Kopfende des Bettes befestigt werden. An einem höhenverstellbaren Griff kann sich der Pflegebedürftige aufrichten. Eine andere gute Hilfe sind **Bettleitern**. Sie ähneln einer Strickleiter und werden am Fußende des Bettes befestigt. Der Pflegebedürftige kann sich an den Sprossen hochziehen. Bettgalgen und Bettleiter setzen voraus, dass der Nutzer über ausreichend Kraft verfügt.

GUT ZU WISSEN

Kein Bettgalgen nach Schlaganfall

Bettgalgen eignen sich nicht für Schlaganfallpatienten. Strengen sie sich mit der nicht-gelähmten Seite zu sehr an, kann das Spastiken – also eine Erhöhung der Muskelspannung – auf der gelähmten Seite begünstigen. Im schlimmsten Fall führen Spastiken zu dauerhaften Verhärtungen und Versteifungen.

→ Menschen, die lange Zeit im Bett liegen, rutschen mit der Zeit immer weiter Richtung Fußende. Um bequem sitzen und gut atmen zu können, müssen sie regelmäßig Richtung Kopfende bewegt werden. **Anti-Rutsch-Matten** (HV Gruppe 02) sind dabei eine Hilfe. Sie werden im Bett unter die Füße des Pflegebedürftigen gelegt und verhindern, dass er beim Abstoßen mit den Füßen auf dem Bettlaken wegrutscht. So kann er besser dabei helfen, den Körper Richtung Kopfende zu bewegen.

→ **Gleitmatten** (HV Gruppe 22) helfen Menschen, die ihre Liegeposition im Bett nicht mehr aus eigener Kraft verändern können. Die Matte wird unter Gesäß und Rücken des Pflegebedürftigen gelegt. So kann er mit relativ wenig Kraftaufwand im Bett bewegt werden.

→ Eine **Drehscheibe** am Boden (HV Gruppe 22) erleichtert den Transfer vom Bett in einen Rollstuhl oder Sessel. Der Pflegebedürftige lässt sich von der Bettkante auf die Drehscheibe gleiten und kann dann in Richtung des (Roll-) Stuhls gedreht werden. Drehscheiben sind allerdings nur für diejenigen geeignet, die sicher stehen können. Der Umgang muss gut geübt werden.

→ **Lagerungshilfen** (HV Gruppe 20) unterstützen Angehörige bei der korrekten Lagerung, zum Beispiel in Seitenlage. Das ist wichtig, um ein Wundliegen zu verhindern (→ Seite 178 ff.).

→ **Hilfen zum selbstständigen Essen und Trinken:** Dazu gehören zum Beispiel abgewinkeltes Essbesteck, Schneidebretter, auf denen eine Brotscheibe fixiert werden kann, Essschalen mit erhöhtem Rand, Becher mit Halter oder Trinkhilfe. Diese Hilfsmittel müssen teilweise selbst bezahlt werden. Fragen Sie am besten in einem Sanitätsgeschäft nach.

→ **TIPP Mehr Hilfsmittel finden**
Eine umfassende Übersicht verschiedener Hilfsmittel mit detaillierten Beschreibungen hat der Verein Barrierefrei Leben auf der Internetseite www.online-wohn-beratung.de zusammengestellt. Einfach Stichwort „Hilfsmittel für die häusliche Pflege" anklicken.

So kommt das Hilfsmittel nach Hause

Hilfsmittel müssen immer beantragt werden. Die Krankenkasse zahlt für Hilfsmittel, die erforderlich sind, um Krankheiten zu verhindern und ihre Behandlung abzusichern, Behinderungen vorzubeugen oder auszugleichen und eine Pflegebedürftigkeit zu vermeiden. Die Pflegekasse trägt die Kosten für Hilfsmittel, die die Pflege erleichtern, Beschwerden des Pflegebedürftigen lindern oder ihm helfen, ein selbstständiges Leben zu führen. Solche Pflegehilfsmittel stehen im Hilfsmittelverzeichnis unter den Nummern 50 aufwärts. Im Einzelfall übernehmen die Pflegekassen aber auch Kosten für andere Hilfsmittel, wenn der Antragsteller gut begründen kann, warum sie notwendig sind.

(Pflege-)Hilfsmittel können auf zweierlei Wegen beantragt werden: im Rahmen der Begutachtung für einen Pflegegrad oder direkt bei der Kranken- oder Pflegekasse. Beide

GUT ZU WISSEN

Nicht jede Privatversicherung zahlt Hilfsmittel

Privat Krankenversicherte müssen mit ihrer Versicherung klären, ob sie die Kosten für Hilfsmittel übernimmt. Das hängt vom jeweils abgeschlossenen Vertrag ab.

Leistungsträger haben unterschiedliche Antragsverfahren. Es ist aber nicht schlimm, wenn Sie einen Antrag aus Verstehen beim falschen Träger einreichen. Ist die Krankenkasse nicht zuständig, leitet sie den Antrag an die Pflegekasse weiter und umgekehrt.

Der Antrag im Rahmen der Begutachtung

Der Gutachter soll schon während der Begutachtung zur Feststellung einer Pflegebedürftigkeit auf das Thema Hilfsmittel eingehen. Er soll möglichst konkrete Empfehlungen abgeben, ob und welche (Pflege)Hilfsmittel sinnvoll sind. Stimmt Ihr Angehöriger zu, gilt diese Empfehlung als Antrag auf Gewährung. Eine ärztliche Verordnung ist nicht notwendig. Die Kranken- oder Pflegekasse soll Ihre Entscheidung dann schnell übermitteln.

Sprechen Sie mit dem Gutachter darüber, welche Hilfsmittel infrage kommen. Vielleicht haben Sie sich bereits informiert und können konkrete Wünsche nennen. Empfiehlt der Gutachter diese Hilfsmittel im Rahmen der Pflegebegutachtung, hat Ihr Angehöriger gute Chancen, sie schnell und unbürokratisch zu bekommen.

Der Antrag bei der Krankenkasse

Möchten Sie außerhalb der Begutachtung ein Hilfsmittel beantragen, verlangt die Krankenkasse üblicherweise eine ärztliche Verordnung. Der Arzt ist daher der erste Ansprechpartner. Doch nicht jeder Arzt kennt alle Hilfsmittel. Deshalb kann es nicht schaden, wenn Sie sich mit anderen Experten, etwa Therapeuten oder Pflegefachkräften, beraten, welche Hilfsmittel für Ihren Angehörigen infrage kommen.

Grundlage der Verordnung ist nicht allein die Diagnose. Der Arzt muss den Bedarf des Patienten, seine Fähigkeiten, die Prognose und das Ziel mitberücksichtigen. So soll verhindert werden, dass Menschen Hilfsmittel erhalten, die sie letztlich gar nicht nutzen können.

Der Arzt muss auf der Verordnung außerdem begründen, warum das Hilfsmittel notwendig ist. Er sollte es möglichst genau beschreibt und auf speziell erforderliche Funktionen eingeht. Vor allem bei technisch anspruchsvollen Hilfsmitteln kann es sinnvoll sein, ein oder zwei Beispielprodukte anzugeben. Je detaillierter der Arzt ein Hilfsmittel benennt, desto höher ist die Chance, dass der Patient am Ende ein passendes Produkt

„Bettunterlagen bekommen wir jeden Monat zugeschickt. Ich habe ein Jahresrezept, das klappt problemlos.“

Gudrun F.

bekommt. Vielleicht informieren Sie sich schon vorab und lassen sich zum Beispiel in einem Sanitätshaus verschiedene Modelle zeigen. Dann können Sie dem Arzt besser beschreiben, welche Bedürfnisse Ihr Angehöriger hat.

Im nächsten Schritt müssen Sie sich an die Krankenkasse Ihres Angehörigen wenden. Entweder Sie reichen die Verordnung dort zur Genehmigung ein. Oder Sie fragen nach, mit welchen Leistungserbringern die Krankenkasse zusammenarbeitet. Denn nicht jede Kasse hat mit jedem Sanitätshaus und jeder Apotheke Verträge abgeschlossen. Einige Krankenkassen bieten auf ihrer Internetseite die Möglichkeit, über die Postleitzahl oder den Wohnort nach Leistungserbringern in der Nähe zu suchen. Bei diesen Vertragspartnern können Sie die Verordnung abgeben. Die Apotheken oder Sanitätshäuser kümmern sich um die Genehmigung durch die Kasse und senden die entsprechende Verordnung an die Krankenkasse.

GUT ZU WISSEN

Sanitätshaus der Wahl

Sie können auch ein Sanitätshaus wählen, dass keinen Vertrag mit der Krankenkasse Ihres Angehörigen hat. Fallen dadurch Mehrkosten an, muss Ihr Angehöriger diese allerdings selbst bezahlen.

28

Tage Zeit haben Sie, um die Verordnung bei der Krankenkasse einzureichen. Sonst verliert sie ihre Gültigkeit.

Zum Verbrauch bestimmte Hilfsmittel wie Inkontinenzhilfen kann der Arzt für einen längeren Zeitraum verordnen. Üblich sind Verordnungen für drei Monate bis zu einem Jahr. Fragen Sie bei der Krankenkasse Ihres Angehörigen nach, ob ein solches Dauerrezept genehmigt wird.

Einige Hilfsmittel müssen **nicht genehmigt** werden. Das sind in der Regel günstige Produkte wie Kompressionsstrümpfe. Hat der Leistungserbringer passende Modelle vorrätig, können Sie diese direkt mitnehmen. Welche Hilfsmittel unter diese Regelung fallen, ist von Kasse zu Kasse unterschiedlich. Die Mitarbeiter im Sanitätshaus oder in der Apotheke können Ihnen Auskunft geben.

Bei **genehmigungspflichtigen Hilfsmitteln** prüfen die Mitarbeiter der Krankenkasse die ärztliche Verordnung. Dafür haben sie drei Wochen Zeit. Bei besonders aufwen-

> „Meine Frau benötigt einen Lifter. Es war völlig unproblematisch, den genehmigt zu bekommen. Die Krankenkasse hat gesehen, dass es ohne nicht geht."

Peter S.

digen Hilfsmitteln zieht die Krankenkasse den Medizinischen Dienst der Krankenversicherung (MDK) hinzu. Die Entscheidungsfrist verlängert sich dann auf fünf Wochen. Manchmal sind sogar Hausbesuche notwendig, etwa, wenn ein aufwendiges Rollstuhlmodell beantragt wurde.

Verzögert sich die Entscheidung, muss die Krankenkasse den Antragsteller über den Grund informieren. Versäumt sie das, gilt der Antrag als genehmigt. In einem solchen Fall kann sich Ihr Angehöriger das verordnete Hilfsmittel selbst besorgen und die Rechnung an die Krankenkasse weiterleiten. Achtung: Gerichte urteilen bisher unterschiedlich, wann genau diese Regelung gilt.

Stimmt die Krankenkasse dem Hilfsmittel zu, kann es beim Leistungserbringer – einem Sanitätshaus, einer Apotheke – abgeholt werden. Oder dieser liefert es zum Pflegebedürftigen nach Hause. Die Mitarbeiter sind verpflichtet, das Hilfsmittel einzustellen und die Handhabung zu erklären. Das funktioniert nicht immer gut. Falls Sie oder Ihr Angehöriger Probleme bei der Nutzung haben, sollten Sie sich unbedingt an den Leistungserbringer, eine Beratungsstelle oder die Krankenkasse wenden. Möglicherweise wurde das Hilfsmittel falsch eingestellt, oder es entspricht doch nicht den Anforderungen des Patienten.

Lehnt die Krankenkasse ein Hilfsmittel ab, bekommt Ihr Angehöriger einen entsprechenden Bescheid. Geben Sie sich nicht mit einem Anruf zufrieden, sondern bestehen Sie auf einer schriftliche Ablehnung. Damit können Sie sich an den Arzt oder eine Beratungsstelle wenden und nachfragen, ob ein Widerspruch erfolgversprechend ist. Rufen Sie am besten auch mal bei der Krankenkasse an. Manchmal lassen sich die Sachbearbeiter durch ein Gespräch überzeugen.

Der Widerspruch muss spätestens einen Monat nach Zugang des Bescheids schriftlich bei der Krankenkasse eingehen. Bestehen Sie darauf, dass bei einer erneuten Prüfung der MDK eingeschaltet wird. Denn dieser entscheidet weniger aus leistungsrechtlichen Gründen, sondern betrachtet eher den medizinischen Bedarf. Lehnt die Kasse die Kostenübernahme erneut ab, kann Ihr Angehöriger vor dem Sozialgericht klagen. Dafür hat er wiederum einen Monat Zeit.

Der Antrag bei der Pflegekasse

Pflegehilfsmittel müssen – wenn Sie nicht im Rahmen der Begutachtung empfohlen wurden – extra bei der Pflegekasse beantragt werden. Sie sind grundsätzlich genehmigungspflichtig. Eine Verordnung des Arztes ist nicht notwendig. Da es oft schwierig ist zu unterscheiden, ob ein Hilfsmittel von der

Pflege- oder der Krankenkasse bezahlt wird, werden auch viele Pflegehilfsmittel verordnet. Geht eine solche Verordnung bei der Krankenkasse ein, leitet sie diese automatisch an die Pflegekasse weiter. Sie können Pflegehilfsmittel aber auch direkt bei der Pflegekasse Ihres Angehörigen beantragen. Die Pflegekasse prüft dann, ob das Pflegehilfsmittel notwendig ist. Wird es abgelehnt, können Sie innerhalb von vier Wochen Widerspruch einlegen. Ansprechpartner ist dann die Pflegekasse.

Die Kosten

Wurde ein Hilfsmittel genehmigt, übernimmt die Kranken- oder Pflegekasse die Kosten. Ihr Angehöriger muss einen kleinen Betrag dazuzahlen. Doch der Teufel steckt im Detail.

Die **Krankenkasse** zahlt die mit den Apotheken oder Sanitätshäusern vereinbarten Kosten für die Versorgung. Solche Versorgungsverträge gibt es zum Beispiel für Hörgeräte. Wenn der Versicherte ein besseres Ge-

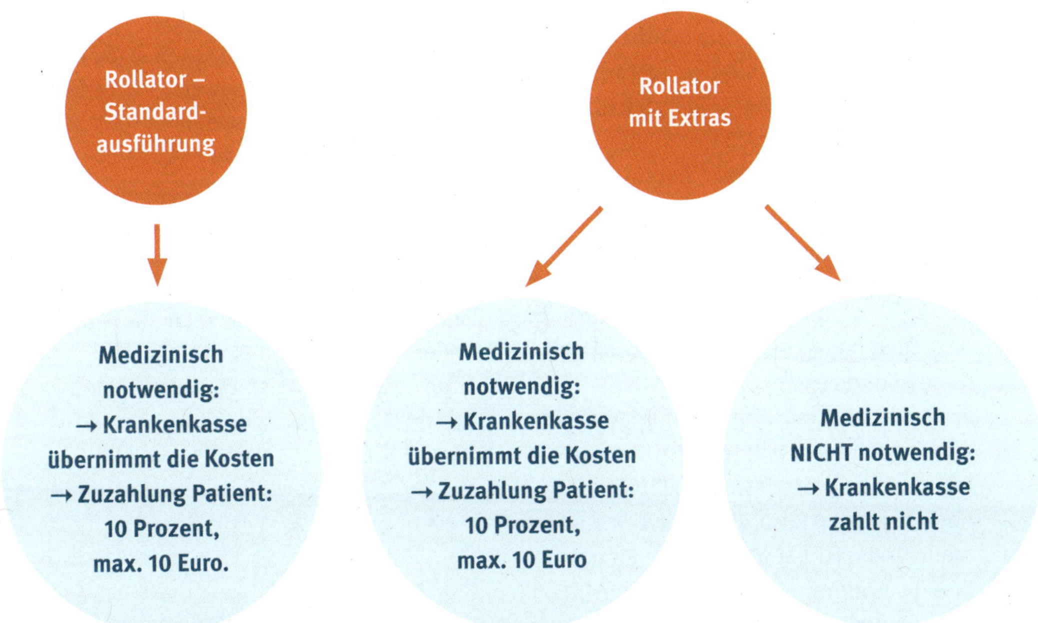

rät mit zusätzlichen Funktionen oder mehr Komfort haben möchte, liegt es bei ihm, die Mehrkosten zu tragen. Ist das teurere Gerät jedoch medizinisch notwendig, muss die Krankenkasse für die zusätzlich anfallenden Kosten aufkommen. Wichtig: Ihr Angehöriger muss die Übernahme der Mehrkosten ausdrücklich beantragen.

Sanitätshäuser und Apotheken sind verpflichtet, immer ein Produkt zum Festpreis im Sortiment zu haben, das der Patient ohne Aufzahlung bekommt. Beispiel Rollator: Die Standardausführung kostet heute unter 50 Euro. Für viele gehbehinderte Menschen ist ein solcher Rollator völlig ausreichend. Daneben gibt es Modelle, die deutlich leichter sind, dafür aber auch bis zu mehrere Hundert Euro kosten. Entscheidet sich Ihr Angehöriger für einen solchen Rollator, weil er wenig Kraft in den Armen hat und ein herkömmliches Modell nicht über eine Schwelle heben kann, trägt unter Umständen die Krankenkasse die Mehrkosten. Möchte Ihr Angehöriger den leichten Rollator nur, weil er ihn bequemer findet, muss er in jedem Fall selbst dafür zahlen.

Der Patient muss bei genehmigten Hilfsmitteln im Normalfall zehn Prozent der Kosten zuzahlen, mindestens jedoch fünf und höchstens zehn Euro, grundsätzlich aber nie mehr als das Hilfsmittel kostet. Bei zum Verbrauch bestimmten Hilfsmitteln wie Inkontinenzeinlagen ist die Zuzahlung auf höchstens zehn Euro pro Monatsbedarf begrenzt.

Die **Pflegekasse** übernimmt bei genehmigten Pflegehilfsmitteln die anfallenden Kosten bis auf einen Eigenanteil. Der Pflegebedürftige muss zehn Prozent der Kosten, höchstens aber 25 Euro pro Hilfsmittel selbst bezahlen. Bei ausgeliehenen Hilfsmitteln entfällt – anders als bei den Krankenkassen – die Zuzahlung. Zum Verbrauch bestimmte Pflegehilfsmittel wie Einmalhandschuhe bezuschusst die Pflegekasse mit bis zu 40 Euro pro Monat.

GUT ZU WISSEN

Leihbetten sind üblich

Die Kranken- und Pflegekassen sind angehalten, Hilfsmittel leihweise zur Verfügung zu stellen. Voraussetzung ist, dass sie den Anforderungen des Patienten entsprechen und er das Produkt nicht dauerhaft braucht. Häufig verliehen werden zum Beispiel Pflegebetten. Lehnt Ihr Angehöriger die leihweise Überlassung ohne zwingenden Grund ab, muss er die vollen Kosten tragen. Ein zwingender Grund wäre zum Beispiel, dass er eine spezielle Anfertigung benötigt.

Hausnotruf: Sicherheit in den eigenen vier Wänden

Ist Ihr Angehöriger häufiger alleine, empfiehlt sich die Installation eines Hausnotrufsystems. So lässt sich im Notfall schnell Hilfe holen. Das kann zum Beispiel nötig sein, wenn Ihr Angehöriger plötzlich Sehstörungen, Taubheitsgefühle oder Lähmungen hat. Solche Symptome treten typischerweise im Vorfeld eines Schlaganfalls auf. Dann zählt jede Minute. Je früher der Notarzt kommt, desto höher sind die Heilungschancen. Meistens drücken Menschen den Alarmknopf jedoch, weil sie sich in einer misslichen Lage befinden und nicht selbst helfen können. Sie sind zum Beispiel ausgerutscht und kommen nicht alleine auf die Beine. Dann reicht es schon, wenn ein Angehöriger oder der Mitarbeiter eines Pflegedienstes vorbeikommt und hilft.

GUT ZU WISSEN

Grenzen bei Demenz

Menschen mit einer fortgeschrittenen Demenz kommen häufig nicht mit einem Notrufsystem zurecht. Sie können schlecht einschätzen, wann sie Hilfe benötigen. Es kann passieren, dass sie den Notrufknopf unkontrolliert drücken. Manche Demenzkranke verstehen auch nicht, dass ein Mitarbeiter der Notrufzentrale über den Lautsprecher mit ihnen spricht.

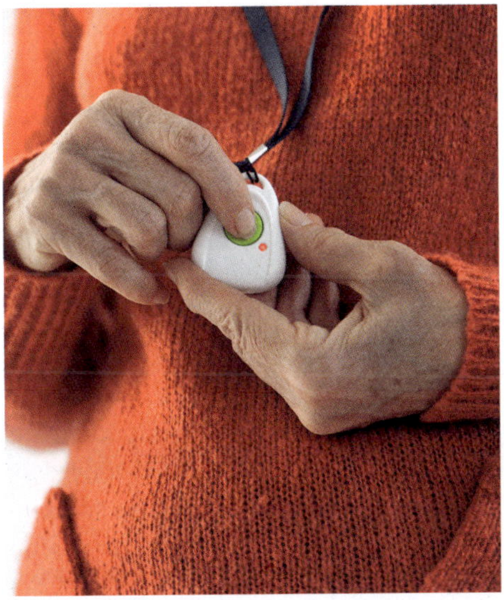

Ein Hausnotruf besteht aus zwei Elementen: Einem Funksender, den der Nutzer um den Hals, als Armband oder als Brosche trägt und immer bei sich haben sollte. Und aus einem Notrufgerät, das mit einem Lautsprecher und einem Mikrofon ausgestattet ist und an die Telefondose angeschlossen wird. Befindet sich der Nutzer in einer Notsituation, muss er nur den Alarmknopf am Funksender drücken, um die Notrufzentrale zu alarmieren.

Die Mitarbeiter bekommen mit dem Notruf alle wichtigen Daten des Nutzers angezeigt: Namen und Adresse, Informationen

> **! WICHTIG**
>
> **Immer erreichbar**
>
> Die Notrufzentrale muss rund um die Uhr besetzt sein. Wichtig ist, dass die Mitarbeiter in der Zentrale ausreichend qualifiziert sind, um im Notfall angemessen handeln zu können. Fragen Sie den Anbieter, wer in der Zentrale arbeitet. Gut ist, wenn immer mindestens ein ausgebildeter Rettungssanitäter Dienst hat.

über Krankheiten, Medikamente, notwendige Sofortmaßnahmen sowie Nummern von Ansprechpartnern. Sie versuchen als Erstes, Kontakt aufzunehmen und zu erfahren, was passiert ist. Benötigt Ihr Angehöriger nur eine helfende Hand, benachrichtigt die Zentrale eine im Vorfeld benannte Vertrauensperson. Oder sie schickt einen Mitarbeiter vorbei. Das ist bei einigen Anbietern gegen Aufpreis möglich. Deutet alles auf einen Notfall hin, alarmiert die Notrufzentrale einen Rettungsdienst. Für diesen Fall sollte organisiert sein, dass der Rettungsdienst in die Wohnung kommt. Entweder wird ein Haustürschlüssel bei Angehörigen oder Nachbarn hinterlegt, die häufig zu Hause sind. Oder der Hausnotrufanbieter nimmt den Schlüssel – gegen eine Extragebühr – in Verwahrung und schließt dem Notdienst auf. Falls Sie diese Option wählen, sollten Sie einen Betreiber in der Nähe wählen, der den Schlüssel schnell vorbeibringen kann.

Viele Hausnotrufe bieten als Zusatzleistung außerdem eine Absicherung an: Der Nutzer meldet sich einmal am Tag innerhalb einer bestimmten Frist per Knopfdruck. Versäumt er das, fragt die Zentrale aktiv nach, ob alles in Ordnung ist. Erreicht sie den Nutzer nicht, tritt ein Notfallplan in Kraft. Es kommt allerdings immer wieder vor, dass Nutzer vergessen, den Knopf zu drücken. Dann ist ein Bewegungsmelder eine gute Alternative. Er registriert, wenn sich der Nutzer nicht bewegt und löst in diesem Fall einen Notruf aus.

Hausnotrufsysteme gibt es von den großen Wohlfahrtsverbänden und privaten Unternehmen. Die Wohlfahrtsverbände bieten in der Regel eine Vor-Ort-Beratung an, bei der der Vertrag unterschrieben wird. Die Mitarbeiter installieren die Geräte und prüfen vor Ort die Funktionen. Das empfinden Kunden oft als große Hilfe. Privatanbieter beraten in der Regel am Telefon und schicken die Geräte per Post zu. Der Kunde muss sie dann selbst installieren. In solchen Fällen sollten Sie das Gerät unbedingt selbst testen. Funktioniert die Sprechverbindung und sind die Mitarbeiter der Notrufzentrale für Ihren Angehörigen zu verstehen? Besteht von jedem Wohnraum, vom Keller und vom Briefkasten aus Funkkontakt zum Basisgerät? Vereinbaren Sie am besten mit dem Anbieter, dass Sie aus verschiedenen Räumen Probealarm auslösen.

Die Kosten

Die monatlichen Kosten für den Hausnotruf liegen zwischen 23 und 29 Euro, dazu kommen einmalige Anschlussgebühren. Zusatzleistungen müssen extra bezahlt werden. Ihr Angehöriger sollte einen Vertrag ohne Mindestlaufzeit wählen, der mit einer Frist von höchstens zwei Wochen gekündigt werden kann.

Die Pflegeversicherung beteiligt sich an den Kosten, wenn ein Pflegebedürftiger (überwiegend) alleine lebt. Am einfachsten ist es, wenn der Gutachter im Rahmen der Pflegebegutachtung festhält, dass ein Hausnotruf notwendig ist. Sprechen Sie ihn darauf an. Mehr Informationen zum Hausnotruf stehen auf der Internetseite der Verbraucherzentrale www.verbraucherzentrale.nrw. In die Suchmaske „Hausnotruf“ eingeben.

GUT ZU WISSEN

Wohlfahrtsverbände vorn

Bei einem Test der Stiftung Warentest im Jahr 2018 schlossen die Hausnotrufdienste der großen Wohlfahrtsverbände überwiegend besser ab als die von Privatanbietern.

Pflege rechtlich gesehen

Angehörige dürfen Medikamente geben, steife Gelenke massieren oder Flüssignahrung per Sonde verabreichen. Die Post des Pflegebedürftigen zu öffnen, für ihn Geld zu überweisen oder Briefe an die Pflegekasse zu schicken, ist ohne Vollmacht aber verboten.

Deshalb ist es so wichtig, dass Pflegebedürftige frühzeitig Vollmachten aufzusetzen. Nur mit einer Vollmacht sind Angehörige befugt, im Namen des Pflegebedürftigen Anträge zu stellen, mit den Versicherungen zu verhandeln, Widerspruch einzulegen und andere rechtliche Aufgaben zu übernehmen.

Wollen llen oder müssen Sie die Behandlungspflege übernehmen, lassen Sie sich am besten vom behandelnden Arzt oder einer Pflegefachkraft das richtige Vorgehen zeigen. Scheuen Sie sich nicht, nachzufragen, wenn etwas unklar ist. Und üben Sie so lange im Beisein der Experten, bis Sie die Handgriffe sicher beherrschen. Pflegekurse (→ Seite 37 ff.) bieten die Möglichkeit, Pflegetechniken Schritt-für-Schritt zu lernen.

→ **TIPP Grenzen akzeptieren**
Übernehmen Sie nur pflegerische Handlungen, die Sie sich zutrauen, und lassen Sie sich gründlich einweisen. Wahrscheinlich werden Sie am meisten darunter leiden, wenn der Pflegebedürftige durch Ihr Handeln nicht optimal versorgt wird.

Kommt es zu **Pflegefehlern** – verwechseln Sie zum Beispiel die Medikamentenpackung oder legen Sie einen Verband falsch an – müssen Sie nichts befürchten. Nur bei grober Fahrlässigkeit oder Vorsatz können Sie für Fehler haftbar gemacht werden. Als Pflegender sind Sie auf der sicheren Seite, wenn ein Arzt oder eine Pflegekraft regelmäßig den

Pflegebedürftigen sieht und feststellt, dass alles in Ordnung ist. Sie können die Übernahme der Behandlungspflege aber auch ablehnen, wenn Sie dafür schlüssige Gründe haben. Ein solcher Grund könnte sein, dass Sie nicht mehr gut genug sehen, um Medikamente abzuzählen.

Kritisch wird es bei allen **freiheitsentziehenden Maßnahmen.** Gemeint sind zum Beispiel Bettgitter oder eine Fixierung am Stuhl. Freiheitsentziehende Maßnahmen sind ohne die Zustimmung des Pflegebedürftigen grundsätzlich verboten. Bei der Pflege im Heim müssen solche Maßnahmen von einem Betreuungsgericht genehmigt werden. Für die Pflege durch Angehörige gilt das nicht. Dennoch dürfen Sie den Pflegebedürftigen nicht einfach zu Hause einschließen, weil er weglaufen könnte. Daraus folgt aber auch, dass Sie nicht dafür haftbar gemacht werden können, wenn Sie kurz in den Keller gehen, Ihr Angehöriger die Wohnung verlässt und ihm dabei etwas passiert.

Mittlerweile gibt es Funksender, die Pflegebedürftigen umgehängt werden können, und Handys, die sich orten lassen. Manche Pflegende greifen zu solchen Geräten, wenn Sie fürchten, dass ihr Angehöriger wegläuft und nicht mehr alleine nach Hause kommt. Sie hoffen, ihn dadurch leichter zu finden. Nach herrschender Meinung ist der Einsatz solcher Überwachungsgeräte ohne richterliche Genehmigung erlaubt.

Die Ablage organisieren

Professionelle Pflegekräfte müssen alle Pflegetätigkeiten dokumentieren. Für Laien gilt das nicht. Sie sind Dritten gegenüber nicht zur Rechenschaft verpflichtet. Anders sieht es aus, wenn Sie sich als Bevollmächtigter oder Betreuer (→ Seite 150 ff.) um die rechtlichen und finanziellen Angelegenheiten Ihres Angehörigen kümmern. Dann müssen Sie alle wichtigen Dokumente aufbewahren. Doch auch, wenn Sie „nur" pflegen, lohnt es sich, Anträge und Schreiben der Leistungsträger sorgfältig abzuheften. So behalten Sie den Überblick und können gegebenenfalls nachweisen, wann Sie ein bestimmtes Hilfsmittel oder eine Leistung beantragt haben. Richten Sie einen Ordner für die Korrespondenz mit der Kranken- und einen für die Pflegekasse ein. Machen Sie sich Notizen von Te-

GUT ZU WISSEN

Aufsichtspflicht bei Demenz

Pflegende Angehörige haben nicht die Aufsichtspflicht über demenzkranke Familienmitglieder. Wurde eine gesetzliche Betreuung eingerichtet, kann der Betreuer im Rahmen der ihm übertragenen Aufgaben für Schäden haftbar gemacht werden.

lefonaten und heften Sie diese ebenfalls ab. So können Sie nachlesen, welche Auskünfte Sie bekommen haben.

Falls Ihr Angehöriger einen Pflegedienst beschäftigt, sollten Sie den Vertrag, die Abrechnungen und alle weiteren Unterlagen in einem Extra-Ordner aufbewahren. Sammeln Sie außerdem alle Arztberichte. Die Unterlagen werden benötigt, wenn Sie zum Beispiel einen Arzt wechseln oder für Ihren Angehörigen einen Schwerbehindertenausweis beantragen. Wichtig ist eine Übersicht aller Medikamente, die der Pflegebedürftige einnimmt. Dazu gehören auch nicht verschreibungspflichtige Arzneien und Nahrungsergänzungsmittel. Die Liste sollten Sie mitnehmen, wenn Ihr Angehöriger ins Krankenhaus muss oder einen neuen Arzt aufsucht. Fragen Sie die behandelnden Ärzte zwischendurch immer mal wieder, ob Ihr Angehöriger wirklich alle Medikamente nehmen muss.

Vollmachten ausstellen: Wer soll Entscheidungen treffen?

Irrtümlicherweise glauben viele Menschen, dass nahe Angehörige, zum Beispiel Ehegatten oder Kinder, automatisch für sie mitentscheiden dürfen. Das ist nicht so. Um sie dafür zu ermächtigen, sind verschiedene Vollmachten notwendig.

→ Mit einer **Vorsorgevollmacht** benennt der Pflegebedürftige eine Vertrauensperson als Bevollmächtigen und überträgt ihm das Recht, ihn in gesundheitlichen, finanziellen und rechtlichen Angelegenheiten zu vertreten.

→ In einer **Betreuungsverfügung** legt der Pflegebedürftige fest, wer als gesetzlicher Betreuer eingesetzt werden soll. Liegt eine rechtlich gültige Vorsorgevollmacht vor, ist eine gesetzliche Betreuung aber unwahrscheinlich.

Neben diesen Vollmachten und Verfügungen kann Ihr Angehörige eine Patientenverfügung aufsetzen. In ihr legt er fest, wie viel Medizin am Ende seines Lebens eingesetzt werden soll. Ohne Patientenverfügung (→ nächste Seite) entscheiden Dritte darüber, ob zum Beispiel eine künstliche Ernährung erfolgt oder nicht.

GUT ZU WISSEN

Schritt für Schritt zur Vollmacht

„Das Vorsorge-Handbuch“ der Verbraucherzentralen erklärt einfach und anschaulich, was bei den Verfügungen und Vollmachten zu beachten ist. Mit vielen Tipps, Formularen zum Ausfüllen und Textbausteinen. So lässt sich eine Verfügung oder Vollmacht schon an einem Abend erstellen. „Das Vorsorge-Handbuch“ können Sie hier bestellen: www.ratgeber-verbraucherzentrale.de.

Die Patientenverfügung

Die Patientenverfügung wird dann wichtig, wenn sich Ihr Angehöriger nicht mehr selbst zur weiteren medizinischen Behandlung äußern kann. Sie soll Ärzten dabei helfen, im Sinne des Patienten zu handeln. Ihr Angehöriger kann in der Patientenverfügung zum Beispiel festlegen, dass er im Endstadium einer tödlichen Krankheit keine lebenserhaltenden Maßnahmen wie eine künstliche Ernährung wünscht. Oder, dass er in jedem Fall Schmerzmittel bekommen möchte, auch wenn das Risiko besteht, dass er dadurch früher stirbt. Der Arzt ist verpflichtet, sich an diesen Wünschen zu orientieren. In einem aktuellen Urteil hat der Bundesgerichtshof ausgeführt, dass eine Patientenverfügung nur wirksam ist, wenn sie konkrete Aussagen enthält. Ihr Angehöriger muss klar benennen, wie er zu den Themen „Wiederbelebungsmaßnahmen“, „künstliche Ernährung“ und „künstliche Beatmung“ steht.

Liegt keine Patientenverfügung vor, muss der Arzt gemeinsam mit dem Bevollmächtigten oder Betreuer und nahen Angehörigen versuchen, den mutmaßlichen Patientenwillen zu ermitteln. Hierbei ist entscheidend, was der Betroffene geäußert hat und wie er zu eigenen Erlebnissen steht (zum Beispiel dem Fall eines Bekannten, der länger im Koma lag). Gegebenenfalls wird ein Betreuungsgericht eingeschaltet. Dann entscheiden Dritte über die weitere Behandlung. Das lässt sich durch eine Patientenverfügung verhindern.

Besprechen Sie unbedingt mit Ihrem Angehörigen, ob er bereits eine Patientenverfügung hat. Falls ja, ist wichtig zu klären, ob sie noch aktuell ist. Liegt keine Patientenverfügung vor, sollten Sie ihn ermutigen und ihm dabei helfen, eine aufzusetzen. Für die Anerkennung der Verfügung ist es von großer Bedeutung, dass Ihr Angehöriger beim Zeitpunkt des Verfassens wusste, was er tut. Um Probleme zu vermeiden, sollte er sich vom Hausarzt bescheinigen lassen, dass er zum Zeitpunkt der Unterschrift „Im Vollbesitz seiner geistigen Kräfte“ war.

Die Vorsorgevollmacht

In der Vorsorgevollmacht legt ihr Angehöriger fest, wer sich um seine gesundheitlichen, rechtlichen und finanziellen Angelegenheiten kümmern soll, wenn er das nicht mehr selbst kann. Grundvoraussetzung ist, dass es eine Person gibt, der der Vollmachtgeber zu hundert Prozent vertraut. Die Vorsorgevollmacht soll nicht sofort verwendet werden, sondern erst, wenn bestimmte Umstände eingetreten sind, die in der Vollmacht festgelegt wurden.

Die Vorsorgevollmacht besteht idealerweise aus zwei Schriftstücken: einer Vollmacht nach außen für Dritte und einer Vereinbarung im Innenverhältnis zwischen Vollmachtgeber und Bevollmächtigtem. Die Vorsorgevollmacht nach außen sollte sofort und ohne Einschränkungen gültig sein. So ist sichergestellt, dass der Bevollmächtigte bei Bedarf unverzüglich handeln kann, ohne mühsam nachweisen zu müssen, dass eine bestimmte Bedingung eingetreten ist. In der Vereinbarung mit dem Bevollmächtigten wird dann festgelegt, unter welchen Bedingungen die Vollmacht zum Einsatz kommen soll (sogenannte Vereinbarung im Innenverhältnis).

Die **Vollmacht nach außen** kann zur Vertretung in allen finanziellen, rechtlichen und persönlichen Angelegenheiten berechtigen. Damit der Bevollmächtige Auskunft von Ärzten bekommt, müssen sie von ihrer Schweigepflicht entbunden werden. Soll der Bevollmächtigte über schwerwiegende medizinische Eingriffe, lebenserhaltende Maßnahmen, den Aufenthaltsort des Vollmachtgebers oder den Einsatz freiheitsentziehender Maßnahmen entscheiden, muss das ausdrücklich in der Vorsorgevollmacht festgehalten werden.

BEISPIEL

Zwei mögliche Formulierungen:

Marlene Hellwig möchte eine Vorsorgevollmacht aufsetzen und ihre Tochter Nina Meyer zur Bevollmächtigen ernennen. Im ersten Schriftstück, der Vollmacht nach außen, könnte sie schreiben: „Ich, Marlene Hellwig, erstelle eine Vollmacht an meine Tochter Nina Meyer, nachfolgend „Bevollmächtigte“ genannt. Die Bevollmächtigte soll mich in folgenden Angelegenheiten vertreten....

Im zweiten Schriftstück, der Vereinbarung im Innenverhältnis, könnte sie festlegen: „Die Bevollmächtigte Nina Meyer verpflichtet sich gegenüber der Vollmachtgeberin Marlene Hellwig von der Vollmacht in ihrem Interesse und zu ihrem Wohlergehen sowie erst dann Gebraucht zu machen, wenn die Vollmachtgeberin zeitweise oder dauerhaft ihre Angelegenheiten nicht mehr selbst regeln kann ...“

GUT ZU WISSEN

Banken sperren sich

Die meisten Banken weigern sich, Vorsorgevollmachten anzuerkennen. Sie verlangen eine gesonderte Bankenvollmacht auf den institutseigenen Formularen. Diese Vollmachten müssen in der Regel im Beisein eines Bankangestellten von beiden unterschrieben werden.

Dem Bevollmächtigten sollte außerdem erlaubt sein, Aufgaben an andere Personen zu delegieren. Das erleichtert die Arbeit erheblich. Damit der Bevollmächtigte bei Behörden und Leistungsträgern nicht immer die Originalvollmacht vorlegen muss, ist es sinnvoll, ihm mehrere unterschriebene Exemplare auszuhändigen.

Ein Bevollmächtigter hat einen anspruchsvollen Job. Dabei können Fehler passieren. Nach dem Gesetz muss der Bevollmächtigte auch bei leichter Fahrlässigkeit haften. Um das zu verhindern, sollte die Haftung auf vorsätzliche Handlungen und grobe Fahrlässigkeit beschränkt werden.

In der Vollmacht sollte auch geklärt werden, ob der Bevollmächtigte mit sich selbst Geschäfte tätigen darf. Grundsätzlich werden solche „In-Sich-Geschäfte" von einer Vollmacht nicht erfasst, in manchen Fällen kann es aber sinnvoll sein, sie zu erlauben.

BEISPIEL

Bevollmächtigter soll sich selbst einen monatlichen Betrag überweisen

Herr Romano wird von seiner Tochter Francesca gepflegt und überweist ihr als Aufwandsentschädigung das Pflegegeld. In seiner Vorsorgevollmacht möchte er Francesca als Bevollmächtigte einsetzen. Damit Francesca weiterhin das Pflegegeld bekommen kann, muss er In-Sich-Geschäfte zulassen. So ist gewährleistet, dass Francesca das Pflegegeld als Bevollmächtigte im Namen ihres Vaters auf ihr Konto überweisen darf.

Grundsätzlich endet die Vollmacht mit Tod. Dieser Zeitpunkt lässt sich aber verschieben. Dann kann der Bevollmächtigte auch nach dem Tod des Vollmachtgebers handeln und zum Beispiel die Wohnung des Verstorbenen kündigen. Erben dürfen oft erst tätig werden, wenn sie ein Testament oder den Erbschein vorlegen. Bis dahin verstreicht unter Umständen wertvolle Zeit.

In der **Vereinbarung im Innenverhältnis** regelt der Vollmachtgeber alle Details. Darin kann er festlegen, welche Aufgaben der Bevollmächtigte übernehmen soll und Wünsche etwa zu einer längerfristigen Pflege oder zum Wohnen äußern.

Die Vorsorgevollmacht muss schriftlich verfasst werden. Ihr Angehöriger kann ein Formular verwenden, sollte aber ein Muster auswählen, das Raum für Ergänzungen lässt. Vollmachtgeber und Bevollmächtigter müssen die Vollmacht eigenhändig unterschreiben. Bei Pflegebedürftigen kann es sinnvoll sein, die Geschäftsfähigkeit von einem Arzt bestätigen zu lassen. Das kostet relativ wenig und beugt möglichen Streitigkeiten vor. Soll der Bevollmächtigte sich um Grundstücke, Immobilien oder größere Vermögen kümmern, ist eine notarielle Beurkundung der Vollmacht erforderlich.

Wichtig ist, dass sich Ihr Angehöriger sorgfältig überlegt, wen er als Bevollmächtigten auswählt. Diese Person muss volljährig und geschäftsfähig sein. Vor allem aber muss sie sein absolutes Vertrauen genießen. Denn ein Bevollmächtigter unterliegt im Gegensatz zu einem Betreuer keiner gerichtlichen Kontrolle. Bevor Ihr Angehöriger eine Person zweiter Wahl als Bevollmächtigten bestimmt, sollte er über eine Betreuungsverfügung und die Wahl eines gesetzlichen Betreuers nachdenken. Ihr Angehöriger hat außerdem die Möglichkeit, mehrere Personen für verschiedene Aufgaben zu benennen. Ein Bevollmächtigter kümmert sich dann um die persönlichen Angelegenheiten, ein anderer um das Finanzielle.

→ **TIPP Fragen stellen**
Häufig steckt der Teufel im Detail. Bei Fragen rund um die Patientenverfügung, Vorsorgevollmacht oder Betreuungsverfügung hilft die kostenlose Online-Beratung der Caritas: www.caritas.de, Stichwort „Hilfe und Beratung“ – „Online-Beratung“ – „Rechtliche Betreuung“. Auch viele Verbraucherzentralen beraten zu dem Thema.

Die Betreuungsverfügung

Eine gesetzliche Betreuung wird notwendig, wenn sich ein Mensch nicht mehr selbst um seine Angelegenheiten kümmern kann und keine (gültige) Vorsorgevollmacht vorliegt. Oder, wenn die Vollmacht eine Lücke hat, die aktuell geregelt werden muss. In solchen Fällen setzt das Betreuungsgericht – eine Abteilung des Amtsgerichts – einen gesetzlichen Betreuer ein. Mit der Betreuungsverfügung kann Ihr Angehöriger bestimmen, wen er als Betreuer haben möchte. Es ist sinnvoll, neben der Vorsorgevollmacht auch eine Betreuungsverfügung aufzusetzen und einen Wunschbetreuer zu nennen.

In der Betreuungsverfügung kann Ihr Angehöriger außerdem Regelungen treffen. Er kann zum Beispiel aufschreiben, wie er sich die Pflege vorstellt, und festlegen, dass Angehörige zum Geburtstag Geldgeschenke bekommen. Der Betreuer ist verpflichtet, sich so weit wie möglich an diesen Wünschen zu orientieren. Fehlen detaillierte Angaben, muss er versuchen, den mutmaßlichen Willen des Betreuten zu ermitteln.

Die gesetzliche Betreuung muss immer vom Betreuungsgericht angeordnet werden. Sie ist auf die Bereiche begrenzt, die der Betreute nicht mehr selbst regeln kann. Kann Ihr Angehöriger noch über seine medizinische Behandlung entscheiden, verliert aber den Überblick über seine Finanzen, erstreckt sich die Betreuung nur auf die finanziellen Angelegenheiten. Ziel ist, die Selbstbestimmung so weit wie möglich zu erhalten.

Der Betreuer muss das Betreuungsgericht einmal im Jahr über die Lebenssituation des Betreuten informieren und außerdem darlegen, was er im Sinne des Betreuten erledigt hat. Der Richter kontrolliert die Arbeit, und es kann durchaus passieren, dass zum Beispiel getätigte Überweisungen rückabgewickelt werden müssen. Für bestimmte Entscheidungen benötigt der Betreuer eine Genehmigung des Gerichts. Das ist zum Beispiel der Fall, wenn er die Wohnung des Betreuten auflösen möchte.

Die Betreuungsverfügung muss schriftlich aufgesetzt werden. Auch dafür gibt es Formulare.

GUT ZU WISSEN

Schneller Zugriff

Manchmal ist es wichtig, schnell auf Vollmachten und Verfügungen zugreifen zu können. Sorgen Sie dafür, dass Vorsorgevollmacht, Betreuungsverfügung und Patientenverfügung an einem zentralen Ort liegen. Ein entsprechender Hinweis im Portemonnaie Ihres Angehörigen hilft, die Dokumente zu finden.

Angehörige als Bevollmächtige: Das ist wichtig zu wissen

Möchte Ihr Angehöriger Sie als Bevollmächtigten einsetzen, sollten Sie gut überlegen, ob Sie diese Aufgabe neben der Pflege leisten können. Das hat Vorteile, weil Sie sich nicht mit Dritten abstimmen müssen. Der Nachteil ist, dass zusätzliche Arbeit auf Sie zukommt. Sie müssen sich neben der täglichen Pflege auch um Anträge, Rechnungen, Kündigungen und anderen Papierkram kümmern. Falls Sie die Aufgabe übernehmen, sollten Sie sich frühzeitig Hilfe holen. Erste Anlaufstellen sind Betreuungsvereine. Die Mitarbeiter erklären Ihnen die Aufgaben und weisen Sie auf gesetzliche Vorgaben hin. Wo der nächste Betreuungsverein ist, erfahren Sie beim Amtsgericht. Oder Sie schauen im Telefonbuch oder im Internet nach.

Rechte und Pflichten von Bevollmächtigten

Als Bevollmächtigter verpflichten Sie sich, gemäß dem Inhalt der Vollmacht zu handeln. Sie müssen sich an die vereinbarten Pflichten halten und sind dem Vollmachtgeber gegenüber verantwortlich. Wenn nicht anders in der Vollmacht vereinbart, haften Sie für alle Pflichtverletzungen – egal ob sie schuldhaft oder fahrlässig gehandelt haben. Diese weitgehende Haftung kann aber im Innenverhältnis eingeschränkt werden.

Bevollmächtigte müssen sich bei jeder Entscheidung fragen, ob sie dem Wohl und Willen des Bevollmächtigten entspricht. Schließlich handeln sie in seinem Namen. Es geht also nicht darum, was sie persönlich gut und richtig finden, sondern wie der Angehörige eine Angelegenheit sieht. So weit möglich, sollten sie deshalb alle anstehenden Entscheidungen mit ihm besprechen. Wenn das nicht (mehr) geht, müssen sie versuchen herauszufinden, wie der Angehörige entscheiden würde.

Bevollmächtigte sind dem Vollmachtgeber gegenüber Rechenschaft schuldig. Sie müssen ihn regelmäßig über ihr Handeln informieren. Deshalb ist es sinnvoll, wichtige Entscheidungen schriftlich festzuhalten. Falls ein Bevollmächtigter seine Kompetenzen überschreitet oder seinen Verpflichtungen nicht nachkommt, kann der Vollmachtgeber Schadenersatz fordern. In der Praxis gibt es zwischen Vollmachtgeber und Bevollmächtigten aber kaum Probleme. Es sind eher die Erben, die Entscheidungen im Nachhinein anzweifeln. Dann ist es gut, wenn Bevollmächtigte ihr Handeln begründen und anhand einer sorgfältigen Ablage belegen können.

Nach außen handeln Bevollmächtigte im Namen des Vollmachtgebers. Kommt es zu Fehlern, haftet zunächst der Vollmachtgeber, kann aber Schadenersatz vom Bevollmächtigten fordern. Aus diesem Grund sollte jeder Bevollmächtigte eine Privathaftpflichtversicherung haben.

→ **TIPP Versicherungsschutz prüfen**
Klären Sie mit Ihrer privaten Haftpflichtversicherung, ob auch Personen- und Vermögensschäden, die in Ihrer Tätigkeit als Bevollmächtigter entstehen können, abgedeckt sind. Falls nicht, sollten Sie sich um einen solchen Schutz kümmern.

Die Aufgaben im Einzelnen:

→ **Umgang mit Behörden:** Verschaffen Sie sich zunächst einen Überblick, mit welchen Behörden und Versicherungen Ihr Angehöriger in Kontakt steht. Als Bevollmächtigter sind Sie für alle Verfahrensangelegenheiten wie Anträge, Auskunftserteilung oder Widersprüche ermächtigt. Dafür müssen Sie das Original der Vollmacht vorlegen.

→ **TIPP Kopie hinterlegen**
Damit Sie nicht jedes Mal wieder das Original vorzeigen müssen, können Sie eine Kopie bei der Behörde oder der Versicherung hinterlegen.

→ **Umgang mit Ärzten:** Ärzte müssen ihre Patienten vor einer Behandlung aufklären und ihre Einwilligung einholen. Solange Ihr Angehöriger einwilligungsfähig ist, entscheidet er selbst über eine Behandlung. Kann er das nicht mehr, müssen Sie eine Entscheidung in seinem Sinne treffen. Falls Sie und der Arzt unterschiedliche Ansichten darüber haben, was dem mutmaßlichen Patientenwillen entspricht, wird ein Betreuungsgericht hinzugezogen.

GUT ZU WISSEN

Patientenverfügung ist bindend

Steht Ihr Angehöriger am Lebensende und hat eine Patientenverfügung verfasst, müssen Sie prüfen, ob die darin beschriebene Krankheitssituation eingetreten ist. Fall ja, sind die Wünsche Ihres Angehörigen bindend.

→ **Wohnungsangelegenheiten:** Wohnt Ihr Angehöriger zur Miete, sollten Sie als erstes prüfen, ob die Miete regelmäßig von seinem Konto abgebucht wird und gegebenenfalls einen Dauerauftrag einrichten. Falls bereits Mietschulden bestehen, empfiehlt es sich, so schnell wie möglich Kontakt zum Vermieter aufzunehmen.

→ **Finanzielle Angelegenheiten:** Verschaffen Sie sich einen Überblick über Einkünfte, Vermögenswerte und Ausgaben. Als Bevollmächtigter sind Sie verpflichtet, das Vermögen nach Vorgaben Ihres Angehörigen zu verwalten und Zahlungsverpflichtungen etwa für Miete, Telefon und Strom nachzukommen.

GUT ZU WISSEN

Kosten erstatten lassen

Entstehen dem Bevollmächtigten während seiner Tätigkeit für den Vollmachtgeber Kosten, etwa für Fahrkarten oder Porto, kann er sich diese Aufwendungen erstatten lassen, er sollte aber die Belege aufbewahren. In der Vereinbarung im Innenverhältnis kann außerdem vereinbart werden, dass der Bevollmächtigte eine Aufwandsentschädigung bekommt.

„Bevollmächtigte müssen immer die Wünsche des Vollmachtgebers im Blick haben."

BRIGITTE SCHUMM vom Betreuungsverein Stuttgart-Filder

Frau Schumm, ist es sinnvoll, wenn pflegende Angehörige auch gleichzeitig als Bevollmächtigte tätig sind?
Das kommt darauf an, wie die Beziehung zwischen Pflegebedürftigem und Pflegendem und weiteren Familienangehörigen ist. Pflegende kennen die Wünsche des Betroffenen und die Situation am besten und haben den Kontakt zu Ärzten etc. Sie wollen nach meiner Erfahrung meist auch die Entscheidungen treffen. Besteht ein Abhängigkeitsverhältnis, wird es aber möglicherweise schwierig. Oder wenn sich andere Familienangehörige ausgebootet fühlen und Neid oder Angst um das spätere Erbe entsteht. Neben der Pflege als Bevollmächtigter tätig zu sein, kann überfordern, wenn man die ganze Verantwortung alleine trägt. Wenn alle in gutem Kontakt stehen, kann es gut klappen, mehrere in die Verantwortung einzubinden.

Worauf sollte ein Bevollmächtigter bei seiner Arbeit besonders achten?
Er muss die Wünsche und Bedürfnisse des Vollmachtgebers im Blick haben. Daneben ist Transparenz ganz wichtig. Er sollte zum Beispiel größere Ausgaben aufschreiben und erklären können. Das muss keine richtige Buchhaltung sein. Es geht nur darum, dass man selbst den Überblick behält und gegenüber anderen, zum Beispiel den Erben, begründen kann, wo das Geld hinfließt. Auch bei medizinischen Entscheidungen sollte man sagen können, warum man sie so getroffen hat.

Wie helfen die Betreuungsvereine?
Sie informieren über Vorsorgevollmachten und die Aufgaben von Bevollmächtigten. Bevollmächtigte können sich mit ihren Fragen an den Betreuungsverein wenden. Das ist kostenlos, und man muss auch nicht Mitglied sein.

Der Job als Bevollmächtigter ist freiwillig. Falls Ihnen die Aufgaben über den Kopf wachsen, sprechen Sie mit Ihrem Angehörigen. Vielleicht können mehrere Bevollmächtigte für unterschiedliche Aufgaben eingesetzt werden. Oder ein anderes Familienmitglied übernimmt ganz. Findet sich keine Lösung, können Sie vom Amt des Bevollmächtigten zurücktreten, und es wird ein gesetzlicher Betreuer eingesetzt. Das ist nicht unbedingt schlecht, denn diese Betreuer sind für ihre Arbeit qualifiziert und kennen sich sehr gut mit den Aufgaben aus. Außerdem unterliegen sie einer gerichtlichen Kontrolle.

> GUT ZU WISSEN
>
> **Wille des Betreuten zählt**
>
> Der Betreuer ist dem Betreuten gegenüber verpflichtet, nicht seinen Angehörigen. Das ist manchmal schwer zu akzeptieren, wenn Angehörige glauben zu wissen, was das Beste für einen Pflegebedürftigen ist, er selbst sich aber dagegen wehrt.

Die rechtliche Betreuung

Gesetzliche Betreuer werden immer vom Gericht eingesetzt. Sie haben die Aufgabe, den Betreuten in den ihnen übertragenen Aufgabenbereichen zu vertreten. Eine Betreuung bedeutet also nicht eine Entmündigung. Im Gegenteil. Der Betreute soll so viele Aufgaben wie möglich selbst übernehmen. Ist er dazu (teilweise) nicht mehr in der Lage, springt der Betreuer ein und kümmert sich zum Beispiel um die Vermögenssorge oder Wohnungsangelegenheiten. Welche Aufgabenbereiche dem Betreuer zufallen, entscheidet das Betreuungsgericht. Stellt der Betreuer fest, dass der Betreute mehr Hilfe benötigt, darf er nicht ohne weiteres tätig werden, sondern muss wiederum das Gericht anrufen. Es wird unterschieden zwischen ehrenamtlichen Betreuern und Berufsbetreuern. Ehrenamtliche Betreuer sind häufig Familienangehörige oder andere nahestehende Personen. Das Amt kann aber an andere engagierte Bürger übertragen werden. Berufsbetreuer sind überwiegend selbstständig tätig oder arbeiten in einem Betreuungsverein. Sie bekommen für Ihre Arbeit ein Entgelt.

In beiden Fällen – ob ehrenamtlich oder als Beruf ausgeübt – muss die Betreuung persönlich stattfinden. Es reicht also nicht, wenn der Betreuer Briefe an den Betreuten schreibt, er muss ihn regelmäßig besuchen und ihn soweit möglich, in Entscheidungen einbeziehen. Im Mittelpunkt der Betreuung stehen immer die Wünsche des Betreuten selbst. Der Betreuer darf nicht über seinen Kopf hinweg entscheiden, sondern muss versuchen herauszufinden, was der Betreute möchte und was nicht. Danach muss er sein Handeln ausrichten. Einzige Ausnahmen: die Wünsche laufen eindeutig dem Wohl des Betreuten zuwider oder sind für den Betreuer unzumutbar.

Kann der Betreute seine Wünsche nicht äußern, muss der Betreuer versuchen, den mutmaßlichen Willen zu ermitteln. Angehörige sind dann wichtige Ansprechpartner.

Ehrenamtliche Betreuer können sich von Betreuungsvereinen, Verfahrenspflegern und dem Betreuungsgericht beraten lassen. Sie müssen dem Betreuungsgericht einmal im Jahr über die persönlichen Verhältnisse des Betreuten berichten.

Berufsbetreuer sind verpflichtet, zu Beginn der Betreuung einen Betreuungsplan zu erstellen, in dem die Ziele der Betreuung und die dafür zu ergreifenden Maßnahmen aufgeführt sind. Auch der Berufsbetreuer muss dem Betreuungsgericht einmal jährlich Rechenschaft ablegen.

Welche Aufgaben und Rechte ehrenamtliche Betreuer haben, steht in der Broschüre „Betreuungsrecht". Sie kann kostenlos auf der Internetseite des Bundesjustizministerium heruntergeladen werden: www.bmjv.de, Stichwort „Themen" – „Vorsorge und Patientenrechte" – „Betreuungsrecht".

Pflege, ganz praktisch

Jede Pflegesituation ist anders, und so unterscheidet sich auch der Pflegealltag in jeder Familie. Es gibt keine Regeln dafür, was Sie wann erledigen müssen. Das hängt maßgeblich vom Pflegebedarf, Ihren eigenen Möglichkeiten und den Gewohnheiten Ihres Angehörigen ab. Sie werden mit der Zeit herausfinden, wobei er wie viel Hilfe benötigt und wie Sie ihn am besten unterstützen können. Das folgende Kapitel gibt einige praktische Tipps rund um die Pflege.

Der Blick auf Pflege hat sich im Laufe der Zeit verändert. Für die Beurteilung, ob ein Mensch pflegebedürftig ist und Anspruch auf Leistungen der Pflegeversicherung hat, zählt inzwischen der Grad der Selbstständigkeit. Diese Selbstständigkeit gilt es, so weit wie möglich zu erhalten. Heute versuchen Pflegeprofis, nicht mehr die Defizite eines Pflegebedürftigen in den Mittelpunkt zu stellen, sondern an seinen verbleibenden Fähigkeiten anzuknüpfen und diese zu fördern.

Nach diesem Selbstverständnis ist es nicht Aufgabe der Pflegenden, dem Pflegebedürftigen möglichst viele Tätigkeiten abzunehmen. Im Gegenteil. Sie sollen ihn darin unterstützen, alltägliche Handlungen weitgehend selbstständig auszuüben und sein gewohntes Leben so lange es geht weiterzuführen.

Diese **aktivierende Pflege** setzt voraus, dass Sie die Fähigkeiten Ihres Angehörigen kennen. Nur wenn Sie wissen, welche Hilfe er braucht, können Sie ihn sinnvoll unterstützen. Das hört sich banal an, ist für die Praxis aber wichtig. Lag Ihr Angehöriger im Krankenhaus, erhalten Sie neben dem Arztbrief einen **Pflegeüberleitungsbogen**. Darin sollte nicht nur stehen, bei welchen Verrichtungen Ihr Angehöriger Unterstützung benötigt, sondern auch, wie die Hilfe konkret aussehen muss. Scheuen Sie sich nicht, nachzufragen, falls Sie diese Informationen nicht bekommen. Je genauer Sie den Hilfebedarf kennen, desto sicherer fühlen Sie sich vor allem am Anfang der Pflege. Sprechen Sie außerdem mit den behandelnden Ärzten und Therapeuten. Fragen Sie nach, mit welchen Tätigkeiten Sie Ihren Angehörigen möglicherweise überfordern. Wie macht sich das bemerkbar? Gibt es Körpersignale, auf die Sie besonders achten sollten? Wie haben die Therapeuten Ihren Angehörigen erlebt? Versucht er, um jeden Preis alleine klarzukommen? Oder ist er vorsichtig und braucht Ermutigung? Auch diese Informationen sind nützlich, um einzuschätzen, wie viel Hilfe Sie leisten müssen. Wahrscheinlich werden Sie recht schnell ein Gespür dafür bekommen.

In der Praxis bedeutet aktivierende Pflege, dass Sie Ihren Angehörigen immer wieder ermutigen, sich selbst zu waschen oder ein paar Schritte zu gehen, um etwas zu holen. Möglicherweise dauert es länger und Sie finden es anstrengender, Ihren Angehörigen beim Aufstehen, Ankleiden oder Waschen anzuleiten, als diese Tätigkeiten selbst zu übernehmen. Trotzdem lohnt sich der Aufwand. Zum einen helfen Sie ihm, ein Stück Selbstständigkeit zu bewahren. Das ist für die meisten Menschen sehr wichtig. Zum anderen entlasten Sie sich auf lange Sicht. Nehmen Sie Ihrem Angehörigen ständig Aufgaben ab, verliert er seine verbliebenen Fähigkeiten und ist auf noch mehr Unterstützung angewiesen.

Wahrscheinlich werden Sie nicht immer Zeit haben, Ihrem Angehörigen geduldig zu helfen. Übernehmen Sie diese Tätigkeiten doch einmal, ist das nicht schlimm. Wichtig ist Ihre grundsätzliche Haltung zur Pflege. Sie sollte zum Ziel haben, die Eigenständigkeit des Pflegebedürftigen soweit es geht zu erhalten und zu fördern. Natürlich hat dieser Grundsatz Grenzen: Sobald das Risiko besteht, dass sich Ihr Angehöriger gefährdet, müssen Sie eingreifen.

Abläufe planen

Jeder Mensch strukturiert seinen Tag nach bestimmten Mustern, die sich mit den Jahren verfestigen. Die einen schlafen lange, die anderen sind Frühaufsteher. Manche duschen vor dem Frühstück, andere erst abends. Und wieder andere möchten morgens als Erstes einen Kaffee trinken, bevor sie irgendetwas tun. Versuchen Sie sich bei der Pflege an den Gewohnheiten Ihres Angehörigen zu orientieren. Vor allem für Menschen mit Demenz ist es wichtig, an ritualisierten Abläufen festzuhalten. Wenn Sie Ihren Partner pflegen, mit dem Sie seit vielen Jahren zusammenleben, wird Ihnen das leichtfallen.

Müssen Sie plötzlich Vater oder Mutter versorgen, die Sie in den vergangenen Jahren nur ab und zu gesehen haben, sollten Sie versuchen, über die Gewohnheiten zu sprechen.

Überlegen Sie vor dem Gespräch, wie ein normaler Tag bei Ihnen aussieht. Was machen Sie morgens als Erstes? In welcher Reihenfolge waschen Sie sich? Wann essen Sie, und wie läuft eine Mahlzeit normalerweise ab? Was machen Sie gewöhnlich vor dem Schlafen? Wenn Sie sich über Ihre eigenen Gewohnheiten klar sind, fällt es Ihnen wahrscheinlich leichter, Ihrem Angehörigen die richtigen Fragen zu stellen. Wie stellt er sich den Tagesablauf vor? Fragen Sie ihn, was er überhaupt nicht leiden kann. Das kann späteren Missverständnissen vorbeugen.

Einige Abläufe ergeben sich aus dem Pflegebedarf heraus: Häufig müssen Pflegebedürftige zu bestimmten Zeiten Medikamente einnehmen. Sollen sie die Arzneien nicht auf nüchternen Magen schlucken, müssen sie vorher etwas essen. Benötigt Ihr Angehöriger Medikamente gegen Schmerzen im Bewegungsapparat, wartet er nach der Einnahme besser eine halbe Stunde mit dem Aufstehen. Vorher wirken viele Medikamente nicht. Muss er Kompressionsstrümpfe tragen, sollte er sie bereits morgens im Bett angezogen bekommen. Dann sind die Beine entstaut. Waschen Sie vorher die Beine, damit Sie die Strümpfe später nicht noch einmal ausziehen müssen. Falls Ihr Angehöriger einen Katheter trägt, ist es wichtig, dass Sie bereits vor dem Aufstehen den Beutel leeren und nicht erst im Bad. Sonst kann beim Gehen Zug auf den Katheter entstehen, was sehr schmerzhaft ist. Vergisst Ihr Angehöriger zu trinken? Dann ist es sinnvoll, feste Trinkzeiten am Tag einzuplanen.

CHECKLISTE

Notizen zur Pflege

Es ist sinnvoll, sich kurze Notizen zur Pflege zu machen. Sie nützen Ihnen, wenn Sie mit dem Arzt sprechen.

- ☐ Zu welchen Tageszeiten ist der Pflegebedürftige gut aufgelegt, wann eher schlecht?
- ☐ Wann wird er üblicherweise müde?
- ☐ Was gefällt ihm in der alltäglichen Pflege besonders gut, wogegen sträubt er sich eher?
- ☐ Wie wirkt er nach der Einnahme von Medikamenten? Ist er gelöst, weil er keine Schmerzen hat, oder besonders müde?
- ☐ Ist er manchmal verwirrt? Wann vor allem?

Bei Ess- oder Trinkproblemen:

- ☐ Wie viel hat er über den Tag gegessen?
- ☐ Welche Mengehat er über den Tag getrunken?

Wenn Sie viele Informationen gesammelt haben, fällt es Ihnen leichter, einzuschätzen, wann welche Pflegetätigkeiten notwendig sind. Gehen Sie die Abläufe gemeinsam mit einer Pflegefachkraft durch. Die Profis können Tipps zur Tagesstrukturierung geben. Anhand eines solchen Pflegeplans können Sie auch erkennen, wann Sie tatsächlich gebraucht werden und zu welchen Zeiten Sie sich um Ihre eigenen Angelegenheiten kümmern können. Natürlich wird sich der Pflegeplan immer wieder ändern. Und er ist kein starres Gebilde, an dem Sie sklavisch festhalten müssen. Er soll Ihnen vielmehr eine Hilfe sein.

Damit Sie im Notfall schnell Hilfe holen können, sollten Sie alle wichtigen Rufnummern notieren und zum Telefon legen: die Nummern vom Hausarzt, von Fachärzten und Therapeuten, anderen Helfern und – wenn vorhanden – dem Pflegedienst. Bewahren Sie wichtige Unterlagen wie die Krankenversicherungskarte, einen Allergiepass oder die Übersicht der Medikamente zusammen an einem zentralen Ort auf.

→ **TIPP Hilfe im Notfall**

Füllen Sie eine Notfall-Checkkarte und eine Notfall-Checkliste aus. Die Notfall-Checkkarte sollten Sie stets bei sich tragen, am besten bei der Krankenversicherungskarte im Portemonnaie. Sie weist darauf hin, dass Sie eine hilfsbedürftige Person versorgen. Auf der Checkkarte tragen Sie ein, wer im Notfall informiert werden soll und wo die Notfall-Checkliste liegt. Diese Checkliste enthält Informationen über Sie und Ihren Angehörigen. Sie können unter anderem eintragen, bei welchen Ärzten Sie in Behandlung sind. Die Notfall-Checkliste wird am besten bei einer Vertrauensperson hinterlegt. Notfall-Checkkarte und -Checkliste können kostenlos im Internet heruntergeladen werden: www.beim-pflegen-gesund-bleiben.de, Stichwort „Notfallcheckkarte" oder „Notfallcheckliste".

Den Pflegebedürftigen einbinden

Menschen werden nicht gerne zum Objekt, über das bestimmt wird. Sie möchten in Entscheidungen eingebunden sein oder zumindest erfahren, was als Nächstes mit ihnen geschieht. Auch das ist wichtig für die alltägliche Pflege. Erklären Sie ihrem Angehörigen, was Sie vorhaben: „Ich helfe dir jetzt beim Aufstehen, wir gehen zusammen ins Bad, dort setzt du dich ans Waschbecken und wir putzen erstmal die Zähne." Sagen Sie ihm, wenn Sie als nächstes den Rücken waschen und dann eincremen. Der Pflegebedürftige kann sich so besser auf die weiteren Abläufe einstellen. Ändern sich gewohnte Abläufe, sollte Ihr Angehöriger das vorher erfahren: „Heute ist Sonntag, trotzdem kann ich dich heute nicht duschen, weil wir gleich zum Geburtstag von Marianne eingeladen sind. Wir duschen morgen."

GUT ZU WISSEN

Neues erklären

Übernehmen Sie eine Handlung zum ersten Mal, sollten Sie erklären, warum das notwendig ist. Beispiel Mobilisierung: Kann Ihr Angehöriger einzelne Gelenke kaum noch bewegen, drohen sie zu versteifen (→ Seite 182 f.). Deshalb müssen sie täglich mobilisiert werden. Bitten Sie ihren Angehörigen, bei den Übungen aktiv mitzuarbeiten, damit es für alle einfacher wird.

Das Pflegezimmer gestalten

Im Idealfall kann Ihr Angehöriger weiterhin seine gesamte Wohnung nutzen. So bleibt er mobil und kann an gewohnten Tagesabläufen festhalten. Ist er körperlich aber so eingeschränkt, dass er viel Zeit in seinem Zimmer verbringt, sollten Sie gemeinsam über die Wahl und die Gestaltung nachdenken. In welchem Raum möchte er sich am liebsten aufhalten? Häufig wird das Schlafzimmer zum Pflegezimmer umgestaltet. Zwingend notwendig ist das nicht. Wenn Sie die Wahl haben, lohnt es, auf die Lage des Zimmers zu achten. Vor allem für gehbehinderte Menschen ist es günstig, wenn das Pflegezimmer in der Nähe des Bads liegt. Sie müssen dann nur ein paar Schritte zurücklegen, um sich zu waschen oder auf Toilette zu gehen.

Ein Pflegebedürftiger, der viel Zeit im Bett verbringt, wird es genießen, wenn er von dort aus einen schönen Blick aus dem Fenster hat. Sonnenlicht im Zimmer hebt bei den meisten Menschen die Stimmung. Allerdings sollte die Sonne nicht direkt auf das Bett scheinen. Und im Sommer darf es nicht zu warm werden. Die ideale Zimmertemperatur liegt bei 18 bis 20 Grad. Der Raum muss sich gut lüften und verdunkeln lassen.

Das Zimmer sollte genügend Platz für die Pflege bieten und gleichzeitig Raum für persönliche Gegenstände lassen. Bilder, Blumen oder der Lieblingssessel tragen dazu bei, dass sich Ihr Angehöriger wohlfühlt. Versuchen Sie das Zimmer so einzurichten, dass es sich so wenig wie möglich vom Gewohnten unterscheidet. Fragen Sie Ihren Angehörigen, was er bei sich haben möchte und wie er sich die Einrichtung vorstellt.

→ TIPP **Einen Eindruck gewinnen**
Sind die Blumen, Fotos und Bilder tatsächlich vom Bett aus zu sehen? Am besten legen Sie sich selbst auf das Bett und testen, wie das Zimmer wirkt.

Wenn Ihr Angehöriger viel Zeit im Bett verbringt oder Schwierigkeiten hat, alleine aufzustehen, lohnt es sich, über die Anschaffung eines Pflegebetts nachzudenken. Es wird als Pflegehilfsmittel von der Pflegekasse bezahlt. Pflegebetten haben vielen Vorteile: Sie lassen sich per Knopfdruck hoch- und runterfahren. Herkömmliche Betten sind dagegen oft so niedrig, dass es Menschen mit Handicap schwer fällt, aufzustehen.

Wo das Pflegebett am besten steht, hängt vom Gesundheitszustand Ihres Angehörigen ab. Ein Bett an der Wand gibt ihm eher das Gefühl von Sicherheit und Geborgenheit. Müssen Sie ihn aber zum Beispiel im Bett waschen und von allen Seiten an ihn herantreten, sollte das Bett frei im Raum stehen. Gut ist, wenn Ihr Angehöriger vom Bett aus die Tür sehen kann. So bekommt er sofort mit, wenn jemand den Raum betritt.

→ **TIPP Alternative Einlegerahmen**
Manche Pflegebedürftige assoziieren mit dem Begriff „Pflegebett" Krankheit und Leid und lehnen es deshalb ab. Anderen ist es wichtig, ihr gewohntes Bett zu behalten. In solchen Fällen sind Pflegebetteinlegerahmen ein guter Kompromiss. Sie lassen sich in der Höhe verstellen und ermöglichen die Anpassung von Kopf- und Fußteil. Lassen Sie sich in einem Sanitätsgeschäft verschiedene Modelle zeigen.

Neben das Bett gehört ein Nachttisch für persönliche Gegenstände. Auf ihm kann die Zeitung abgelegt werden und ein Getränk stehen. Wenn Platz ist, sollten Sie einen bequemen Sessel aufstellen, den Ihr Angehöriger ohne viel Aufwand nutzen kann. Vielen pflegebedürftigen Menschen ist es unangenehm, Freunde oder Verwandte „vom Bett aus" zu empfangen. Eine Sitzecke bietet die Möglichkeit, mit dem Besucher auf Augenhöhe zu sprechen.

Auf sich selbst achten: Gesundheitsschutz für Pflegende

Viele Pflegende haben vor allem das Wohl ihres Angehörigen im Blick. Es ist aber genauso wichtig, auf die eigene Gesundheit zu achten. Fallen sie mit Rückenbeschwerden oder wegen Überlastung aus, tun sie weder sich selbst noch dem Pflegebedürftigen einen Gefallen. Versuchen Sie, von Anfang an Aufgaben zu verteilen. Das ist kein Eigennutz, sondern die Voraussetzung dafür, auf Dauer pflegen zu können (→ Seite 20 ff.).

Einen erwachsenen Menschen zu drehen, zu heben oder zu stützen, erfordert viel Kraft. In Pflegekursen können Sie Techniken erlernen, die solche Arbeiten erleichtern (→ Seite 39 f.). Als Pflegender haben Sie auch Anspruch auf eine Pflegeschulung zu Hause. Die

> **„Ich habe mir beim Heben meiner Mutter den Meniskus verletzt, ich wusste ja nicht, wie es richtig geht. Dann hatte ich keine Wahl, ich musste mir Hilfe holen. Jetzt finde ich das gut.“**
>
> **Cäcilia K.**

Pflegekasse übernimmt die Kosten (→ Seite 39.) Auf den nächsten Seiten stehen einige Hinweise zum rückengerechten Arbeiten. Sie sollen Ihnen eine grundlegende Vorstellung davon geben, worauf Sie achten können, ersetzen aber keine praktische Schulung.

Je mehr Bewegungen der Pflegebedürftige selbst ausführt, desto stärker schonen Sie Ihren Körper. Es lohnt sich also, ihn immer wieder zu ermutigen, sich selbst aufzusetzen, hochzuziehen oder zu drehen. Selbst wenn er nur ein wenig mitarbeitet, erleichtert das die Arbeit.

Es gibt verschiedene Konzepte, die das rückengerechte Pflegen erleichtern. In der professionellen Pflege werden besonders häufig das Aktivitas-Pflegekonzept und die Kinästhetik angewandt. Stark vereinfacht gesagt lernen Pflegende, eigene Bewegungen und Bewegungsmuster des Pflegebedürftigen bewusst wahrzunehmen. Ziel ist, die Bewegungen so aufeinander abzustimmen, dass bei der Pflege möglichst wenig Kraft eingesetzt werden muss. Kinästhetik-Kurse für pflegende Angehörige werden von Krankenhäusern, Sozialstationen, freien Trainern und Wohlfahrtsverbänden angeboten. Erkundigen Sie sich bei der Pflegekasse Ihres Angehörigen oder bei einem Pflegestützpunkt nach Angeboten in Ihrer Nähe. Auf dem Markt gibt es außerdem viele Hilfsmittel, die die Arbeit erleichtern (→ Seite 129 ff.).

GUT ZU WISSEN

Rückenschutz im Alltag

→ Arbeiten Sie möglichst mit geradem Rücken.
→ Gehen Sie in die Hocke, wenn Sie Gegenstände aufheben. Nutzen Sie die Kraft Ihrer Beine statt des Rückens.
→ Heben Sie schwere Lasten nicht mit gebeugtem Rücken hoch.
→ Tragen Sie möglichst beidseitig. Das verhindert eine schiefe Körperhaltung.
→ Versuchen Sie, beim Heben beide Beine zu belasten. Achten Sie darauf, sicher zu stehen, indem Sie die Füße ungefähr hüftbreit stellen.
→ Schwere Lasten tragen Sie am besten mit angewinkelten Armen eng am Körper.
→ Gehen Sie lieber zweimal und verteilen Sie Lasten.
→ Lassen Sie sich helfen.

Hygiene und Hautpflege

Normalerweise reicht es aus, wenn Sie sich vor Pflegetätigkeiten die Hände waschen. Es ist nicht notwendig, sie ständig zu desinfizieren. Sprechen Sie aber sicherheitshalber mit dem Arzt, ob Sie weitergehende Hygieneregeln beachten müssen. Das kann notwendig sein, wenn Ihr Angehöriger ein geschwächtes Immunsystem hat und dadurch besonders anfällig für Krankheiten ist.

Bei der Intimpflege, wenn Sie offene Wunden versorgen oder zum Beispiel Salben auftragen, sollten Sie Einmalhandschuhe tragen. Ob das auch bei der normalen Körperpflege notwendig ist, dazu gibt es unter Experten unterschiedliche Meinungen. Handschuhe haben den Vorteil, dass beide – Pflegender und Pflegebedürftiger – vor Ansteckung durch Krankheitserreger geschützt sind. Der große Nachteil: Die Pflege wird als unpersönlicher erlebt. Schließlich macht es einen Unterschied, ob man einen Rücken mit bloßen Händen eincremt oder dabei Handschuhe trägt. Sprechen Sie mit dem behandelnden Arzt, was er empfiehlt.

Wer häufig Hände wäscht, muss sie pflegen. Cremen Sie Ihre Hände regelmäßig ein, denn Feuchtigkeit und Seifen greifen den natürlichen Säureschutzmantel der Haut an. Sie wird dadurch empfindlicher und anfälliger für Krankheitserreger. Am besten verwenden Sie Lotionen oder Cremes ohne Duft- und Konservierungsstoffe. Bei Haushaltsarbeiten wie Putzen, Spülen oder dem Desinfizieren von Gegenständen sollten Sie Haushaltshandschuhe tragen, das schützt zusätzlich. Der Bundesverband der Unfall-

GUT ZU WISSEN

Hände richtig reinigen

Für die Hygiene der Hände gelten einige Regeln:

- → Hände gründlich waschen: Handgelenke, Zwischenräume der Finger, Fingerkuppen und Handoberflächen nicht vergessen.
- → Bei der Pflege keine Ringe tragen, denn unter ihnen können Krankheitserreger sitzen. Außerdem erhöhen sie das Verletzungsrisiko.
- → Fingernägel kurz schneiden und sauber halten.
- → Mit dem Arzt sprechen, bei welchen Tätigkeiten eine Desinfektion der Hände notwendig ist.
- → Vor dem Anziehen von Einmalhandschuhen die Hände waschen und abtrocknen. Sonst können Keime auf die Handschuhinnenfläche übertragen werden.
- → Einmalhandschuhe nach der Nutzung entsorgen.
- → Für die Intimpflege und andere pflegerische Handlungen unterschiedliche Handschuhe benutzen.

GUT ZU WISSEN

Die Kasse zahlt

Einmalhandschuhe gelten als zum Verbrauch bestimmte Pflegehilfsmittel. Sie werden von der Pflegekasse mit bis zu 40 Euro pro Monat bezuschusst.

kassen hat ein Faltblatt zum Hautschutz bei der häuslichen Pflege herausgegeben. Es kann kostenfrei heruntergeladen werden: www.beim-pflegen-gesund-bleiben.de, Stichwort „Medien/Downloads", „Hautschutz".

Tipps für die praktische Pflege: Das macht pflegen einfacher

Jeder Pflegesituation ist anders. Manchen Pflegebedürftigen genügt es, wenn ein Helfer in der Nähe ist und zum Beispiel beim Waschen Seife und Waschlappen anreicht. Andere sind weitgehend ans Bett gebunden und benötigen umfassende Hilfe. Muss Ihr Angehöriger zum Beispiel beatmet werden oder hat er chronische Wunden, sind spezielle Pflegekenntnisse notwendig.

Die Beschreibungen in den folgenden Kapiteln beziehen sich auf Menschen, die sich aktiv an der Pflege beteiligen können. Sie sollen Ihnen eine grundlegende Idee davon geben, wie Pflege aussehen kann. Sie ersetzen aber niemals das persönliche Gespräch mit einem Experten.

Pflegehandlungen vorbereiten

Eine gute Vorbereitung erleichtert die Pflege und vermeidet unnötige Laufwege. Legen Sie sich möglichst alle notwendigen Utensilien bereit. Bevor Sie mit Ihrem Angehörigen zum Waschen ins Bad gehen, sollten Sie zum Beispiel prüfen, ob

→ Handtücher und Waschlappen,
→ Waschlotion und Körpercreme
→ Zahnputzutensilien
→ Kamm und Bürste

griffbereit sind. Bei dieser Gelegenheit können Sie das Bad gleich vorheizen.

Damit Sie nicht jedes Mal alles neu zusammenräumen müssen, ist es sinnvoll, die benötigten Utensilien an einem zentralen Ort, etwa einem Schrankfach, aufzubewahren. Oder Sie legen alle für eine bestimmte Pflegehandlung notwendigen Gegenstände in eine Schüssel, die Sie schnell greifen können. Nehmen Sie die Kleidungsstücke, die Ihr Angehöriger anziehen möchte, mit ins Bad. So verhindern Sie, dass Sie ihn zwischendurch alleine lassen müssen. Und er sitzt nicht unnötig lange mit entblößtem Oberkörper herum.

Die wichtigsten Handgriffe

Viele Handgriffe in der Pflege müssen geübt werden, bis sie sitzen. Am besten probieren Sie die Techniken in einem Pflegekurs für Angehörige aus (→ Seite 37 f.). Ist das nicht möglich, sollten Sie die Handgriffe unter Anleitung einer Pflegefachkraft an einer gesunden Person üben. Übernehmen Sie nur Tätigkeiten, bei denen Sie sich sicher fühlen. Sonst besteht die Gefahr, dass Sie sich und Ihrem Angehörigen schaden.

Sitzen im Bett: Langes Liegen (aber auch langes Sitzen!) ist schädlich. Wenig Bewegung und Scherkräfte sind die Hauptursache für gefährliche Druckgeschwüre (→ Seite 178 ff.). Ermutigen Sie Ihren Angehörigen, sich immer wieder im Bett aufzusetzen. Es kann sich zum Beispiel an einer Bettleiter hochziehen. Benötigt er Unterstützung, können Sie ihm folgendermaßen helfen:

→ Fahren Sie das Bett herunter und das Kopfende in eine Sitzposition. Wie hoch oder tief das Bett gestellt werden muss, hängt von Ihrer Körpergröße ab. Wichtig ist, dass Sie selbst mit möglichst geradem Rücken arbeiten können.

→ Stellen Sie sich seitlich ans Bett. Schieben Sie den Arm über den Rücken bis zur gegenüberliegenden Schulter Ihres Angehörigen. Umfassen Sie seine Schulter.

→ Achten Sie darauf, dass Sie den Kopf Ihres Angehörigen mit der Ellenbeuge abstützen.

→ Führen Sie Ihren Angehörigen so in den Sitz.

Eine Alternative ist das Aufrichten über die Seite:

→ Stellen Sie sich seitlich neben das Bett.

→ Fordern Sie Ihren Angehörigen auf, das von Ihnen abgewandte Bein angewinkelt aufzustellen.

→ Helfen Sie ihm an Schulter und Kopf, sich auf Ihre Seite zu drehen und dort auf dem Unterarm abzustützen.

→ Legen Sie eine Hand an seinen Rücken und helfen Sie ihm, sich in den Sitz zu drücken.

Sitzen auf der Bettkante: Das Bett kann am Ende des Aufrichtvorganges auch ganz heruntergefahren werden. Ihr Angehöriger sollte im Sitzen mit den Füßen Bodenkontakt haben. Lässt sich das Bett nicht so tief stellen, können Sie Hilfsmittel wie eine Fußbank einsetzen:

→ Stellen Sie sich seitlich neben das Bett. Fahren Sie das Kopfende nach oben. Schieben Sie Ihren Arm bis zur gegenüberliegenden Schulter Ihres Angehörigen. Umfassen Sie die Schulter.

→ Unterstützen Sie Ihren Angehörigen mit einer Beuge-Drehbewegung dabei,

in den Sitz zu kommen. Führen Sie dabei mit der freien Hand die Beine über die Bettkante. Die Oberschenkel sollten für einen sicheren Sitz auf dem Bett aufliegen.
- Ihr Angehöriger kann sich an der Bettkante festhalten.

Von der Bettkante auf einen (Roll-)Stuhl setzen: Für den folgenden Transfer ist es wichtig, dass Ihr Angehöriger noch sicher stehen kann (→ auch Seite 133, Drehscheibe). Lassen Sie ihm nach dem Aufsetzen etwas Zeit, damit sich sein Kreislauf anpassen kann.
- Stellen Sie den (Roll-)Stuhl mit den Rädern oder Füßen parallel zum Bett auf.
- Befestigen Sie die Bremsen, und stellen Sie die Fußstützen hoch. Falls möglich: Armlehnen entfernen, da sonst die Gefahr besteht, dass sich der Pflegebedürftige auf die Lehne setzt oder daran hängen bleibt.
- Ziehen Sie dem Pflegebedürftigen feste Schuhe an.
- Stellen Sie sich in Schrittstellung vor ihn. Schieben Sie das Knie, das weiter vom Rollstuhl entfernt ist, zwischen seine Beine. Das gibt Stabilität und Sicherheit.
- Schieben Sie eine Hand unter der Achsel Ihres Angehörigen hindurch und halten Sie ihn am Oberkörper.
- Mit der anderen Hand stabilisieren Sie das Becken oder ebenfalls den Oberkörper.
- Ihr Angehöriger kann sich an Ihren Schultern festhalten.
- Geben Sie Ihrem Angehörigen ein Signal und gehen Sie mit kleinen Schritten nach hinten und zur Seite, sodass er sich aufrichten und mit dem Rücken in Richtung (Roll-)Stuhl drehen kann.
- Verlagern Sie Ihr Gewicht nach vorne und setzen Sie Ihren Angehörigen langsam in den (Roll)-Stuhl.
- Prüfen Sie, dass Ihr Angehöriger sicher im (Roll-) Stuhl sitzt und seine Kleidung keine Falten wirft.
- Klappen Sie die Fußstützen herunter und stellen Sie die Füße darauf.

Hilfe beim Gehen: Gehübungen bringen den Kreislauf in Schwung. Und sie helfen Ihrem Angehörigen, wieder mehr Sicherheit beim Gehen zu bekommen. Das ist zum Beispiel wichtig, wenn er gestürzt ist, sich verletzt hat, längere Zeit immobil war und erst wieder Vertrauen in seine Fähigkeiten gewinnen muss. Die ersten Gehversuche sollte ein Therapeut begleiten. Später können Sie Ihrem Angehörigen helfen.
- Stellen Sie sich so neben Ihren Angehörigen, dass Ihre Körperseiten nebeneinander sind.
- Führen Sie den näher bei ihm liegen-

den Arm um seinen Rücken und stützen Sie den Rücken.

- Ihr Angehöriger sollte den Arm um ihren Rücken legen.
- Fassen Sie die äußere Hand des Pflegebedürftigen mit Ihrer äußeren Hand, um zusätzlich Sicherheit zu geben.
- Machen Sie kleine Schritte. Orientieren Sie sich beim Tempo an den Möglichkeiten des Pflegebedürftigen.
- Fordern Sie ihn auf, den Rücken möglichst gerade und den Kopf aufrecht zu halten.

Körperpflege und Ankleiden: Wann immer es geht, sollten Sie versuchen, Ihren Angehörigen im Bad zu waschen. Ermutigen Sie ihn, so viele Handgriffe wie möglich selbst zu übernehmen. Als Pflegender ist es wichtig, die Intimsphäre zu wahren. Zum Beispiel sollten Sie immer nur die Körperteile entkleiden, die gerade gewaschen werden. Wenn es der Gesundheitszustand Ihres Angehörigen erlaubt, sollten Sie beim Toilettengang das Bad verlassen.

→ Heizen Sie das Bad vor. Vermeiden Sie Zugluft.
→ Stellen Sie eine Sitzgelegenheit vor das Waschbecken und legen Sie ein Handtuch unter. Bereiten Sie alle Pflegeutensilien vor. Achten Sie darauf, dass für die Intimpflege extra Waschlappen und Handtücher vorhanden sind.
→ Begleiten Sie Ihren Angehörigen ins Bad.
→ Helfen Sie Ihm als Erstes auf die Toilette.
→ Begleiten Sie Ihren Angehörigen zum Waschbecken, damit er sich die Hände waschen kann.
→ Motivieren Sie ihn, sich auszuziehen und selbst zu waschen. Reichen Sie ihm notwendige Utensilien. Bieten Sie Hilfe an, wenn er nicht alleine zurechtkommt.
→ Achten Sie darauf, dass nach dem Waschen sämtliche Seifenreste entfernt und alle Körperteile gründlich abgetrocknet werden, um ein Wundreiben zu verhindern.
→ Falls nötig oder gewünscht, können Sie Ihrem Angehörigen bei dieser Gelegenheit den Rücken eincremen oder ihn massieren.
→ Helfen Sie ihm – wenn nötig – beim Ankleiden.

Kleidung ist wichtig für das Wohlbefinden. Deshalb sollte Ihr Angehöriger nicht den ganzen Tag im Bademantel oder Jogginghosen herumlaufen müssen. Wählen Sie die Kleidung gemeinsam mit ihm aus. Oder fragen Sie ihn, was er gerne anziehen möchte.

Die Schritt-für-Schritt-Bilder auf der nächsten Seite zeigen, wie zum Beispiel **Nachtwäsche gewechselt** wird:

Der Raum sollte angenehm warm sein, damit sich der Pflegebedürftige wohlfühlt und nicht friert.

1. Das Kopfteil des Bettes ist hochgestellt, die Bettdecke zurückgeschlagen und eventuell öffnet der Pflegebedürftige eigenständig Knöpfe oder den Reißverschluss.
2. Danach ziehen Sie das Oberteil vom Rücken hoch über den Kopf.
3. Anschließend ziehen Sie das Oberteil von vorne über seine Arme.

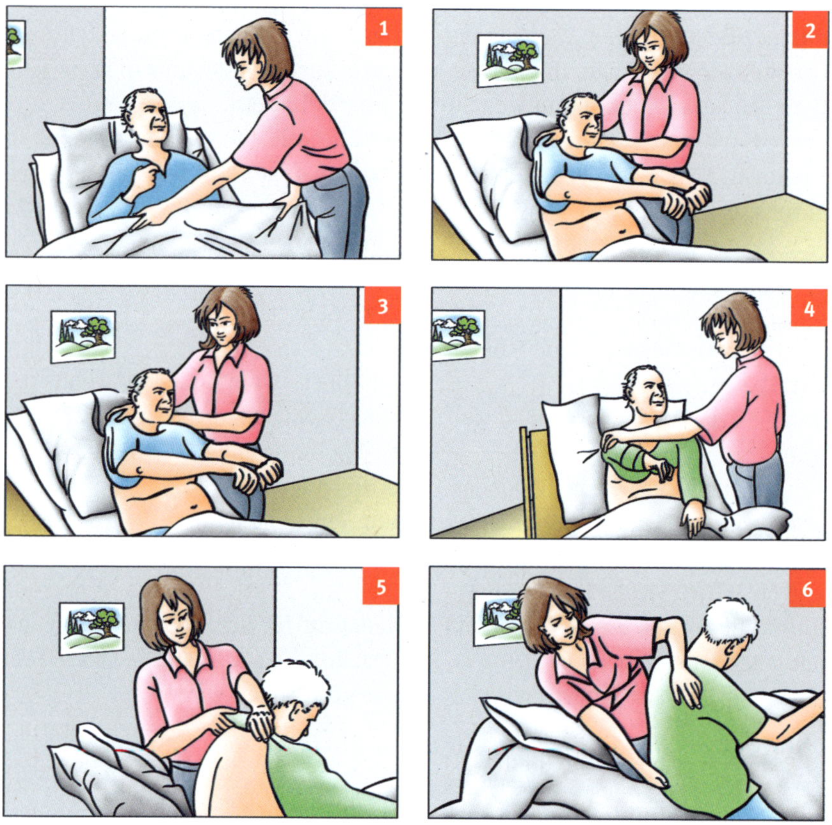

4. Dann geht es in umgekehrter Reihenfolge weiter: Streifen Sie das gewünschte Oberteil zuerst über die ausgestreckten Arme.
5. Ziehen sie es dann über den Kopf.
6. Beim letzten Schritt ist besondere Sorgfalt gefordert! Wenn Sie das Oberteil über den Rücken gezogen haben, sollten Sie unbedingt mehrmals darüber streichen, damit keine einzige Falte bleibt. Falten können – ganz gleich wie groß – Druckstellen am Körper verursachen.

DGE-Ernährungskreis®, © Deutsche Gesellschaft für Ernährung, Bonn

Gesunde Ernährung

Nur weil jemand im Alltag Hilfe benötigt, heißt das noch lange nicht, dass er Diät halten muss. Grundsätzlich dürfen Pflegebedürftige alles essen, worauf sie Appetit haben. Auch hier gilt: Je mehr Normalität herrscht, desto leichter wird es Ihrem Angehörigen fallen, mit der Situation klarzukommen.

Hat Ihr Angehöriger immer gerne gut gewürzte Speisen gegessen, spricht nichts dagegen, auch weiterhin scharf und würzig zu kochen. Die folgenden Hinweise sollen Ihnen helfen, eine möglichst ausgewogene Ernährung zu gewährleisten.

GUT ZU WISSEN

Wenn eine Diät notwendig ist

Leidet Ihr Angehöriger unter einer bestimmten Krankheit wie Diabetes, müssen Sie spezielle Ernährungsregeln einhalten. Der behandelnde Arzt oder Diätassistenten können erklären, worauf dabei zu achten ist. Fragen Sie so lange nach, bis Sie wirklich alles verstanden haben. Viele Fragen tauchen erst im Alltag auf. Scheuen Sie sich nicht, auch nach Wochen oder Monaten erneut um Rat zu fragen, wenn Ihnen etwas unklar ist. Schließlich geht es um die Gesundheit Ihres Angehörigen.

Das gehört auf den Speiseplan

Im Alter sinkt der Energiebedarf. Das gilt insbesondere für Menschen, die sich wenig bewegen.

Vitamine und Mineralstoffe benötigt der Körper aber in gleicher Menge wie früher. Das heißt: Ihr Angehöriger braucht zwar weniger Energie, die Speisen sollten aber besonders nährstoffreich sein. Reichern Sie die Mahlzeiten deshalb zusätzlich mit Gemüse an, oder stellen Sie einen Salat oder frisches Obst dazu.

Körperliche Veränderungen im Alter können das Ess- und Trinkverhalten beeinflussen. Häufig nimmt zum Beispiel das Geschmacks- und Geruchsempfinden ab. Damit sinkt der Appetit. Frische Gartenkräuter und Gewürze wie Paprika, Curry oder Pfeffer helfen, den Appetit anzuregen. Auch eine

DIE ZAHL

Kalorienbedarf bei wenig körperlicher Aktivität

Ab 65 Jahren benötigen Frauen durchschnittlich

1.700 Kilokalorien (kcal)

Männer rund

2.100 kcal

Bis zu diesem Alter liegt der Bedarf höher: Frauen: zwischen

1.700 kcal

und

1.900 kcal

Männer: zwischen

2.200

und

2.400 kcal

Bei mehr körperlicher Aktivität steigt der Kalorienbedarf.

Bouillon vor dem Hauptgang macht Lust auf mehr.

Bei der Auswahl der Lebensmittel können Sie sich am Ernährungskreis (→ Seite 171) der Deutschen Gesellschaft für Ernährung (DGE) orientieren.

→ An erster Stelle auf dem Speiseplan sollten Getreide, Getreideprodukte und Kartoffeln stehen. Vollkornprodukte sind nährstoffreicher als Nudeln oder Brot aus Weißmehl.

→ An zweiter Stelle folgen Gemüse und Salat. Im Idealfall kommen täglich zwei bis drei Portionen Gemüse auf den Teller. Das Maß für eine Portion ist die Hand des Essers.

→ Auf Platz drei steht Obst mit täglich zwei bis drei Portionen.

GUT ZU WISSEN

Mehr erfahren

Die DGE hat verschiedene Broschüren zur Ernährung im Alter herausgegeben, unter anderem zu „Essen und Trinken im Alter“, „Trinken im Alter“, „Mangelernährung im Alter“ und „Kau- und Schluckstörungen im Alter“. Alle Broschüren können kostenlos im Internet heruntergeladen werden unter www.fitimalter-dge.de, Stichwort „Fachinformationen“ – „Medien“.

„Meine Mutter bekommt Essen auf Rädern geliefert. Sie hat sich beklagt, dass so wenig Frisches dabei ist. Eine Bekannte riet mir, ihr vormittags Obst hinzustellen. Das mache ich jetzt. Blaubeeren, Weintrauben, solche Sachen. Es schmeckt ihr und sie bekommt ein paar Extra-Vitamine. Ich frage mich, warum ich da nicht früher draufgekommen bin."

Cäcilia K.

- Platz vier nehmen Milch und Milchprodukte ein.
- Auf Platz fünf folgen Fleisch, Wurst, Fisch und Ei. Fettarme Produkte sind fettreichen vorzuziehen. Ein- bis zweimal pro Woche sollte Fisch auf dem Speiseplan stehen.
- Die sechste Gruppe bilden Fette und Öle, die nur in Maßen verzehrt werden sollten.

Idealerweise kommen Produkte aus allen Lebensmittelgruppen täglich auf den Tisch.

Trinken, trinken, trinken

Ältere Menschen empfinden häufig weniger Durst als jüngere. Manche Pflegebedürftige haben aber auch Angst, nicht rechtzeitig eine Toilette zu erreichen. Sie trinken deshalb weniger. Häufig haben ältere Menschen im Vergleich zu jüngeren einen höheren Flüssigkeitsverlust. Sie scheiden zum Beispiel mehr Urin aus, weil die Nieren schlechter arbeiten. Achten Sie daher unbedingt darauf, dass Ihr Angehöriger genug trinkt. Die DGE empfiehlt Senioren, mindestens 1,3 bis 1,5 Liter Flüssigkeit am Tag zu trinken. Besonders geeignet sind Wasser, ungesüßte Kräuter- und Früchtetees, Säfte und Saftschorlen. Die restliche benötigte Flüssigkeit wird über Speisen aufgenommen. Isst ihr Angehöriger allerdings sehr wenig, müssen Sie die Trinkmenge erhöhen. Sprechen Sie in diesem Fall sicherheitshalber mit dem Arzt. Es gibt aber auch Erkrankungen, bei denen nur eine begrenzte tägliche Trinkmenge erlaubt ist (zum Beispiel spezielle Nierenerkrankungen). Dann sollten Sie von den Empfehlungen der DGE natürlich abweichen.

Zeichen für einen Flüssigkeitsmangel sind eine trockene Haut, rissige Lippen, ein trockener Mund, Müdigkeit, Konzentrationsschwäche, Kopfschmerzen und Schwindel. Zu wenig Flüssigkeit im Körper kann aber auch zu Verwirrtheit, Verstopfungen und einer erhöhten Körpertemperatur führen. Bereits nach wenigen Tagen können Kreislauf und Nieren versagen.

→ TIPP Der Hauttest

Ein einfacher Trick zeigt, ob Ihr Angehöriger zu wenig Flüssigkeit zu sich genommen hat: Kneifen Sie sanft in seinen Oberarm. Bleibt eine Hautfalte stehen, muss er mehr trinken.

Nur im Einzelfall ist es notwendig, ein Trinkprotokoll zu führen. Darin wird eine Woche lang notiert, wann der Pflegebedürftige was und wie viel getrunken hat. Normalerweise genügt es, wenn Sie Ihren Angehörigen zum regelmäßigen Trinken ermuntern. Folgende Tipps können dabei helfen:

Fragen Sie Ihren Angehörigen, was er am liebsten trinken möchte. Kaffee und Tee in Maßen sind in der Regel kein Problem. Als Richtschnur nennt die DGE bis zu vier Tassen Kaffee pro Tag. Weisen Sie ihn darauf hin, wenn ein Getränk heiß ist, oder prüfen Sie selbst die Temperatur.

- → Reichen Sie zu jeder Mahlzeit ein Getränk.
- → Erinnern Sie Ihren Angehörigen ans Trinken. Rituale wie der „5-Uhr-Tee" oder das Glas Saft zum Frühstück können dabei helfen.
- → Leere Gläser und Flaschen sollten möglichst schnell aufgefüllt werden.
- → Stellen Sie an allen Lieblingsplätzen Ihres Angehörigen Getränke bereit.
- → Sehbehinderten Menschen kann es helfen, wenn sie farbige Getränke wie Saftschorle oder Wasser in farbigen Gläsern angeboten bekommen. Durchsichtige Gläser mit Wasser werden nur schlecht wahrgenommen.

Gestaltung der Mahlzeiten

Ein gedeckter Tisch mit appetitlich zubereiteten Speisen macht Lust auf Essen. Wenn möglich, sollten Sie Ihren Angehörigen motivieren, sich für die Mahlzeiten an einen Tisch zu setzen. Selbstverständlich müssen Sie nicht jeden Teller dekorieren. Aber vermeiden Sie es, alle Komponenten zu vermischen. Klar getrennte Speisen sehen ansprechender aus. Außerdem fällt es Ihrem Angehörigen so leichter, die verschiedenen Lebensmittel zu unterscheiden und sich beim Kauen und Schlucken auf die unterschiedliche Konsistenz einzustellen.

Versuchen Sie, Ihren Angehörigen zum selbstständigen Essen zu motivieren. Das fördert den Appetit und die Eigenständigkeit. Häufig reicht es aus, wenn Sie die Lebensmittel klein schneiden, Sie müssen sie nicht anreichen. Es gibt zahlreiche Hilfsmittel, die das selbstständige Essen erleichtern: rutschfeste

Tischunterlagen, Gabeln und Messer mit dickeren Griffen, besonders standfestes Geschirr. Leider sind die Kranken- und die Pflegekasse bei der Übernahme der Kosten zurückhaltend. Davon sollten Sie sich aber nicht abschrecken lassen, wenn ein Hilfsmittel Ihrem Angehörigen das selbstständige Essen ermöglicht. Lassen Sie sich am Besten in einem Sanitätshaus oder bei einer Wohnberatungsstelle die verschiedenen Produkte zeigen.

Müssen Sie das Essen anreichen, ist es wichtig, dass Sie sich an der Kau- und Schluckgeschwindigkeit Ihres Angehörigen orientieren. Warten Sie nicht mit der vollen Gabel vor seinem Mund, während er noch kaut. Sonst steigt das Risiko, dass er sich in der Eile verschluckt. Kleine Löffel- oder Gabelportionen lassen sich leichter kauen und schlucken als große. Dauern Mahlzeiten sehr lange, kann es sinnvoll sein, Warmhalteteller zu benutzen.

Hilfe bei Kau- und Schluckstörungen

Verweigert Ihr Angehöriger Mahlzeiten, hustet und räuspert er sich häufig beim Essen, läuft Speichel aus dem Mund oder verbleiben Nahrungsreste im Mundraum, leidet er möglicherweise unter Schluck- und Kaubeschwerden. Sprechen Sie unbedingt den Arzt darauf an und bitten Sie ihn, die Ursache festzustellen. Unbehandelt drohen Mangelernährung und Austrocknung. Häufiges Verschlucken kann lebensgefährlich sein.

Typische Gründe für Kaubeschwerden sind schlecht sitzende Prothesen, Druckstellen oder Krankheiten im Mundraum. Probleme beim Schlucken können Folge neurologischer Erkrankungen wie Schlaganfall, Morbus Parkinson oder Demenz sein. Auch Entzündungen im Mund, im Rachen oder in der Speiseröhre machen das Schlucken mitunter schwierig. Viele dieser Probleme lassen sich gut therapieren.

Liegen Kau- oder Schluckstörungen vor, muss der Arzt klären, welche Form der Nahrung gegessen werden kann. Grundsätzlich alle Speisen zu passieren oder zu pürieren ist keine Lösung. Zum einen ist Brei wenig appetitanregend. Zum anderen enthält er nicht alle notwendigen Nährstoffe, sodass häufig Zusatz- oder Sondennahrung ergänzt werden muss. Kauen regt außerdem die Speichelbildung an. Dabei entstehen Enzyme, die für die Verdauung wichtig sind. Brei sollte daher nur im Ausnahmefall auf dem Speiseplan stehen.

Oftmals genügt es, weiche Speisen anzubieten. Dazu gehören zum Beispiel Graubrot ohne Rinde, Kartoffeln, weiche Gemüse- und Obstsorten und Wurst ohne Stücke. Getränke und dünnflüssige Nahrungsmittel wie Suppen erhöhen eher das Risiko, sich zu verschlucken. Deshalb ist es sinnvoll, solche Speisen und Getränke mit einem geschmacksneutralen Verdickungsmittel leicht anzudicken.

Für die Mahlzeiten selbst gelten folgende Regeln:

- Menschen mit Schluckbeschwerden müssen sich beim Essen konzentrieren. Sorgen Sie für möglichst wenig Ablenkung durch Radio oder Gespräche.
- Für die Mahlzeiten sollte Zeit sein. Lassen Sie Ihren Angehörigen die Speisen in Ruhe betrachten oder an ihnen riechen. Das fördert die Speichelproduktion.
- Kleine Portionen, die mit einem Teelöffel aufgenommen werden, lassen sich leichter schlucken als große.
- Der Mund sollte immer leer sein, bevor die nächste Portion genommen wird.
- Falls Sie pürierte Kost anbieten, sollten Sie nicht alle Komponenten zu einem undefinierbaren Brei vermengen. Besser ist, die Nahrungsmittel einzeln anzubieten.
- Eine aufrechte Körperhaltung erleichtert das Schlucken. Daher möglichst im Sitzen essen. Bei bettlägerigen Menschen sollte der Oberkörper hoch gelagert werden – und zwar noch bis zu 20 Minuten nach dem Essen. Das gilt auch für Menschen, die per Sonde ernährt werden.

Rechtzeitig gegensteuern: Folgeerkrankungen vermeiden

Menschen, die sich wenig bewegen können, haben ein höheres Risiko für Sekundärerkrankungen. Damit sind Leiden gemeint, die eng mit einer Bettlägerigkeit zusammenhängen, zum Beispiel Druckgeschwüre, eine Gelenkversteifung, Lungenentzündung oder Thrombose. Die wichtigste Vorsorge ist Bewegung. Es lohnt sich also, wenn Sie Ihren Angehörigen immer wieder ermutigen und ihm dabei helfen, sich hinzusetzen oder ein paar Schritte zu gehen – auch wenn das Mühe macht. Beobachten Sie Ihren Angehörigen. Veränderungen der Haut, der Atmung oder zum Beispiel der Körpertemperatur sind häufig Warnsignale.

Schweiß: Schwitzen kann ein Zeichen dafür sein, dass Ihr Angehöriger zu warm angezogen oder das Zimmer zu stark geheizt ist. Vielleicht hat er aber auch Angst, ist stark erregt oder hat Fieber. Messen Sie sicherheitshalber die Körpertemperatur. Kalter, klebriger Schweiß deutet in der Regel auf eine akute Erkrankung hin. Benachrichtigen Sie in diesem Fall möglichst schnell einen Arzt.

Atmung: Ein erwachsener Mensch atmet im Durchschnitt 15 bis 20 Mal in der Minute. Eine beschleunigte Atmung kann ein Zeichen starker Erregung sein. Eine keuchende oder sehr flache Atmung weist möglicherweise auf eine Lungenentzündung hin. Auch hier gilt: Informieren Sie den Arzt, wenn Ihnen die Atmung ungewöhnlich vorkommt.

Haut: Hautrötungen können Folge von Fieber oder Überwärmung sein. Treten sie punktuell auf, weisen sie häufig auf entstehende Druckgeschwüre hin. Blasse Haut kann ein Indikator für sehr niedrigen Blutdruck sein, aber auch auf einen beginnenden Schock hinweisen. Eine hohe Hautspannung deutet möglicherweise auf Wasseransammlungen im Gewebe hin. Faltige, schlaffe und sehr trockene Haut ist häufig Folge von Flüssigkeitsmangel.

Puls: Ein schneller Puls kann ebenfalls auf starke Erregung oder Fieber hinweisen. Stockt oder holpert der Puls und fühlt sich Ihr Angehöriger schlecht, sollten Sie einen Arzt rufen.

Urin: Stark riechender, konzentrierter Urin kann ein Zeichen für Flüssigkeitsmangel sein. Eine rötliche Färbung deutet auf Blut im Urin hin. Informieren Sie den Arzt.

Vitalwerte kontrollieren – so geht´s

Fiebermessen: Fieber kann an verschiedenen Körperstellen gemessen werden, etwa in der Achselhöhle, im Mund, im Ohr und im Darm. Die Körpertemperatur schwankt bei gesunden Menschen zwischen 0,5° und 1° C, deshalb sagt ein einmaliger Messwert wenig aus. Sie sollten die Körpertemperatur daher mehrmals kontrollieren. Achten Sie darauf, immer an derselben Stelle zu messen. Ab einer Körpertemperatur von 38° C wird von Fieber gesprochen.

Blutdruckmessung: Für den Heimgebrauch gibt es automatische Messgeräte, die am Oberarm- oder am Handgelenk angelegt werden. Sie zeigen den Blutdruck digital in der Maßeinheit mmHg an. Der obere, systolische Wert liegt normalerweise bei 120 mmHg, der untere, diastolische Wert bei 80 mmHg. Bei Menschen über 80 Jahre können auch Werte bis 150/90 mmHg normal sein. Damit beim Messen korrekte Werte herauskommen, sollten Sie einige Regeln beachten:

- → Wird am Handgelenk gemessen, muss das Gerät auf Herzhöhe gehalten werden.
- → Immer morgens oder abends messen, bevor blutdrucksenkende Medikamente eingenommen werden. So lässt sich am ehesten beurteilen, welche Medikamente gut wirken.
- → Vor dem Messen drei bis fünf Minuten Ruhe halten.
- → Immer am Arm mit dem höheren Blutdruckwert messen.

- → Zu kleine Manschetten messen häufig zu niedrige systolische Werte (obere Werte) und zu hohe diastolische Werte (unterer Messwert). Die Manschette muss zwei Drittel der Oberarmlänge bedecken. Lassen Sie sich unbedingt beraten.
- → Tests zeigen, dass viele Geräte auf dem Markt ungenau sind. Die Deutsche Hochdruckliga zeichnet besonders hochwertige Geräte mit einem Prüfsiegel aus: www.hochdruckliga.de, Stichwort „Patienten" – „Blutdruckmessgeräte"

Pulsmessung: Zur Pulsmessung am Handgelenk legen Sie Zeige- und Mittelfinger in die Grube zwischen Speiche und Sehne. Am Hals messen Sie links oder rechts neben dem Kehlkopf. Üben Sie leichten Druck aus. Der erste Pulsschlag wird als null gezählt. Üblicherweise wird für 15 Sekunden gezählt und der Wert anschließend mit 4 multipliziert. Die normale Pulsfrequenz von Senioren liegt bei 70 bis 90 Schlägen pro Minute.

Atmung kontrollieren: Erwachsene atmen durchschnittlich 15 Mal pro Minute, ältere Menschen häufig etwas öfter. Als Atemzug gilt das Einatmen, Ausatmen und die Atempause. Sie können neben der Frequenz zum Beispiel beobachten, wie tief Ihr Angehöriger atmet (flach oder tief), ob er regelmäßig oder unregelmäßig atmet und ob er beim Atmen Geräusche (Pfeifen, Rasseln) macht. Alle Angaben sind Normwerte. Sprechen Sie mit dem Arzt, welche Werte für Ihren Angehörigen gelten. Fragen Sie, ab welcher Abweichung Sie ihn benachrichtigen sollen.

Schutz vor dem Wundliegen

Muss ein Mensch fast ausschließlich im Bett liegen, ist die Gefahr groß, dass er sich wund liegt (Dekubitus). Anfangs zeigen sich nur weiße Flecken, die sich aber schon nach kurzer Zeit röten. Danach können sich Blasen bilden. Im weiteren Verlauf entsteht eine oberflächliche Wunde, die bei einem fortgeschrittenen Dekubitus bis zum Knochen reichen kann. Einen Dekubitus zu behandeln, ist langwierig und kompliziert. Deshalb ist es so wichtig, dem Wundliegen vorzubeugen.

Ein Dekubitus tritt vor allem an Körperstellen auf, an denen unter der Haut wenig Fettgewebe sitzt. Durch anhaltenden Druck, Reibung oder Schereinwirkungen (ein Teil der Haut wird in eine Richtung bewegt, ein anderer Teil nicht oder sogar in eine andere Richtung, etwa beim Herabrutschen im Bett oder Stuhl) kommt es zu einer mangelnden Durchblutung des Gewebes, Zellen sterben ab. Besonders gefährdet sind Hinterkopf, Ohrmuscheln, Schulterblätter, Wirbelsäule, Ellenbogen, Kreuzbein, Oberschenkelknochen in Hüfthöhe, Knie, Fersen und Zehenkuppen.

Diese Stellen sind besonders häufig vom Wundliegen betroffen

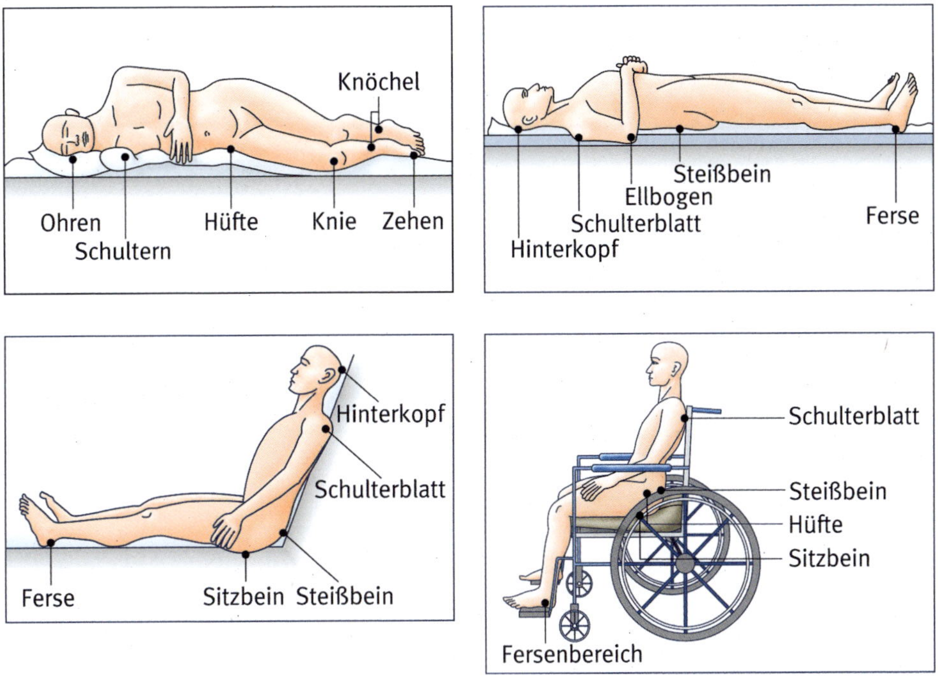

Kontrollieren Sie diese Bereiche jeden Tag bei der Körperpflege. Kommt Ihnen eine Stelle verdächtig vor, können Sie leicht überprüfen, ob sie bereits geschädigt ist. Drücken Sie mit dem Finger kurz auf die Rötung. Bleibt die Haut rot statt weiß zu werden, liegt eine Schädigung vor. Dann sollten Sie sofort einen Arzt einschalten.

Wundliegen wird durch verschiedene Umstände begünstigt: Feuchte Haut durch Schwitzen oder nicht ausreichend atmungsaktive Bettwäsche, Flüssigkeitsmangel, Mangelernährung, ein geschwächtes Immunsystem. Die häufigsten Gründe sind anhaltender Druck durch mangelnde Bewegung und Scherkräfte. Wie schnell ein Druckgeschwür entsteht, hängt vom Gesundheitszustand ab. Bei manchen Menschen kommt es bereits nach zehn bis zwanzig Minuten Druck zu Hautrötungen. Andere können mehrere Stunden liegen, ohne dass etwas passiert. Fragen Sie am besten eine Pflegefachkraft oder den Arzt, wie er die Situation Ihres Angehörigen einschätzt.

GUT ZU WISSEN

Starr sitzen ist gefährlich

Auch Menschen, die lange unbeweglich sitzen, können sich im Gesäßbereich und den Kniekehlen „wundliegen". Sorgen Sie dort für Entlastung. Legen Sie zum Beispiel ein weiches Polster als Sitzkissen unter und achten Sie darauf, dass der Stuhl Armlehnen hat. Außerdem sollte die Rückenlehne leicht schräg nach hinten gestellt werden. Ermutigen Sie Ihren Angehörigen, sich immer mal wieder auf die Armlehnen zu stützen, seine Füße abzustellen oder die Beine hochzulegen.

Der effektivste Schutz ist Bewegung. Versuchen Sie Ihren Angehörigen zu motivieren, sich möglichst viel im Bett zu bewegen und regelmäßig aufzustehen. Selbst kleine Veränderungen der Position helfen, etwa den Kopf zu drehen oder regelmäßig Arme und Beine zu bewegen. Je weniger Ihr Angehöriger dazu in der Lage ist, desto wichtiger ist es, dass Sie durch verschiedene Lagerungstechniken für Entlastung sorgen. Experten unterscheiden zwischen der Freilagerung, der Weich- und Hohllagerung und der Umlagerung. Ideal ist eine Kombination der verschiedenen Techniken.

Bei der **Freilagerung** werden gefährdete Körperstellen vom Druck befreit, indem Kissen oder eingedrehte Handtücher um sie herum gelegt werden. Diese Technik bietet sich zum Beispiel für Ellenbogen und Ferse an. Eine dauerhafte Lösung ist sie nicht. Werden etwa die Fersen frei gelagert, erhöht sich der Druck im Gesäßbereich, was dort zu Problemen führen kann.

Für die **Weich- und Hohllagerung** werden Spezialkissen unter die gefährdeten Stellen, etwa die Schultern oder das Steißbein, gelegt. Sie nehmen Druck weg. Liegt der Pflegebedürftige allerdings über längere Zeit auf speziellen Weichstoffmatratzen, in denen er einsinkt, besteht die Gefahr, dass er sich noch weniger bewegt.

Die **Umlagerung** ist die wirksamste Methode. Dabei wird der Pflegebedürftige in regelmäßigen Abständen so gedreht, dass unterschiedliche Körperstellen belastet werden. Er kann zum Beispiel vom Rücken auf die Seite und anschließend in eine Seiten-Bauchlage gedreht werden. Bewährt hat sich die sogenannte 30-Grad-Lage. Dafür werden im Wechsel rechts und links Keile oder zusammengerollte Decken unter den Körper des Pflegebedürftigen oder die Matratze gelegt, sodass er leicht schräg vor allem auf weichen Körperteilen liegt.

Welche Lagerungstechnik für Ihren Angehörigen richtig ist, müssen ein Arzt oder eine professionelle Pflegekraft einschätzen.

Lassen Sie sich ausführlich zeigen, wie Sie vorgehen müssen. Nur so können Sie Fehler vermeiden. Mit den richtigen Handgriffen schonen Sie außerdem Ihre Kräfte. Fragen Sie so lange nach, bis sie alles verstanden haben, und üben Sie die Handgriffe im Beisein der Profis.

Die folgenden Bilder zeigen die Schräglagerung:

→ Zuerst wird der Pflegebedürftige auf die Seite gelegt. Damit er nicht aus dem Bett fallen kann, muss das Bett zur Seite hin abgesichert sein (etwa durch ein hinteres Bettgitter). Dann wird eine zusammengefaltete Decke unter die Matratze geschoben.

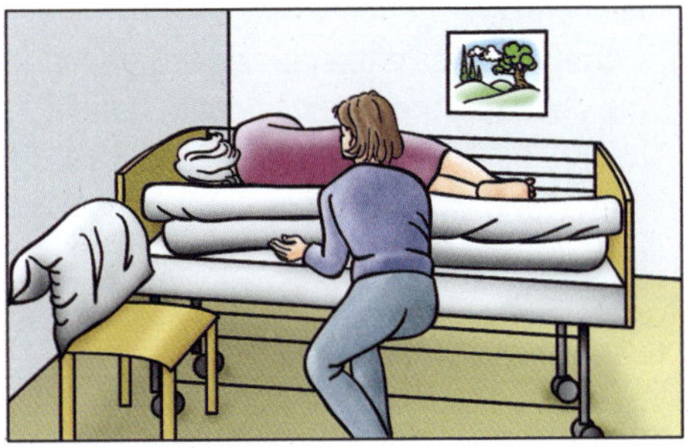

→ Alternativ die Decke auf der Matratze so einrollen, dass sie sich längs an den ganzen Körper schmiegt. Danach wird ein mittig gefaltetes Kopfkissen unter das an der Schräge liegende obere Bein platziert. Das Bein liegt dann leicht angewinkelt und nach außen gedreht. Zum Schluss wird der Kopf durch ein zusätzliches kleines Kissen unter dem Kopfkissen gestützt. Fragen Sie Ihren Angehörigen, ob sich die Lagerung für ihn bequem anfühlt.

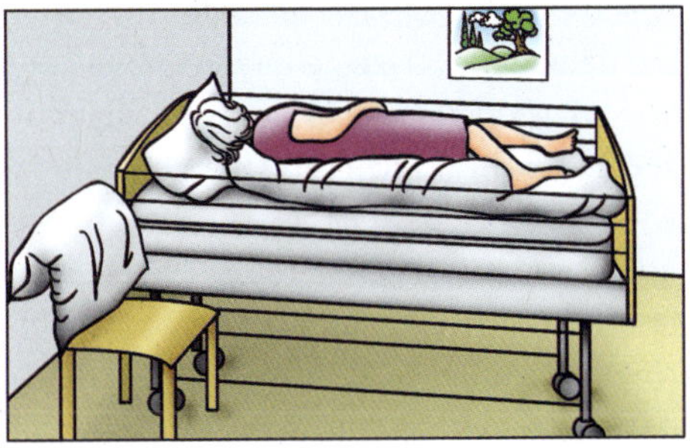

GUT ZU WISSEN

Trockene Haut ist gefährdet

Bei der Vorbeugung von Druckgeschwüren spielt die Hautpflege eine wichtige Rolle. Verwenden Sie beim Waschen klares Wasser mit pH-neutralen Waschzusätzen. Herkömmliche Seifen trocknen die Haut stärker aus. Die Haut anschließend gründlich abtrocknen und mit einer leicht rückfettenden Emulsion eincremen. Reine Fettcremes oder Salben, die die Hautporen verschließen, belasten die Haut zusätzlich. Auch alkoholhaltige oder desinfizierende Substanzen sind ungeeignet.

Für Menschen mit einem hohen Dekubitus-Risiko gibt es verschiedene Hilfsmittel auf dem Markt. Dazu gehören zum Beispiel Weichlagerungs- oder Wechseldruckmatratzen, Lagerungskissen, -rollen und -keile sowie Spezialbetten. Schaffelle, Watteverbände und Wassermatratzen werden nicht empfohlen, weil ihr Nutzen unklar ist. Lagerungsringe sehen Experten inzwischen kritisch, da an den Auflagestellen der Druck auf die Haut steigt. Welches Hilfsmittel für Ihren Angehörigen richtig ist, muss der Arzt entscheiden. Pflegefachkräfte können Tipps geben.

In Bewegung bleiben: Gelenkversteifung verhindern

Können Menschen zum Beispiel wegen einer Lähmung einzelne Körperteile kaum noch bewegen, besteht die Gefahr, dass sich die Gelenke versteifen. Fachleute sprechen von einer Kontraktur. Durch die mangelnde Bewegung verkürzen und verhärten sich Muskeln, Sehnen und Bänder, die Gelenke versteifen, es kann zu Fehlstellungen kommen. Besonders hoch ist das Risiko nach einem Schlaganfall, nach Verletzungen im Gelenkbereich und bei Gelenkerkrankungen. Starke Schmerzen und damit verbundene Schonhaltungen oder eine falsche Lagerung können ebenfalls zu Kontrakturen führen. Typisches Beispiel ist der „Spitzfuß" bei bettlägerigen Menschen: Der permanente Druck der Bettdecke bringt den Fuß in eine gestreckte Position. Versteift sich das Gelenk, kann der Betroffene nicht mehr gut abrollen. Ein Spitzfuß lässt sich durch regelmäßiges Umlagern verhindern.

Der beste Schutz vor Kontrakturen ist Bewegung. Lassen Sie Ihren Angehörigen möglichst viele Alltagstätigkeiten selbst ausführen. Achten Sie darauf, dass er mehrmals täglich alle wichtigen Gelenke bewegt: Hand- und Fußgelenke, Finger, Arme und Schultern, Ober- und Unterschenkel, den Rücken. Ist er dazu nicht oder nur sehr eingeschränkt in der Lage, müssen Sie ihm helfen und mit ihm üben. Unterschieden wird zwischen aktiven und passiven Bewegungsübungen. Bei aktiven Übungen arbeitet der Pflegebedürftige mit, der Pflegende leitet an. Passive Übungen führt der Pflegende aus, zum Beispiel beugt und streckt er den Arm des Pflegebedürftigen. Aktive Übungen sind grundsätzlich besser als passive.

Lassen Sie sich vom Arzt oder einem Therapeuten vor dem Üben gründlich einweisen. Wichtige Fragen sind: Wie lange und wie oft müssen Sie mit Ihrem Angehörigen üben? Welche Probleme können dabei auftauchen? Welche Körpersignale deuten darauf hin, dass es zu viel wird?

10 Tipps zum Üben:

1. Ihr Angehöriger muss wissen, warum die Übungen notwendig sind.
2. Er sollte so weit wie möglich aktiv mithelfen.
3. Führen Sie keine Übungen gegen seinen Willen durch. Sonst besteht die Gefahr, dass er sich verkrampft, was das Verletzungsrisiko erhöht.
4. Beseitigen Sie Bettdecken und Lagerungshilfen, um möglichst viel Bewegungsraum zu haben.
5. Achten Sie darauf, dass benachbarte Gelenke mit einer Hand gestützt werden. So können Ausweichbewegungen vermieden werden.
6. Weiche Abläufe sind ideal. Ruckartige Bewegungen können die Gelenke zusätzlich schädigen.
7. Achten Sie auf die Körpersignale Ihres Angehörigen. Beginnen die Übungen zu schmerzen, sollten Sie sofort aufhören.
8. Führen Sie keine Übungen aus, bei denen Sie unsicher sind. Fragen Sie besser einmal mehr nach.
9. Binden Sie die Übungen – wo möglich – in Pflegetätigkeiten ein.
10. Achten Sie auf die Matratze. Liegt kein Risiko für Druckgeschwüre vor, sollte Ihr Angehöriger auf einer möglichst harten Matratze liegen. Weiche Unterlagen können seine Bewegungsmöglichkeiten weiter einschränken.

Schutz vor Lungenentzündung und Thrombose

Die **Lungenentzündung** ist eine besonders gefährliche Begleiterkrankung, die häufig zum Tod führt. Ein erhöhtes Risiko haben u.a. Menschen mit Herz-Kreislauf-Erkrankungen, Erkältungskrankheiten und Schluckstörungen. Wer viel im Bett liegen muss oder wegen Schwäche oder Schmerzen nur flach ein- und ausatmet, ist ebenfalls gefährdet. Mit folgenden Maßnahmen können Sie helfen, einer Lungenentzündung vorzubeugen. Sprechen Sie unbedingt mit dem Arzt, ob weitere Vorkehrungen notwendig sind.

→ Lüften Sie regelmäßig das Zimmer, in dem sich der Pflegebedürftige hauptsächlich aufhält.

- Motivieren Sie ihn, tief durch die Nase ein- und durch den Mund auszuatmen.
- Bei den Mahlzeiten sollte Ihr Angehöriger sitzen oder den Oberkörper hochlagern. Das erleichtert das Schlucken und senkt das Risiko, dass Lebensmittelreste in die Atemwege gelangen. (→ Seite 175 f.)
- Eine Befeuchtung der Luft, etwa durch aufgehängte feuchte Tücher, und ausreichendes Trinken verhindert das Austrocknen der Schleimhäute. Bei Bedarf kann der Arzt ein Inhalationsgerät verschreiben.
- Muss Ihr Angehörige viel liegen, sollten Sie sich Lagerungstechniken zeigen lassen, die die Atmung erleichtern.
- Motivieren Sie ihn, sich möglichst oft zu bewegen.

Bei einer **Thrombose** bildet sich ein Blutgerinnsel in einem Blutgefäß. Das führt zur Verengung oder zum Verschluss des Gefäßes. Blutgerinnsel können aber auch Entzündungen hervorrufen oder sich lösen und an anderer Stelle festsetzen. Besonders gefährdet sind Menschen, die sich wenig bewegen. Ältere sind häufiger betroffen als jüngere, Frauen häufiger als Männer. Eine Blutgerinnungsstörung, Übergewicht, geringe Trinkmengen und Rauchen erhöhen ebenfalls die Gefahr. Der beste Schutz vor einer Thrombose ist Bewegung.

Muss Ihr Angehöriger im Bett liegen, sollten Sie darauf achten, dass er jeden Tag Gymnastikübungen absolviert: Fußkreisen, Strecken und Anziehen der Füße, Knie anziehen und strecken, Zehen einkrallen. Bei Bedarf kann der Arzt Thrombosestrümpfe verschreiben. Außerdem ist es sinnvoll, die Beine leicht hoch zu lagern. Dabei sollten die Kniekehlen gebeugt sein. Erkundigen Sie sich, ob weitere Schutzvorkehrungen notwendig sind.

Stürze vermeiden

Stürze sind eine der häufigsten Ursachen dafür, dass Menschen ihre Selbstständigkeit verlieren und auf Pflege angewiesen sind. Ein Oberschenkelhalsbruch beispielsweise zieht eine langwierige Behandlung nach sich, von der sich viele Ältere nur schlecht erholen. Selbst leichte Stürze haben Folgen: Viele Betroffene fürchten sich davor, erneut hinzufallen, und bewegen sich noch weniger. Dadurch bauen sie körperlich weiter ab, ihr Sturzrisiko steigt – ein Teufelskreis.

Deshalb ist es so wichtig, Stürzen vorzubeugen. Welche Maßnahmen sinnvoll sind, hängt vom individuellen Gesundheitszustand und der Wohnsituation ab. Übersichtsstudien haben gezeigt, dass es keine Maßnahme gibt, die generell vor Stürzen schützt, aber viele Ansätze, die einzelnen Menschen helfen können. Sprechen Sie mit dem Arzt, ob Ihr Angehöriger ein besonders hohes Sturzrisiko hat und was Sie dagegen tun können. Die folgenden Tipps ersetzen keine individuelle Beratung, geben aber erste Hinweise, worauf Sie achten können:

- Bewegungseinschränkungen sind ein Hauptgrund für Stürze. Geht Ihr Angehöriger unsicher, leidet er unter Gleichgewichtsstörungen oder ist er sehr schwach, steigt sein Risiko zu fallen. Sprechen Sie mit dem Arzt über sinnvolle Hilfsmittel. Ist Ihr Angehöriger mobil, kann ein angepasstes Kraft- und Gleichgewichtstraining die Gehfähigkeit verbessern. Üben Sie mit ihm das Gehen.
- Menschen, die schlecht sehen, stürzen häufiger. Sie haben Probleme, sich an verschiedene Untergründe anzupassen und übersehen Hindernisse. Sorgen Sie dafür, dass Ihr Angehöriger regelmäßig die Augen untersuchen lässt und eine passende Brille trägt. Mehrstärkengläser, die sowohl Weit- als auch Kurzsichtigkeit ausgleichen, erhöhen außerhalb der Wohnung das Sturzrisiko und sollten deshalb nicht getragen werden.
- Plötzlicher Blutzuckerabfall, Unterzuckerung, Herzrhythmusstörungen und andere Krankheiten können zu Schwindel und kurzzeitiger Ohnmacht führen. Sprechen Sie mit dem Arzt über Behandlungsmöglichkeiten.
- Manche Medikamente erhöhen alleine oder in Wechselwirkung mit anderen Arzneien das Sturzrisiko. Das gilt vor allem für Psychopharmaka, Beruhigungs- und Schlafmittel, Medikamente gegen Herzrhythmusstörungen und Medikamente, die die Wasserausscheidung anregen. Legen Sie dem Arzt eine Liste aller Medikamente vor, die Ihr Angehöriger einnimmt. Vielleicht ist es möglich, auf einzelne Arzneimittel zu verzichten oder bestimmte Medikamente gegen weniger problematische zu ersetzen.
- Achten Sie darauf, dass Ihr Angehöriger immer gut sitzende, geschlossene Schuhe trägt. Slipper erhöhen die Sturzgefahr. Das gilt auch für kurze Wege etwa vom Bett ins Bad.
- Wer mehrere Dinge gleichzeitig macht, stürzt eher. Körperlich eingeschränkte Menschen müssen sich besonders stark auf einzelne Bewegungen konzentrieren. Achten Sie darauf, dass Ihr Angehöriger beim Gehen möglichst wenig abgelenkt ist.
- Wählen Sie eine passende Gehhilfe aus. Kompetenten Rat geben Pflegefachkräfte und Therapeuten.

Gefahrenquellen und Stolperfallen beseitigen

Schon kleine Veränderungen können das Leben zu Hause sicherer machen. Es gibt eine Fülle an Möglichkeiten. Was sinnvoll ist, lässt

> „Wir haben Glück, dass im Haus alles auf einer Ebene ist und Treppensteigen entfällt. Die Türen sind breit genug. Mein Mann kann sich mit dem Rollstuhl überall bewegen und auch allein auf die Terrasse fahren.“
>
> **Gudrun F.**

sich nur im Einzelfall entscheiden. Erste Ansprechpartner sind die Wohnberatungsstellen. Die Experten besichtigen die Wohnung Ihres Angehörigen und geben konkrete Tipps, wie sie angepasst werden kann. Keine Wohnung ist gleich, es gibt aber typische Problembereiche:

→ **Dunkelheit:** Muss Ihr Angehöriger nachts auf die Toilette gehen, sollte der Weg vom Schlafzimmer zum Bad durch ein Dauerlicht beleuchtet sein. Ein recht helles Nachtlicht für Steckdosen gibt es schon ab fünf Euro im Handel. Oder Sie installieren Bewegungsmelder, über die automatisch das Licht angeht. Testen Sie mit Ihrem Angehörigen, wann die Bewegungsmelder anspringen, damit ihn das plötzliche Licht nicht erschreckt und er dadurch stürzt. Manche Stromsparleuchten werden erst allmählich heller, was häufig angenehmer ist. LED leuchten nach und hinterlassen zumindest einen leichten Schimmer. Für Menschen, die nicht mehr sicher auf den Beinen sind, kann ein Toilettenstuhl im Schlafzimmer eine sinnvolle Alternative sein (→ Seite 132).

→ **Stolperfallen:** Mit der Zeit sammeln sich Möbelstücke und Unmengen von Dekorationsartikeln an. Im Extremfall müssen die Bewohner Slalom laufen, um zum Sofa oder einem Schrank zu gelangen. Überlegen Sie, wie sich die Möbel sinnvoller aufstellen lassen. Räumen Sie wackelige Möbel weg, und stellen Sie Dekoartikel in die Ecken. Kabel haben grundsätzlich nichts auf dem Fußboden verloren, sondern sollten immer entlang der Fußleiste geführt werden. Auch Türschwellen können ein Hindernis sein. Falls sie sich nicht entfernen lassen, hilft es, sie mit leuchtenden Farben zu kennzeichnen.

→ **Teppiche:** Alle Teppiche müssen rutschfest sein. Kleben Sie hochstehende Kanten fest – oder der Teppich kommt weg.

→ **Dusche und Badewanne:** Dusche und Badewanne sollten einen rutschfesten Belag haben, einfach mit entsprechenden Klebestreifen nachrüsten. Ein Sitz in der Dusche gibt zusätzliche Sicherheit. Haltegriffe erleichtern unter anderem den Einstieg in die Dusche (→ Seite 131).

→ **Haltegriffe prüfen:** Vertrauen Sie Handwerkern nicht blind, sondern prüfen Sie, ob zum Beispiel Haltegriffe an den richtigen Stellen angebracht werden. Nur dort sind sie eine Hilfe. Vorsicht bei Billigangeboten aus dem Baumarkt oder aus dem Internet! Nicht alle erfüllen die hohen Anforderungen, die an Hilfsmittel gestellt werden.

→ **Treppen:** Ein zweiter Handlauf gibt zusätzliche Sicherheit. Bei Sehschwäche eventuell die Stufen mit farbigen Klebeband markieren, damit sie besser zu erkennen sind.

→ **TIPP Umbauten planen**
Wie Sie ein Haus oder eine Wohnung barrierefrei umgestalten können und welche Umbauten sich langfristig lohnen, steht im Ratgeber „Clever umbauen – Komfortabel in die besten Jahre": www.ratgeber-verbraucherzentrale.de

Wenn die Pflege zu Hause an Grenzen stößt

Viele Pflegende sind am Anfang hoch motiviert. Sie möchten den Partner, den Vater oder die Mutter so gut wie möglich versorgen. Und doch ertappen sie sich nach einiger Zeit dabei, wie sie sich wünschen, dass endlich alles aufhört und sie wieder ihr früheres Leben zurückbekommen. Oder sie hören sich selbst schimpfen und schämen sich für diese Gefühlsausbrüche. Solche Gedanken und Gefühle sind normal. Wichtig ist, sie wahrzunehmen und zu reagieren. Häufig sind sie ein Zeichen von Überforderung. Dagegen lässt sich in der Regel etwas tun.

Pflege belastet emotional. Das gilt für den Pflegebedürftigen genauso wie für denjenigen, der pflegt. Jeder Mensch reagiert auf Belastungen unterschiedlich. Es gibt aber einige typische Gefühle, die Pflegende und ihre Angehörigen durchleben.

Der Pflegebedürftige muss vor allem mit der Tatsache klarkommen, dass er nicht mehr alleine für sich sorgen kann. Er ist von anderen abhängig, dadurch stellt sich sein Leben auf den Kopf. Dazu kommt oft die Angst vor der Zukunft. Wie geht es weiter? Welche Leiden sind mit der eigenen Krankheit verbunden? Die Pflegebedürftigkeit kann Wut, Verzweiflung und große Unzufriedenheit auslösen, aber auch Trotz, Neid und Selbstmitleid. Manche Menschen hadern offen mit ihrem Schicksal, andere ziehen sich zurück. Manche finden, dass Sie ein Recht darauf haben, von Ihren Angehörigen gepflegt zu werden und sind sehr fordernd. Und wieder anderen gelingt es schnell, ihre neue Situation

„Meine Mutter gehört zu einer Generation, für die es selbstverständlich ist, dass Kinder ihre Eltern im Alter pflegen. Sie versteht nicht, dass es für mich eine deutliche Lebenseinschränkung darstellt."

Cäcilia K.

„Meine Frau und ich sind früher viel gereist: Südafrika, Australien, durch alle Länder Europas. Wenn dann von einem Tag auf den anderen so etwas Schreckliches passiert, dauert es lange, bis man versteht, dass das vorbei ist. Ich habe viele Fotos von den Reisen aufgehängt. Und wir schauen gerne „Länder – Menschen – Abenteuer" und erinnern uns an unsere Reisen."

Peter S.

anzunehmen und das Beste daraus zu machen. Keiner weiß, wie er selbst in einer solchen Situation reagieren würde.

Auch Sie als Pflegende stehen vor einer neuen Situation. Ist Ihr Partner plötzlich auf Hilfe angewiesen, ändert sich von heute auf morgen Ihr gemeinsames Leben. Geplante Reisen, Feste, gemeinsame Hobbys: All das lässt sich – wenn überhaupt – nur noch sehr eingeschränkt umsetzen. Das kann Trauer und Wut auslösen. Wahrscheinlich sorgen Sie sich um Ihren Partner und haben Angst, ihn zu verlieren. Wo Sie sich früher Aufgaben teilen konnten, tragen Sie fortan die Hauptverantwortung. Das kann eine große Last sein.

Pflegen Sie Mutter oder Vater, bedeutet das den endgültigen Abschied von der Kindheit. Sie müssen plötzlich Verantwortung für Ihre Eltern übernehmen und sie versorgen, statt selbst Schutz und Geborgenheit zu bekommen.

→ **TIPP Möglichkeiten aufzeigen**
Wird ein Mensch pflegebedürftig, zeigt sich vor allem, was er nicht mehr kann. Versuchen Sie, immer wieder darüber zu sprechen, was Sie trotz der Pflegebedürftigkeit noch Schönes gemeinsam erleben können. Wenn Sie nicht mehr reisen können, ist es vielleicht möglich, gemeinsam einen Diavortrag über das Zielland anzusehen.

Kümmern Sie sich um einen Demenzkranken, müssen Sie damit klarkommen, dass er Ihnen immer fremder wird. Sie verlieren einen geliebten Menschen, während er noch lebt. Das ist oft mit tiefer Trauer verbunden.

Viele Pflegende fühlen sich ständig zwischen verschiedenen Anforderungen hin- und hergerissen. Sie haben den Eindruck, sich gleichzeitig um den Pflegebedürftigen, andere Familienmitglieder, den Haushalt und alle weiteren Aufgaben kümmern zu

„Ich stehe ständig unter Anspannung. Ein Handy ist das Mutterhandy. Wenn es klingelt, sitze ich stocksteif da, weil ich fürchte, dass wieder etwas passiert ist."

Uta S.

„Beim Demenzstammtisch kann ich wirklich mal reden und alle verstehen mich. Wenn ich sage: „Mein Papa will sich immer umbringen", nicken ganz viele und sagen: „Das kenne ich, dann mache ich das und das." Ich bringe meinem Vater in solchen Momenten ein Stück Kuchen, dann ist es wieder gut. Der Stammtisch gibt mir Kraft. Ich freue mich jedes Mal darauf."

Heike S.

müssen. Das zermürbt. Zu diesem Gefühlt gesellt sich das schlechte Gewissen, keiner Aufgabe gerecht zu werden. Sie fühlen sich hilflos, weil sie den Berg nicht bewältigen können, und verzweifeln an den wiederkehrenden Versuchen. Da ist es kein Wunder, wenn sie sich irgendwann wünschen, dass endlich alles aufhört. Und doch erschrecken sie über solche Gedanken.

All diese Gefühle sind normal und kein Grund sich zu schämen. Sprechen Sie darüber! Vielleicht gibt es ein anderes Familienmitglied, dem Sie sich anvertrauen können. Vielen Menschen tut es gut, mit Außenstehenden zu sprechen, die nicht in das Familienleben eingebunden und damit neutralere Zuhörer sind. Nutzen Sie die Gesprächsangebote für pflegende Angehörige bei Beratungsstellen oder suchen Sie sich einen Gesprächskreis für pflegende Angehörige. Wer sich dort engagiert, weiß, was Pflege bedeutet und welche Gefühle entstehen. Sie müssen also nicht viel erklären, sondern können einfach erzählen.

Was zu Konflikten führt

Auch in der bestgemeinten Pflege kommt es zu Konflikten. Die Ursachen sind vielfältig. Oft stecken die oben geschilderten Gefühle dahinter. Sehr häufig sind Konflikte Folge von Überforderung. Viele Pflegende verlernen mit der Zeit die Fähigkeit, loszulassen. Sie fühlen sich ans Haus gefesselt und isoliert. Und selbst wenn sie sich Freiräume schaffen, gelingt es ihnen nicht, in dieser Zeit abzuschalten. So kommen sie irgendwann an den Punkt, an dem sie sagen: „Ich schmeiß alles hin."

Konflikte entstehen aber auch aus Familienkonstellationen heraus. Gibt der große Bruder aus der Ferne ständig schlaue Ratschläge, fühlt sich die pflegende Schwester

„Meine Mutter ist nicht mehr die Mutter, die ich kenne. Manchmal wird sie richtig bösartig. Sie sagt dann, ich hätte sie nur belogen und betrogen, nie Zeit für sie und sie bestohlen. Ich finde es sehr schwer, damit umzugehen, es nicht persönlich zu nehmen. Am meisten hat mir die Alzheimer-Gesellschaft geholfen. Wenn ich zu den Gesprächsrunden gehe und erzähle, nicken alle, weil sie mich verstehen. Das tut gut."

Uta S.

schnell bevormundet. Besucht die vermeintliche Lieblingstochter alle paar Wochen den hilfsbedürftigen Vater und erntet dafür überschwänglichen Dank, empfindet die pflegende Tochter das wahrscheinlich als ungerecht. Besonders schwierig wird es, wenn andere Familienmitglieder dem Pflegenden vorwerfen, dass er sich nicht ausreichend kümmert. Oder wenn Kinder oder der Partner pflegen, weil sie hoffen, so endlich die lang ersehnte Liebe oder Anerkennung zu bekommen. Meistens opfern sich solche Menschen auf, ohne ihr Ziel zu erreichen. Auch das führt zu Konflikten.

Manchen Pflegebedürftigen fehlt die Einsicht in ihre Situation. Sie glauben nicht, dass sie Hilfe brauchen. Für pflegende Angehörige ist es schwierig, damit umzugehen. Sie müssen eingreifen, wenn Gefahr besteht, dass sich der Pflegebedürftige Schaden zufügt – notfalls gegen seinen Willen. Andere weigern sich, Hilfe von Dritten anzunehmen. Sie wollen ausschließlich vom Partner, dem Sohn oder der Tochter versorgt werden. Manche äußern diesen Wunsch offen, andere subtil, indem sie betonen, dass niemand so gut pflegt wie der Angehörige. Mit zunehmendem Hilfsbedarf ist es jedoch kaum möglich, eine Pflege alleine zu stemmen. Sie können versuchen, Ihrem Angehörigen die Situation zu erklären und ihn zu überzeugen, einen Pflegedienst zu engagieren. Sie können ihm entgegenkommen, indem sie vereinbaren, dass die professionellen Pfleger nur bestimmte Aufgaben übernehmen. Letztlich müssen Sie sich aber durchsetzen. Das ist schwierig und führt häufig zu Gewissensbissen. Es hilft aber niemandem, wenn Sie irgendwann zusammenbrechen und die Pflege zu Hause gar nicht mehr funktioniert.

Auf der anderen Seite heißt pflegen nicht automatisch, für den anderen zu entscheiden. Auch wer Hilfe bei der Körperpflege oder dem Essen braucht, bleibt ein Mensch mit eigenen Wünschen und Vorstellungen. Hat Ihr Angehöriger das Gefühl, dass ständig über seinen Kopf hinweg entschieden wird, fühlt er sich nicht mehr ernst genommen. Auch das führt zu Streit.

Die geschilderten Situationen sind Beispiele. Sie sollen Ihnen zeigen, wie vielfältig die Gründe für Konflikte sein können. Es lohnt sich, nach den Ursachen zu suchen. Sind sie bekannt, wird es leichter, Lösungen zu finden.

Mögliche Lösungen

Der wichtigste Schritt ist, miteinander zu reden. Das passiert in Konflikten viel zu selten. Dann glaubt der eine zu wissen, was der andere denkt. Versuchen Sie, Probleme anzusprechen. Bringen Sie die anderen Familienmitglieder an einen Tisch und schildern Sie Ihre Gefühle. Fragen Sie nach, wie die anderen die Situation sehen und welche Lösungen denkbar sind.

Oft geht das leichter, wenn ein Unbeteiligter – etwa ein Freund der Familie – das Gespräch moderiert. Ist ein solches Gespräch nicht möglich, müssen Sie versuchen, Ihre Gefühle allein in den Griff zu bekommen. Manchmal hilft es, sich Wut und Enttäuschung von der Seele zu schreiben.

Haben Sie den Eindruck, dass sich Ihr Leben nur noch um die Pflege dreht und droht Ihnen alles über den Kopf zu wachsen? Häufig haben Menschen in solchen Situationen bereits eine Lösung im Kopf. Sie müssen aber mit einer anderen Person reden, um sich selbst zu überzeugen. Mögliche Ansprechpartner sind Beratungsstellen für pflegende Angehörige. Oder Sie rufen bei einem Krisentelefon für Pflegebedürftige und ihre Angehörigen an.

Falls Sie lieber schreiben als sprechen, können Sie sich an die psychologische Online-Beratung **www.pflegen-und-leben.de** wenden. Dort haben Sie die Möglichkeit, anonym Ihre Sorgen und Probleme zu schildern. Die Berater bieten psychologische Unterstützung und versuchen, gemeinsam mit Ihnen Wege zu finden, den Druck aus dem Pflegealltag zu nehmen. Sie können sich einmalig oder über mehrere Wochen beraten lassen. Das Angebot ist kostenlos.

GUT ZU WISSEN

Hilfe in Krisen

Inzwischen gibt es in vielen Bundesländern Krisen- und Beratungstelefone für alte Menschen und pflegende Angehörige. Manche beraten vor allem zu Konflikten in Pflegeheimen, andere eher zu Problemen bei der häuslichen Pflege. Sie müssen sich nicht an das Beratungstelefon in Ihrem Bundesland wenden, sondern können bei jeder anderen Einrichtung anrufen. Eine anonyme Beratung ist möglich. Das Internetportal **www.pflege-gewalt.de** zeigt immer die Nummer eines aktuell verfügbaren Krisentelefons an. Ein Link führt zu einer Übersicht aller Krisentelefone im Bundesgebiet. Außerdem stehen auf dem Portal zahlreiche Hintergrundinformationen zu Gewalt in der Pflege.

Wenn Konflikte eskalieren

Konflikte können in Gewalt münden. Es kommt immer wieder vor, dass Pflegende ihre Angehörigen anbrüllen, grob anfassen oder schlagen. Sie werfen Gegenstände nach ihnen oder bestrafen sie, indem sie ihnen notwendige Pflegehandlungen vorenthalten.

GUT ZU WISSEN

Gewalt hat viele Gesichter

Wer einem Pflegebedürftigen die Nase zuhält, damit er den Mund aufmacht, fügt ihm Gewalt zu. Obwohl dahinter wahrscheinlich der gut gemeinte Wunsch steht, ihn mit Essen oder einem Medikament zu versorgen. Und auch, wenn Pflegende einen Pflegebedürftigen einschließen, damit er nicht wegläuft und sich verletzt, ist das Gewalt.

Häufig ist das eine Folge von Erschöpfung. Die meisten Pflegenden schämen sich hinterher fürchterlich. Solche Gewaltausbrüche kündigen sich in der Regel an. Warnsignale sind, wenn eine Person ständig angespannt und gereizt ist, dauernd schimpft oder flucht, sich niedergeschlagen oder zutiefst erschöpft fühlt. All diese Symptome deuten auf eine chronische Überlastung hin. Bei anderen äußert sich Überforderung in körperlichen Schmerzen. Sie nehmen Medikamente oder trinken Alkohol. Wieder andere ziehen sich zurück, weil sie keine Kraft mehr haben, mit anderen Menschen umzugehen. „Rutscht die Hand aus", ist das keine Bagatelle, sondern ein Alarmzeichen. Es bringt nichts, sich aus Scham zurückzuziehen. Das Risiko ist groß, dass sich die Gewalt wiederholt. Spätestens jetzt ist Hilfe notwendig.

→ **TIPP Infos zu Gewalt**
Wie Gewalt in der Pflege entsteht und was sich dagegen tun lässt, erklärt das Zentrum für Qualität in der Pflege (ZQP) auf der Internetseite www.pflege-gewalt.de.

Gute Ansprechpartner sind die Krisentelefone. Sie sind schnell erreichbar und bieten die Möglichkeit, anonym von der Situation zu erzählen. Die Mitarbeiter versuchen, gemeinsam mit dem Pflegenden eine Lösung zu finden. Oder man wendet sich an eine Vertrauensperson und schildert ihr die Vorfälle. Das ist schwierig und kostet Überwindung, ist aber der beste Weg, eine Wiederholung der Gewalt zu verhindern.

Gewalt kann auch von Pflegebedürftigen ausgehen: Sie schimpfen, schlagen um sich, beißen oder ziehen den Pflegenden an den Haaren. Ein solches Verhalten kann unterschiedliche Gründe haben. Manche Medikamente verändern die Wahrnehmung und fördern aggressives Verhalten. Leidet der Pflegebedürftige an einer neurologischen Erkrankung wie einer Demenz, verkennt er möglicherweise gut gemeinte Hilfestellungen, fühlt sich bedroht und reagiert mit Gewalt. Es kann aber auch sein, dass der Pflegebedürftige nicht mit der Abhängigkeit klarkommt, in der er sich befindet, und deshalb aggressiv reagiert. Für Pflegende ist das nur sehr schwer auszuhalten.

„Letzte Woche war es soweit. Mein Vater bekam einen Platz auf der Demenz-Pflegestation im Seniorenstift. Das liegt ganz in der Nähe meines Elternhauses und ist im Stadtteil sehr bekannt und beliebt. Für mich war es schrecklich, Papa dorthin zu geben. Ich würde mich gern selbst um ihn kümmern, aber das geht nicht mehr. Ich habe vor der Aufnahme eine Art Lebenslauf von meinem Vater erstellt, damit das Pflegepersonal erstens weiß, mit wem sie es zu tun hat, und zweitens, womit man ihn begeistern oder beruhigen kann etc. Viele Pfleger der Station sagten, dass sie sich wünschen würden, dass das alle machen, aber ganz ehrlich, wie soll man das alles schaffen. Ich gehe jetzt jeden zweiten Tag hin und bin schon voll aufgenommen und als ‚Schwester Heike' akzeptiert."

Heike S.

Falls Sie Opfer von Gewalt werden, sollten Sie sich möglichst schnell einer nahestehenden Person anvertrauen und gemeinsam über Lösungen nachdenken. Sprechen Sie mit dem Arzt über mögliche Ursachen. Vielleicht können bestimmte Medikamente ausgetauscht oder zumindest niedriger dosiert werden.

Manchmal hilft es auch, wenn professionelle Pflegekräfte bestimmte Pflegetätigkeiten übernehmen. Hält die Gewalt an, müssen Sie die Pflege zu Hause grundsätzlich überdenken.

Alternativen zur häuslichen Pflege

Nicht jeder Mensch kann und muss zu Hause gepflegt werden. Manchmal ist es besser, wenn ein Angehöriger in ein Pflegeheim oder in eine Wohngruppe zieht. Das bedeutet nicht, dass Sie ihn abschieben oder als Pflegender versagt haben. Sie können Ihren Angehörigen dort regelmäßig besuchen und auf andere Art und Weise für ihn da sein. Wenn Sie sich nicht mehr um die Pflege kümmern müssen, bleibt mehr Raum, schöne Zeit miteinander zu verbringen.

Suchen Sie in Ruhe ein passendes Heim aus. Je näher es an Ihrem Zuhause liegt, desto häufiger können Sie Ihren Angehörigen besuchen. Überlegen Sie, was für ihn wichtig ist. Leidet Ihr Angehöriger zum Beispiel an einer Demenz, sollte das Heim entsprechend geschultes Personal beschäftigen und spezielle Therapien bieten. Außerdem ist es gut, wenn Ihr Angehöriger die Möglichkeit hat, an Alltagsaktivitäten teilzunehmen und etwa im Garten zu arbeiten.

→ **TIPP Ein Pflegeheim finden**
Wie Sie bei der Auswahl eines Pflegeheimes am besten vorgehen, steht auf unserer Internetseite: www.verbraucherzentrale.nrw/heimplatzsuche.

Kommt ein Heim in die engere Auswahl, sollten Sie einen Besichtigungstermin vereinbaren. Oder noch besser: Gehen Sie einfach unangemeldet hin. Zusätzlich sollten Sie mit der Heimleitung ein persönliches Treffen vereinbaren. Schreiben Sie sich vorher alle Fragen auf und bitten Sie darum, den Wohnbereich besichtigen zu dürfen. Essen Sie auch mal zur Probe, um zu testen, wie es um Auswahl, Aussehen und Geschmack der Speisen bestellt ist. Sie bekommen so einen Eindruck von der Einrichtung.

GUT ZU WISSEN

Pflegekasse informieren

Wenn ein Heim gefunden ist und Ihr Angehöriger einziehen soll, müssen Sie die Pflegekasse informieren und einen Antrag auf vollstationäre Pflege stellen. (→ Seite 201).

GUT ZU WISSEN

Pflegenoten ohne Aussage

Alle Pflegeheime wurden in der Vergangenheit vom Medizinischen Dienst der Krankenversicherung überprüft und benotet. Diese sogenannten Pflegenoten stehen jedoch stark in der Kritik. Das Benotungssystem wird aktuell überarbeitet. Bis dahin werden die alten Pflegenoten weiter veröffentlicht. Ab 2019 sollen neue Qualitätsprüfungen stattfinden, die aussagekräftiger sind.

Welche Pflegeheime in Ihrer Nähe liegen, erfahren Sie bei der Pflegekasse. Oder Sie wenden sich an einen Pflegestützpunkt. Auf der Internetseite www.heimverzeichnis.de können Sie nach Heimen suchen, die wegen ihrer hohen Lebensqualität ausgezeichnet wurden.

Eine Alternative zu Pflegeheimen sind **Pflege-Wohngemeinschaften:** Mehrere Pflegebedürftige leben in einer kleinen Wohneinheit zusammen, jeder hat sein eigenes Zimmer, die Gemeinschaftsräume werden geteilt. Die Bewohner werden rund um die Uhr von Pflegekräften und Alltagsbegleitern versorgt, können sich aber an Aktivitäten wie Kochen und Einkaufen beteiligen. Solche Pflege- Wohngemeinschaften werden in der Regel von Wohlfahrtsverbänden oder Pflegediensten organisiert. Sie fallen nur in einigen Bundesländern unter die Heimaufsicht. Falls Sie sich für eine Wohngemeinschaft interessieren, sollten Sie unbedingt klären, ob das Heimgesetz gilt. Es sichert den Bewohnern umfänglichen Schutz zu. Adressen von Pflege-Wohngemeinschaften bekommen Sie bei der Pflegekasse oder Ihrem Pflegestützpunkt. Wenn Sie sich mit mehreren Personen zusammenschließen und eine neue WG gründen, zahlt die Pflegeversicherung eine Anschubfinanzierung von bis zu 10.000 Euro, um die Wohnung auf die Bedürfnisse der WG-Bewohner anzupassen.

Antrags-ABC: So erhalten Sie die gewünschten Leistungen

Geld fließt nicht automatisch. Die Leistungen der Pflege- und Krankenkasse und des Sozialamtes müssen in aller Regel beantragt werden. Das ist oft nicht schwierig, wenn man weiß, worauf zu achten ist. Wir stellen hier die wichtigsten Anträge vor und erklären, was zu tun ist.

Auf den folgenden Seiten finden Sie steckbriefartig Hinweise zu folgenden Anträgen

1 Antrag auf Pflegeleistungen bei der Pflegekasse (→ 200)
2 Formular zur Beantragung bestimmter Pflegeleistungen (→ 201)
3 Antrag auf Höherstufung (→ 202)
4 Antrag auf Kurzzeitpflege (→ 203)
5 Antrag auf Ersatz- und Verhinderungspflege (→ 204)
6 Antrag auf Tages- und Nachtpflege (→ 205)
7 Antrag auf Hilfsmittel (→ 206)
8 Antrag auf Pflegehilfsmittel (→ 207)
9 Antrag auf Verbesserung des Wohnumfelds (→ 208)
10 Antrag auf Überleitungspflege (→ 209)
11 Antrag auf geriatrische Rehabilitationsmaßnahmen (→ 210)
12 Antrag auf einen Schwerbehindertenausweis (→ 211)
13 Rentenbeiträge für pflegende Angehörige (→ 212)
14 Antrag auf Freistellung vom Beruf (→ 213)
15 Antrag auf Vorsorge- oder Rehabilitationsmaßnahmen für pflegende Angehörige (→ 216)
16 Widerspruch einlegen (→ 217)

Anträge, die der Pflegebedürftige selbst stellt

1. Antrag auf Pflegeleistungen bei der Pflegekasse

Dieser Antrag ist die Voraussetzung für eine Begutachtung und die Feststellung der Pflegebedürftigkeit (→ Seite 47 ff.).

Wann: Möglichst schnell, wenn sich abzeichnet, dass ein Angehöriger regelmäßig Hilfe im Alltag benötigt. Pflegebedürftig ist man nicht erst, wenn man gar nichts mehr kann.

Wer: Der Pflegebedürftige, sein Bevollmächtigter oder Betreuer.

Adressat: Die Pflegekasse des Pflegebedürftigen.

Ablauf/Inhalt: Der Erstantrag ist **formlos** per Telefon, Mail, Fax oder Brief möglich. Der Satz „Ich stelle einen Antrag auf Leistungen der Pflegekasse" reicht aus.

Hier gibt es Hilfe: Bei der Pflegekasse, den Pflegestützpunkten und Pflegeberatungsstellen.

So geht es weiter: Die Pflegekasse schickt ein Antragsformular zu. Sie muss

- → innerhalb von 20 Tagen einen Gutachter zur Feststellung der Pflegebedürftigkeit schicken. Die Frist verkürzt sich, wenn der Antragsteller im Krankenhaus, einer Reha-Einrichtung, einem Hospiz oder ambulant palliativ versorgt wird oder die Pflegeperson eine (Familien)-Pflegezeit nehmen will.
- → nach maximal 25 Tagen darüber entscheiden, ob eine Pflegebedürftigkeit vorliegt und den Pflegegrad bestimmen.

2. Formular zur Beantragung bestimmter Pflegeleistungen

Die Pflegekasse fragt, welche Leistungen beantragt werden. Diese Angaben können später problemlos geändert werden (→ Seite 42 ff.).

Wann: Beim Antrag auf Pflegeleistungen oder wenn es einen Wechsel der Versorgung gibt.

Wer: Der Pflegebedürftige selbst oder sein Bevollmächtigter/Betreuer.

Adressat: Die Pflegekasse

Ablauf/Inhalt: Das Formular erhalten Sie bei der Pflegekasse. Setzen Sie ein Kreuz bei

- **Pflegegeld,** wenn der Pflegebedürftige zu Hause durch eine ehrenamtliche Person gepflegt wird.
- **Pflegesachleistungen,** wenn der Pflegebedürftigen zu Hause von einem ambulanten Pflegedienst versorgt werden soll.
- **Kombinationsleistungen,** wenn der Pflegebedürftige zu Hause von einem ambulanten Pflegedienst und Angehörigen gepflegt werden soll.
- **Vollstationäre Pflege,** wenn der Pflegebedürftige in ein Pflegeheim zieht.
- **Tages-/Nachtpflege,** wenn der Pflegebedürftige tagsüber oder nachts in einer teilstationären Pflegeeinrichtung betreut wird.

Hier gibt es Hilfe: Bei der Pflegekasse, den Pflegestützpunkten und Pflegeberatungsstellen.

So geht es weiter:
→ Fristen Antrag auf Pflegeleistungen bei der Pflegekasse. (→ Seite 44).

3. Antrag auf Höherstufung

Die Pflegekassen stellen dafür **Formulare** bereit. Der Satz: „Hiermit beantrage ich die Einstufung in einen höheren Pflegegrad“ genügt aber auch (→ Seite 53).

Wann: Wenn Sie den Eindruck haben, dass Ihr Angehöriger auf deutlich mehr Hilfe angewiesen ist.

Wer: Der Pflegebedürftige selbst oder sein Bevollmächtigter/Betreuer.

Adressat: Die Pflegekasse

Ablauf/Inhalt: Auf den Antrag auf Höherstufung folgt immer eine erneute Begutachtung.

Hier gibt es Hilfe: Bei der Pflegekasse, den Pflegestützpunkten und Pflegeberatungsstellen

So geht es weiter: Der Gutachter leitet sein Gutachten an die Pflegekasse weiter, die auf Basis der Informationen entscheidet, ob ein höherer Pflegegrad zugesprochen wird.

4. Antrag auf Kurzzeitpflege

Eine Kurzzeitpflege wird dann wichtig, wenn ein Pflegebedürftiger vorübergehend nicht zu Hause versorgt werden kann (→ Seite 112 f.).

Wann beantragen: Sobald absehbar ist, dass eine Kurzzeitpflege benötigt wird.

Wer beantragt: Der Pflegebedürftige selbst oder sein Bevollmächtigter/ Betreuer.

Adressat: Die Pflegekasse des Pflegebedürftigen.

Ablauf/Inhalt: Kurzzeitpflege muss immer beantragt werden. Die Pflegekasse stellt dafür **Formulare** bereit. Lassen Sie sich den Vordruck zuschicken. Die Pflegekasse fragt unter anderem

→ wie lange Kurzzeitpflege in Anspruch genommen wird.
→ in welche Einrichtung der Pflegebedürftige zieht.
→ ob der Anspruch auf Verhinderungspflege bei Bedarf für die Kurzzeitpflege verwendet werden soll.
→ ob der Entlastungsbetrag zur Deckung des Eigenanteils herangezogen werden soll.

Hier gibt es Hilfe: Bei der Pflegekasse, bei Pflegestützpunkten und Pflegeberatungsstellen.

So geht es weiter: Wurde die Kurzzeitpflege genehmigt, rechnet die Pflegeeinrichtung direkt mit der Pflegekasse ab.

5. Antrag auf Ersatz- und Verhinderungspflege

Eine Ersatz- und Verhinderungspflege kommt zum Tragen, wenn die Hauptpflegeperson ausfällt. Verhinderungspflege muss nicht beantragt werden. In dringenden Fällen kann die Rechnung mit allen Angaben zur Ersatz- und Verhinderungspflege direkt bei der Kasse eingereicht werden (→ Seite 113 ff.).

Wann beantragen: Sobald eine Ersatz- und Verhinderungspflege notwendig ist.

Wer beantragt: Der Pflegebedürftige selbst oder sein Bevollmächtigter/ Betreuer.

Adressat: Die Pflegekasse des Pflegebedürftigen.

Ablauf/Inhalt: Die Pflegekasse stellen **Formulare** für den Antrag auf Ersatz- und Verhinderungspflege bereit. Lassen Sie sich den Vordruck zuschicken. Die Pflegekasse fragt u.a.

- → seit wann der Pflegebedürftige zu Hause gepflegt wird.
- → ab wann und wie lange die Hauptpflegeperson vollständig oder stundenweise ausfällt.
- → wer die Ersatz- und Verhinderungspflege übernimmt.
- → ob sie mit dem Pflegebedürftigen verwandt ist oder in einem gemeinsamen Haushalt lebt.
- → ob der Anspruch auf Kurzzeitpflege anteilig auf die Verhinderungspflege übertragen werden soll (→ Seite 58).

Hier gibt es Hilfe: Bei der Pflegekasse, bei Pflegestützpunkten und Pflegeberatungsstellen.

So geht es weiter: Der Ersatzpfleger stellt eine Rechnung, die bei der Pflegekasse zur Erstattung eingereicht wird. Professionelle Pflegekräfte rechnen häufig direkt mit der Pflegekasse ab, wenn eine Abtretungserklärung unterzeichnet wurde (→ Seite 98). Nahe Verwandte und Personen, die mit dem Pflegebedürftigen zusammen leben, bekommen nur Pflegegeld gezahlt.

6. Antrag auf Tages- und Nachtpflege

Tages- und Nachtpflege kann die häusliche Pflege ergänzen (→ Seite 115).

Wann beantragen: Sobald eine Tages- oder Nachtpflege gewünscht wird.

Wer beantragt: Der Pflegebedürftige selbst oder sein Bevollmächtigter/ Betreuer.

Adressat: Die Pflegekasse des Pflegebedürftigen.

Ablauf/Inhalt: Fragen Sie am bei der Pflegekasse Ihres Angehörigen nach dem richtigen **Antragsformular**. Die Pflegekasse fragt u.a.

→ wer normalerweise pflegt
→ nach geplanter Dauer und Umfang der Tages-/Nachtpflege
→ welche Pflegeeinrichtung ausgewählt wurde.

Hier gibt es Hilfe: Bei der Pflegekasse, bei Pflegestützpunkten und Pflegeberatungsstellen.

So geht es weiter: Sie schließen einen Vertrag mit der Einrichtung ab. Die Pflegeeinrichtung rechnet die Kosten für Pflege und Betreuung direkt mit der Pflegekasse ab. Restkosten und die Kosten für Unterkunft, Investitionen und Verpflegung werden Ihrem Angehörigen in Rechnung gestellt.

7. Antrag auf Hilfsmittel

Hilfsmittel der Krankenkasse muss ein Arzt verordnen (→ Seite 134).

Wann beantragen: Wenn konkret absehbar ist, dass das Hilfsmittel benötigt wird (bei Gutachten direkt möglich).

Wer beantragt: Der Pflegebedürftige selbst oder sein Bevollmächtigter/Betreuer.

Adressat: Die Krankenkasse des Pflegebedürftigen. Ist die Pflegekasse zuständig, leitet die Krankenkasse den Antrag weiter.

Ablauf/Inhalt: Der Arzt sollte in der **Verordnung** darlegen, warum das Hilfsmittel medizinisch notwendig ist und beschreiben, welches Hilfsmittel (ggf. mit Hilfsmittelnummer) benötigt wird. Auf dem **Rezept** sollten die Diagnose, die Art der Herstellung und bei Hilfsmitteln zum Verbrauch die Anzahl stehen.

→ Erkundigen Sie sich bei der Krankenkasse, mit welchen Anbietern sie Leistungsverträge abgeschlossen hat.

→ Lassen Sie sich beim Anbieter einen Kostenvoranschlag erstellen und Detailinformationen zum Hilfsmittel geben.

→ Setzen Sie ein Anschreiben auf, in dem sie erklären, warum Ihr Angehöriger das Hilfsmittel benötigt. Schildern Sie kurz seine persönliche Situation, seine Einschränkungen und Fähigkeiten. Das hilft der Krankenkasse, die Notwendigkeit eines bestimmten Hilfsmittels zu erkennen.

→ Reichen Sie den Kostenvoranschlag, die Hilfsmittelbeschreibung, das Rezept und das Anschreiben bei der Krankenkasse ein.

Hier gibt es Hilfe: Bei Sanitätshäusern, Orthopädietechnikern, Optikern, Apotheken, Wohnberatungsstellen.

So geht es weiter: Die Krankenkasse prüft, ob sie das Hilfsmittel gewährt und die Kosten übernimmt. Warten Sie den Bescheid ab, bevor Sie ein Hilfsmittel besorgen. Sonst kann es passieren, dass Ihr Angehöriger auf den Kosten sitzen bleibt. Die Krankenkasse muss spätestens drei Wochen nach Eingang des Antrags entschieden haben. Ist ein medizinisches Gutachten notwendig, verlängert sich die Frist auf fünf Wochen (→ Seite 136).

8. Antrag auf Pflegehilfsmittel

Pflegehilfsmittel müssen nicht verordnet werden. Für die Genehmigung kann es aber hilfreich sein, wenn der Arzt detailliert beschreibt, warum ein Pflegehilfsmittel notwendig ist (→ Seite 133).

Wann beantragen: Wenn konkret absehbar ist, dass ein Pflegehilfsmittel benötigt wird (bei Gutachten direkt möglich).

Wer: Der Pflegebedürftige selbst oder sein Bevollmächtigter/Betreuer.

Adressat: Die Pflegekasse des Pflegebedürftigen.

Ablauf/Inhalt: Ein **formloser Antrag** reicht. Eine Beschreibung, warum das Hilfsmittel benötigt wird, ist sinnvoll.

Hier gibt es Hilfe: Bei der Pflegekasse, den Pflegestützpunkten und Pflegeberatungsstellen, bei Sanitätshäusern, Wohnberatungsstellen, Apotheken.

So geht es weiter: Die Pflegekasse muss den Antrag innerhalb von fünf Wochen genehmigen oder ablehnen. Schafft sie das nicht, ist sie unter bestimmten Voraussetzungen verpflichtet, eine Entschädigung zu zahlen (→ Seite 136).

9. Antrag auf Verbesserung des Wohnumfelds

Muss die Wohnung umgebaut werden, beteiligt sich die Pflegekasse evtl. an den Kosten (→ Seite 58).

Wann beantragen: Vor dem Umbau, sobald konkrete Pläne vorliegen.

Wer beantragt: Der Pflegebedürftige selbst oder sein Bevollmächtigter/ Betreuer.

Adressat: Die Pflegekasse des Pflegebedürftigen.

Ablauf /Inhalt: Maßnahmen zur Verbesserung des Wohnumfelds sollten beantragt werden, bevor mit dem Umbau begonnen wird. Lassen Sie sich das **Antragsformular** zuschicken. Die Pflegekasse fragt u.a.

- → warum umgebaut werden muss.
- → wie hoch die Kosten voraussichtlich ausfallen.
- → ob mehrere Pflegebedürftige in der Wohnung zusammenleben und Ihre Ansprüche bündeln.
- → ob Ansprüche gegenüber anderen Trägern wie der Unfallversicherung bestehen.

Dem Antrag sollte ein Kostenvoranschlag für den Umbau beigelegt werden.

Hier gibt es Hilfe: Bei Wohnberatungsstellen, bei der Pflegekasse, bei Pflegestützpunkten.

So geht es weiter: Die Pflegekasse prüft, ob durch den Umbau die häusliche Pflege ermöglicht, erheblich erleichtert oder eine selbstständige Lebensführung wiederhergestellt werden kann. Sie kann andere sachgerechte Lösungen vorschlagen. Unter Umständen schaltet sie den MDK ein. Genehmigt sie den Zuschuss zur Verbesserung des Wohnumfelds, kann mit dem Umbau begonnen werden.

10. Antrag auf Überleitungspflege

Es kommt immer wieder vor, dass Menschen aus dem Krankenhaus entlassen werden, sich zu Hause aber nicht selbst versorgen können. Das Krankenhaus muss sich um das Entlassungsmanagement kümmern. Die Krankenkasse zahlt für bis zu vier Wochen pro Krankheitsfall eine häusliche Krankenpflege und ggf. eine Haushaltshilfe oder eine Kurzzeitpflege (→ Seite 61 ff.).

Wann beantragen: Sobald absehbar ist, dass eine Pflege zu Hause notwendig ist, aber kein Angehöriger diese Aufgabe übernehmen kann.

Wer beantragt: Der Betroffene selbst oder sein Bevollmächtigter/Betreuer. Der Krankenhaussozialdienst hilft und stellt Formulare bereit..

Adressat: Die Krankenkasse des Patienten.

Ablauf/Inhalt: Der Arzt muss die Häusliche Krankenpflege verordnen und dabei begründen, warum sie medizinisch notwendig ist. Auf der Rückseite des Formulars muss Ihr Angehöriger darlegen, dass keine andere im Haushalt lebende Person die Versorgung übernehmen kann. Den unteren Teil des Verordnungsscheins füllt der Pflegedienst aus. Fragen Sie bei der Krankenkasse nach, welche Pflegedienste vor Ort Vertragspartner sind.

Hier gibt es Hilfe: Bei der Krankenkasse, dem Sozialdienst im Krankenhaus, dem Arzt und bei ambulanten Pflegediensten.

So geht es weiter: Die Krankenkasse prüft, ob die Häusliche Krankenpflege notwendig ist. Genehmigt sie die Leistung, rechnet sie direkt mit dem Pflegedienst ab. Lehnt sie die Häusliche Krankenpflege ab, muss sie alle bis zu diesem Datum erbrachten Leistungen übernehmen, wenn die Verordnung spätestens drei Arbeitstage nach Ausstellung bei ihr eingereicht wurde.

11. Antrag auf geriatrische Rehabilitationsmaßnahmen

Eine geriatrische Reha hat zum Ziel, die Selbstständigkeit zu fördern.

Wann beantragen: Wenn zu erwarten ist, dass der Pflegebedürftige nach der Reha auf weniger Hilfe angewiesen ist (bei Gutachten direkt möglich).

Wer beantragt: Der Pflegebedürftige oder sein Bevollmächtigter/Betreuer

Adressat: Die Krankenkasse

Ablauf/Inhalt: Der Arzt muss die Reha **verordnen**. Wichtig ist, dass er ausdrücklich „geriatrische Reha“ aufschreibt und alle akuten und chronischen Krankheiten und Einschränkungen nennt.

Hier gibt es Hilfe: Bei Pflegestützpunkten, Beratungsstellen, den Sozialverbänden, dem Sozialdienst im Krankenhaus.

So geht es weiter: Die Krankenkasse prüft. Bis zum Bescheid vergehen üblicherweise ein bis vier Wochen. Bei einer Ablehnung kann innerhalb eines Monats Widerspruch eingelegt werden.

12. Antrag auf einen Schwerbehindertenausweis

Ein Schwerbehindertenausweis steht Menschen mit einem Grad der Behinderung (GdB) von 50 oder mehr zu (→ Seite 76).

Wann beantragen: Sobald absehbar ist, dass Ihr Angehöriger langfristig körperlich, geistig oder seelisch deutlich beeinträchtigt ist. Sprechen Sie vorher mit einem Arzt, ob ein Schwerbehindertenausweis infrage kommt.

Wer beantragt: Der Pflegebedürftige, sein Bevollmächtigter/Betreuer

Adressat: Die zuständige Kommunalverwaltung oder das Versorgungsamt.

Ablauf/Inhalt: Das Versorgungsamt schickt ein **Antragsformular** zu. Reichen Sie mit dem Antrag alle relevanten ärztlichen Unterlagen Ihres Angehörigen ein. Fehlende Unterlagen fordert das Versorgungsamt direkt bei den behandelnden Ärzten an.

Hier gibt es Hilfe: Bei Versorgungsämtern und Behindertenverbänden

So geht es weiter: Das Versorgungsamt ermittelt auf Basis der Informationen den GdB. Nur in Ausnahmefällen ist eine weitere ärztliche Untersuchung notwendig. Der Schwerbehindertenausweis wird befristet oder unbefristet ausgestellt.

Anträge, die pflegende Angehörige stellen

13. Rentenbeiträge für pflegende Angehörige

Die Pflegeversicherung zahlt unter bestimmten Voraussetzungen Rentenbeiträge ein. Sie müssen dafür den „**Fragebogen** zur Zahlung der Beiträge zur sozialen Sicherung für nicht erwerbsmäßig tätige Pflegepersonen" ausfüllen (→ Seite 60 ff.).

Wann ausfüllen: Sobald Sie die Voraussetzungen für die Rentenversicherungspflicht erfüllen.

Wer füllt aus: Der pflegende Angehörige, der mindestens 10 Stunden wöchentlich pflegt.

Adressat: Die Pflegekasse des Pflegebedürftigen

Ablauf/Inhalt: Der Fragebogen kann bei der Pflegekasse oder der Deutschen Rentenversicherung angefordert werden. Sie müssen u.a. angeben

- → wo und wie oft Sie Ihren Angehörigen pflegen,
- → in welchem Verwandtschaftsverhältnis Sie zu ihm stehen,
- → ob Sie bereits eine Altersrente beziehen oder in der Vergangenheit eine Beitragserstattung aus der gesetzlichen Rentenversicherung erhalten haben.

Wer hilft: Die Beratungsstellen der Deutschen Rentenversicherung und die Pflegekasse.

So geht es weiter: Die Pflegekasse prüft die Angaben. Sind alle Voraussetzungen erfüllt, werden Sie automatisch versicherungspflichtig, und die Pflegekasse zahlt Rentenbeiträge für Sie ein.

14. Antrag auf Freistellung vom Beruf

Sie haben mehrere Möglichkeiten, vorübergehend dem Job fernzubleiben oder kürzer zu treten.

Kurzzeitige Arbeitsverhinderung

Um sich bis zu zehn Tage von der Arbeit freistellen zu lassen, reicht ein **Anruf** beim Vorgesetzten. In dieser Zeit besteht Anspruch auf Pflegeunterstützungsgeld. Es muss beantragt werden.

Wann beantragen: Sobald klar ist, dass eine Kurzzeitige Arbeitsverhinderung in Anspruch genommen wird.

Wer beantragt: Der berufstätige pflegende Angehörige

Adressat: Die Pflegekasse des Pflegebedürftigen

Ablauf/Inhalt: Die Pflegekasse fragt nach der Krankenversicherungsnummer des Pflegebedürftigen, dem Zeitraum der Freistellung und der Höhe des Arbeitsentgelts. Daraus errechnet sich das Pflegeunterstützungsgeld.

Hier gibt es Hilfe: Bei der Pflegekasse, bei Pflegestützpunkten

So geht es weiter: Die Pflegekasse prüft und überweist das Geld. Sie übernimmt während der Freistellung auch die Beiträge für die Kranken-, Renten-, und Arbeitslosenversicherung.

Pflegezeit

Die Pflegezeit muss beantragt werden. Sie können außerdem ein Darlehen in Anspruch nehmen.

Wann beantragen: Die Pflegezeit spätestens zehn Tage vor Beginn der Pflegezeit. Das zinslose Darlehen innerhalb der ersten drei Monate Pflegezeit. Nur dann wird rückwirkend gezahlt. Die Pflegekasse muss umgehend über die geplante Pflegezeit informiert werden, dann übernimmt sie die Krankenversicherungsbeiträge.

Wer beantragt: Der berufstätige pflegende Angehörige.

Adressat: Die Pflegezeit muss beim Arbeitgeber (formlos) beantragt werden, das zinslose Darlehen beim Bundesamt für Familie und zivilgesellschaftliche Aufgaben (www.bafza.de). Der Antrag auf Übernahme der Beiträge zur freiwilligen Krankenversicherung geht an die Pflegekasse.

Ablauf/Inhalt: Beim Antrag auf Pflegezeit wird unter anderem nach der Dauer der Pflegezeit und möglicher Teilzeitarbeit gefragt.

Der Antrag auf Bewilligung des zinslosen Darlehens ist umfangreicher. Sie müssen neben der Dauer der Freistellung auch Ihr durchschnittliches Bruttoarbeitsentgelt, die Wochenarbeitszeit und die Daten Ihres Arbeitgebers eintragen. Es wird nach der Höhe des gewünschten Darlehens und dem Zeitraum der Gewährung gefragt. Außerdem müssen Sie eine Entgeltbescheinigung des Arbeitgebers, eine Bescheinigung über die (teilweise) Freistellung und eine Bescheinigung über die Pflegebedürftigkeit Ihres Angehörigen beilegen.

Der Pflegekasse muss erfahren, von wann bis wann Sie Pflegezeit nehmen, dass Sie vorübergehend ganz aus dem Job aussteigen und nicht familienversichert sind. Schreiben Sie dann: „Hiermit beantrage ich während der Pflegezeit die Übernahme der Kosten zur freiwilligen Krankenversicherung."

Hier gibt es Hilfe: Beim BAFzA unter Tel.: 02 21/36 73-0, bei der Pflegekasse, bei Pflegestützpunkten

So geht es weiter: Auf die Pflegezeit gibt es für die meisten Arbeitnehmer einen Rechtsanspruch. Die Zustimmung des Arbeitgebers ist nicht erforderlich. Möchten Sie während der Pflegezeit Teilzeit arbeiten, müssen Sie mit dem Arbeitgeber eine schriftliche Vereinbarung treffen.
Den Darlehensantrag prüft das BAFzA. Steht dem Darlehen nichts entgegen, überweist es das Geld immer zu Beginn eines Kalendermonats. Die Pflegekasse sollte die Beiträge zur Krankenversicherung automatisch zahlen.

Antrag auf Familienpflegezeit

Die Familienpflegezeit muss beantragt werden. Alle Informationen zum Darlehensantrag stehen im Abschnitt „Pflegezeit“.

Wann beantragen: Die Familienpflegezeit muss acht Wochen vor Beginn der teilweisen Freistellung **schriftlich** beantragt werden. Soll die Familienpflegezeit direkt an eine Pflegezeit anschließen, verlängert sich die Frist auf zwölf Wochen.

Wer beantragt: Der berufstätige pflegende Angehörige.

Adressat: Die Pflegezeit muss beim Arbeitgeber beantragt werden, das zinslose Darlehen beim Bundesamt für Familie und zivilgesellschaftliche Aufgaben (www.bafza.de).

Ablauf/Inhalt: Im Antrag müssen Sie angeben, wie lange Sie in Familienpflegezeit gehen und wie stark Sie Ihre Arbeitszeit reduzieren möchten. Außerdem können Sie aufschreiben, wie die Arbeitszeit aufgeteilt werden soll. Dem Antrag muss eine Bescheinigung über den Pflegegrad des Angehörigen beiliegen.

Hier gibt es Hilfe: Bei der Pflegekasse, beim Pflegestützpunkt.

So geht es weiter: Auf die Familienpflegezeit haben viele Arbeitnehmer einen Rechtsanspruch. Bei der Verringerung und Verteilung der Arbeitszeit muss sich der Arbeitgeber an Ihren Wünschen orientieren, wenn keine dringenden betrieblichen Gründe dagegen sprechen. Diese Vereinbarung wird schriftlich festgehalten.

15. Antrag auf Vorsorge- oder Rehabilitationsmaßnahmen für pflegende Angehörige

Pflegende Angehörige haben seit 2013 einen Anspruch auf eine Reha (→ Seite 70 f.).

Wann beantragen: Wenn die Pflege an den Kräften zehrt und Sie unter körperlichen Beschwerden wie Rückenschmerzen oder Erschöpfung leiden.

Wer beantragt: Der pflegende Angehörige zusammen mit dem Haus- oder Facharzt.

Adressat: Die Krankenkasse.

Ablauf/Inhalt: Schildern Sie dem Arzt Ihren Pflegealltag und die daraus resultierenden Beschwerden. Der Arzt füllt dann das notwendige **Attestformular** aus. Er sollte begründen, warum eine Reha notwendig ist. Der Arzt schickt den Antrag zur Krankenkasse.

Hier gibt es Hilfe: Bei den Beratungsstellen im Verbund des Müttergenesungswerks, bei den Sozialverbänden.

So geht es weiter: Die Krankenkasse prüft den Antrag. Lehnt sie eine Kur ab, können Sie innerhalb von vier Wochen Widerspruch einlegen.

Widerspruch einlegen

16. Widerspruch

Wenn Sie mit einem Bescheid der Pflegekasse oder der Krankenkasse nicht einverstanden, kann Ihr Angehöriger innerhalb eines Monats Widerspruch einlegen (→ Seite 52 f.).

Wann Widerspruch einlegen: Möglichst schnell. Orientieren Sie sich am Datum des Bescheids, dann sind Sie auf der sicheren Seite.

Wer legt ein: Der Pflegebedürftige/Krankenversicherte selbst oder sein Bevollmächtigter/Betreuer.

Adressat: Je nach Anliegen die Pflegekasse oder die Krankenkasse.

Ablauf/Inhalt: Wichtig ist, sich die Begründung genau durchzulesen. Geht es um die Feststellung einer Pflegebedürftigkeit, sollten Sie das MDK-Gutachten gemeinsam mit einer Fachkraft prüfen. Begründen Sie, warum das Gutachten Ihrer Meinung nach die Pflegesituation nicht korrekt widergibt. Schicken Sie den Widerspruch per Einschreiben an die Pflegekasse.

Geht es zum Beispiel um die Ablehnung häuslicher Krankenpflege, sollten Sie mit dem Arzt besprechen. Schreiben Sie der Krankenkasse anschließend, dass Sie mit dem Bescheid nicht einverstanden sind und Widerspruch einlegen, weil die Voraussetzungen für eine häusliche Krankenpflege vorliegen. Der Arzt kann erneut begründen, warum die häusliche Krankenpflege notwendig ist.

Hier gibt es Hilfe: Je nach Thema bei Pflegestützpunkten, beim Arzt, bei Wohnberatungsstellen, bei den Verbraucherzentralen, bei Sozialverbänden.

So geht es weiter: Die Pflegekasse oder Krankenkasse prüft ihre Entscheidung noch einmal. Wird der Einwand angenommen, erhält Ihr Angehöriger einen positiven Bescheid. Bleibt die Kasse bei Ihrer Ablehnung, erlässt sie einen Widerspruchsbescheid. Dann bleibt Ihrem Angehöriger nur der Gang vor das Sozialgericht. Dafür hat er wiederum einen Monat Zeit.

Adressen

BUNDESBEHÖRDE

Das Bundesministerium für Gesundheit gibt kostenlose Broschüren zum Thema „Pflege“ heraus. Ein Online-Ratgeber und viele Informationen zur Pflegeversicherung stehen auf der Internetseite unter www.bmg.bund.de, Stichwort „Themen“ – „Pflege“. Bürgertelefon zur Pflegeversicherung: 0 30/3 40 60 66 02

Bundesamt für Familie und zivilgesellschaftliche Aufgaben
Telefon: 02 21/36 73-0
www.bafza.de

Bundesministerium für Familie, Senioren, Frauen und Jugend
Telefon: 030 18/55 50
www.bmfsfj.de

WOHLFAHRTSVERBÄNDE

Die Wohlfahrtsverbände bieten ambulante und stationäre Alten- und Krankenpflege an. Hier gibt es auch Adressen von verbandsangehörigen Pflegedienstanbietern in Ihrer Nähe. Einige Verbände geben auch Informationsmaterialien heraus und beraten.

AWO Arbeiterwohlfahrt Bundesverband e. V.
Telefon: 0 30/263 09-0
www.awo.de

Bundesarbeitsgemeinschaft der Freien Wohlfahrtspflege e. V.
Telefon: 0 30/2 40 89-0
www.bagfw.de

Deutscher Caritasverband
Telefon: 07 61/2 00-0
www.caritas.de

Deutsches Rotes Kreuz – Generalsekretariat
Telefon: 0 30/8 54 04-0
www.drk.de

Diakonie Deutschland – Evangelischer Bundesverband e. V.
Telefon: 0 30/6 52 11-0
www.diakonie.de

Deutscher Paritätischer Wohlfahrtsverband – Gesamtverband e. V.
Telefon: 0 30/2 46 36-0
www.der-paritaetische.de

Zentralwohlfahrtsstelle der Juden in Deutschland e. V.
Telefon: 0 69/9 44 37-10
www.zwst.org

INTERESSENVERBÄNDE

Die folgenden Interessenverbände bieten für ihre jeweilige Zielgruppe oder für ihre Mitglieder zum Teil umfangreiche Beratung und Informationen rund um Fragen zur Pflege an.

Bundesarbeitsgemeinschaft SELBSTHILFE Von Menschen mit Behinderung und chronischen Erkrankungen e. V. (BAG Selbsthilfe)
Telefon: 02 11/3 10 06-0
www.bag-selbsthilfe.de

Bundesarbeitsgemeinschaft der Senioren-Organisationen e. V. (BAGSO)
Telefon: 02 28/24 99 93-0
www.bagso.de

Bundesverband für körper- und mehrfachbehinderte Menschen
Telefon: 02 11/6 40 04-0
www.bvkm.de

Bundesvereinigung Lebenshilfe e. V.
Telefon: 0 64 21/4 91-0
www.lebenshilfe.de

Deutsche Alzheimer Gesellschaft, Selbsthilfe Demenz
Alzheimer-Telefon: 0 30/2 59 37 95-14
www.deutsche-alzheimer.de

Sozialverband Deutschland e. V.
Telefon: 0 30/72 62 22-0
www.sovd.de

Sozialverband VdK Deutschland e. V.
Telefon: 0 30/921 0 80-0
www.vdk.de

WOHNRAUMANPASSUNG

Eine Adressliste mit zirka 200 Adressen von Wohnberatungsstellen bietet die

Bundesarbeitsgemeinschaft Wohnungsanpassung e. V.
Telefon: 0 30/47 47 47 00
www.bag-wohnungsanpassung.de

WEITERE ADRESSEN

Barrierefrei leben e. V.
www.barrierefrei-leben.de

Bundesarbeitsgemeinschaft der Freiwilligenagenturen (bagfa)
Telefon: 0 30/20 45 33-66
www.bagfa.de

Bundesstelle „Netzwerk pflegeBegleitung" beim Forschungsinstitut Geragogik
Telefon: 02 11/17 83 10 46
www.pflegebegleiter.de

Deutsche Gesellschaft für Ernährung e. V. (DGE)
Telefon: 02 28/37 76 60-0
www.dge.de

Deutscher Pflegeverband
Telefon 0 26 31/83 88-0
www.dpv-online.de

MDK – Medizinischer Dienst der Krankenversicherung
Der MDK ist föderal aufgebaut. Auf der Internetseite finden Versicherte Broschüren
www.mdk.de

Pflege e. V.
Telefon: 0 30/21 91 57 20
www.stiftung-pflege.com

Pflegewegweiser NRW
Hilfe bei der Suche nach der passenden Beratungsstelle in NRW
Telefon: 0 800/4 04 00 44 (kostenlos)
www.pflegewegweiser-nrw.de

Psychologische Onlineberatung
www.pflegen-und-leben.de

Verbraucherzentrale Nordrhein-Westfalen
Beratungstelefon zu ausländischen Haushalts- und Betreuungskräften: 02 11/38 09-400 (montags und mittwochs von 14.00 bis 16.30 Uhr).

Zentrum für Qualität in der Pflege:
bundesweite Datenbank mit Beratungsstellen
https://beratungsdatenbank.zqp.de.

ADRESSEN DER VERBRAUCHERZENTRALEN

Verbraucherzentrale Baden-Württemberg e. V.
Paulinenstraße 47
70178 Stuttgart
Telefon: 07 11/66 91-10
Fax: 07 11/66 91-50
www.verbraucherzentrale-bawue.de

Verbraucherzentrale Bayern e. V.
Mozartstraße 9
80336 München
Telefon: 0 89/5 52 79 4-0
Fax: 0 89/53 75 53
www.verbraucherzentrale-bayern.de

Verbraucherzentrale Berlin e. V.
Hardenbergplatz 2
10623 Berlin
Telefon: 0 30/2 14 85-0
Fax: 0 30/2 11 72 01
www.verbraucherzentrale-berlin.de

Verbraucherzentrale Brandenburg e. V.
Babelsberger Straße 12
14473 Potsdam
Telefon: 03 31/2 98 71-0
Fax: 03 31/2 98 71-77
www.verbraucherzentrale-brandenburg.de

Verbraucherzentrale Bremen e. V.
Altenweg 4
28195 Bremen
Telefon: 04 21/1 60 77-7
Fax: 04 21/1 60 77 80
www.verbraucherzentrale-bremen.de

Verbraucherzentrale Hamburg e. V.
Kirchenallee 22
20099 Hamburg
Telefon: 0 40/2 48 32-0
Fax: 0 40/2 48 32-290
www.vzhh.de

Verbraucherzentrale Hessen e. V.
Große Friedberger Straße 13–17
60313 Frankfurt/Main
Telefon: 0 69/97 20 10-900
Fax: 0 69/97 20 10-40
www.verbraucherzentrale-hessen.de

Verbraucherzentrale Mecklenburg-Vorpommern e. V.
Strandstraße 98
18055 Rostock
Telefon: 03 81/2 08 70-50
Fax: 03 81/2 08 70-30
www.verbraucherzentrale-mv.eu

Verbraucherzentrale Niedersachsen e. V.
Herrenstraße 14
30159 Hannover
Telefon: 05 11/9 11 96-0
Fax: 05 11/9 11 96-10
www.verbraucherzentrale-niedersachsen.de

Verbraucherzentrale Nordrhein-Westfalen e. V.
Mintropstraße 27
40215 Düsseldorf
Telefon: 02 11/38 09-0
Fax: 02 11/38 09-216
www.verbraucherzentrale.nrw

Verbraucherzentrale Rheinland-Pfalz e. V.
Seppel-Glückert-Passage 10
55116 Mainz
Telefon: 0 61 31/28 48-0
Fax: 0 61 31/28 48-66
www.verbraucherzentrale-rlp.de

Verbraucherzentrale des Saarlandes e. V.
Trierer Straße 22
66111 Saarbrücken
Telefon: 06 81/5 00 89-0
Fax: 06 81/5 00 89-22
www.verbraucherzentrale-saarland.de

Verbraucherzentrale Sachsen e. V.
Katharinenstraße 17
04109 Leipzig
Telefon: 03 41/69 62 90
Fax: 03 41/6 89 28 26
www.verbraucherzentrale-sachsen.de

Verbraucherzentrale Sachsen-Anhalt e. V.
Steinbockgasse 1
06108 Halle
Telefon: 03 45/2 98 03-29
Fax: 03 45/2 98 03-26
www.verbraucherzentrale-sachsen-anhalt.de

Verbraucherzentrale Schleswig-Holstein e. V.
Hopfenstraße 29
24103 Kiel
Telefon: 04 31/5 90 99-0
Fax: 04 31/5 90 99-77
www.verbraucherzentrale.sh

Verbraucherzentrale Thüringen e. V.
Eugen-Richter-Straße 45
99085 Erfurt
Telefon: 03 61/5 55 14-0
Fax: 03 61/5 55 14-40
www.vzth.de

Verbraucherzentrale Bundesverband e. V.
Rudi-Dutschke-Straße 17
10969 Berlin
Telefon: 0 30/2 58 00-0
Fax: 0 30/2 58 00-518
www.vzbv.de

Stichwortverzeichnis

A

Aktivierende Pflege 157
Antrag auf Pflegeleistungen 27, 41, 199
Atmung 176, 178, 184
Ausländische Pflege- / Betreuungskräfte 78, 120

B, C

Begutachtungsverfahren 47
Behandlungspflege 65, 72, 95, 97, 113, 143
Beratungsbesuche 34
Betreuungsangebote 109
Betreuungsgericht 150
Betreuungsgruppen
– Alzheimer-Gruppe 56, 93
Betreuungsverein 150
Betreuungsverfügung 145, 149
Bevollmächtigter 150
Blutdruck/-messung 177
Compass Private Pflegeberatung 31

D

Dokumentation 103
– Leistungsnachweis 103
– Pflegebericht 103
– Pflegeplan 102
– Druckgeschwür (Dekubitus) 166, 176, 179, 182

E

Ehrenamtlicher Helfer 109, 154
Ernährung 171
– Kau- und Schluckstörungen 175
Ersatz- und Verhinderungspflege 58, 113, 204
Essen auf Rädern 35, 118

F

Familienpflegezeit 44, 85, 215
Familienrat 22, 193
Fieber/-messung 176, 177
Flüssigkeitsmangel 173
Freiheitsentziehende Maßnahmen 173, 177, 179
Freilagerung 180

G

Gelenkversteifung 176, 182
Gesprächskreis
– für pflegende Angehörige 116
Grundpflege 65
Grundsicherung im Alter und bei Erwerbsminderung 73
Gutachter, unabhängiger 44, 47

H, I

Haftung
– des Pflegedienstes 102
– pflegender Angehöriger 151
Handgriffe 166, 181
– Hilfe beim Gehen 167
– Körperpflege und Ankleiden 169
– Sitzen auf der Bettkante 166
– Sitzen im Bett 166
– Vom Bett in einen Rollstuhl setzen 167
– Wechsel der Nachtwäsche 170
Hauptpflegeperson 21, 58, 92, 113
Haushaltshilfe 55, 67, 78, 92, 112, 117, 125
Häusliche Krankenpflege 10, 46, 65, 97, 113
Hausnotrufsystem 139
Hilfe zur Pflege 59, 73
Hilfsmittel 58, 68, 129, 207

– Krankenkasse 133
– Pflegekasse 136
Hohllagerung 180
Hospiz 36, 44, 85
Hygiene 164
Investitionskosten 97, 113, 116

K

Kau- und Schluckstörungen 175
Kombinationsleistungen 43, 55
Konflikte 191
Krisentelefon/Beratungstelefon 193
Kündigungsschutz 82, 84
Kurzzeitige Arbeitsverhinderung 81, 213
Kurzzeitpflege 29, 57, 68, 93, 94, 112, 203

L

Lagerungstechniken 180
Leistungsbeschreibung 102
Leistungskomplex/Modul 99
Leistungsnachweis 103
Lungenentzündung 176, 183

M

Medicproof 44
Medizinischer Dienst der Krankenkassen (MDK) 32, 47, 135
Mietwohnung 22, 25
Mobile Soziale Dienste (MSD) 117

P

Patientenverfügung 146
Pflegebedürftigkeit 48, 189
Pflegebegleiter 93, 111
Pflegeberatung 28, 34
Pflegebericht 103
Pflegebett 129, 132, 162
Pflegedienst, ambulanter 43, 95, 107
Pflegegeld 43, 54
Pflegegutachten 43, 50
Pflegeheim 58, 195
Pflegekasse 22, 28, 41, 60, 97
Pflegekräfte 65, 78, 95
Pflegekurs 37
– zu Hause 39
Pflegenote 102, 196
Pflegeplan 102, 103
Pflegesachleistungen 34, 43, 201
Pflegestützpunkt 31
Pflegeversicherung 39, 41
Pflege-Wohngemeinschaft (WG) 21, 54, 196
Pflegezeit 44, 81
Pflegezimmer 161
Puls/-messung 177

R

Rehabilitation 69, 70, 199
Rentenversicherung, gesetzliche 60
Rückengerecht arbeiten 163

S, T, U

Schmerzen 104, 159, 173, 182, 194, 216
Schräglagerung 181
Schweigepflicht 17, 174
Schwitzen 176
Selbsthilfegruppen 18
Sozialamt 29, 35, 41, 73, 95, 97, 113
Stationäre Pflege 53, 59
Steuererleichterungen 75
Stürze, vermeiden 184
Tages- und Nachtpflege 43, 54, 57, 93, 115, 199
Teilzeitarbeit 85, 88
Thrombose 184
Trinken fördern 173
Umlagerung 180
Unfallversicherung 25, 43, 60, 63, 123
Unterhalt 73, 75
Urin 177

V, W, Z

Verhinderungspflege
→ Ersatz- und Verhinderungspflege
Vermieter 22, 24
Vorsorgevollmacht 36, 42, 145
Widerspruch einlegen 52, 65, 137, 199
Wohnberatungsstelle 36, 69, 130, 175, 186
Wohnraumanpassung 25, 186
Wundliegen 178
Zuzahlungen 64

Bildnachweis

Titel: Getty Images – Cecilie_Arcurs
depositphotos: Seite 2, 3, 4, 5, 6, 16, 26, 40, 60, 68, 80, 89, 90, 96, 128, 139, 145, 155, 174, 187, 188, 197
iStock: Seite 34, 38, 45, 59, 60, 142, 156, 198
Seite 31: Verbraucherzentrale NRW, Seite 33: privat, Seite 71: Müttergenesungswerk, Seite 153: privat, Seite 171: Deutsche Gesellschaft für Ernährung, Bonn
Horst Lünser, Berlin: Seite 168, 170, 179, 181

---

1. Auflage 2019, März 2019

ISBN 978-3-86336-111-2
Printed in Germany

Impressum

Herausgeber
Verbraucherzentrale Nordrhein-Westfalen e. V.
Mintropstraße 27
40215 Düsseldorf
Telefon: 02 11/38 09-0
Fax: 02 11/38 09-235
www.verbraucherzentrale.nrw

Mitherausgeber
Verbraucherzentrale Baden-Württemberg e. V.
Verbraucherzentrale Hamburg e. V.
(Adressen → Seite 220)

Text
Carina Frey, Dietzenbach
www.carinafrey.de

Koordination
Frank Wolsiffer

Fachliche Beratung
Felizitas Bellendorf, Catharina Hansen, Verena Querling

Lektorat
Heike Plank

Layout und Satz
Ute Lübbeke, LNT Design, Köln

Illustrationen
Horst Lünser, Berlin
www.horst-luenser.de

Druck
AZ Druck und Datentechnik GmbH, Kempten
Gedruckt auf 100 % Recyclingpapier

Redaktionsschluss: Februar 2019